新能源汽车维护保养与故障诊断

主　编　张习泉　毛建军　胡丁凡
副主编　夏志东　侯　敏　陈　佳
参　编　刘　超　孙航雨

北京理工大学出版社
BEIJING INSTITUTE OF TECHNOLOGY PRESS

图书在版编目（ＣＩＰ）数据

新能源汽车维护保养与故障诊断 / 张习泉，毛建军，
胡丁凡主编. -- 北京：北京理工大学出版社，2024.2
　　ISBN 978-7-5763-3645-0

Ⅰ.①新… Ⅱ.①张… ②毛… ③胡… Ⅲ.①新能源
-汽车-车辆修理 ②新能源-汽车-车辆修理　Ⅳ.
①U469.707

中国国家版本馆 CIP 数据核字（2024）第 046785 号

责任编辑：张鑫星　　　文案编辑：张鑫星
责任校对：周瑞红　　　责任印制：李志强

出版发行 / 北京理工大学出版社有限责任公司
社　　址 / 北京市丰台区四合庄路 6 号
邮　　编 / 100070
电　　话 / （010）68914026（教材售后服务热线）
　　　　　　（010）63726648（课件资源服务热线）
网　　址 / http://www.bitpress.com.cn

版 印 次 / 2024 年 2 月第 1 版第 1 次印刷
印　　刷 / 涿州市新华印刷有限公司
开　　本 / 787 mm×1092 mm　1/16
印　　张 / 17.5
字　　数 / 405 千字
定　　价 / 85.00 元

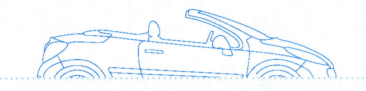

前　言

PREFACE

　　本书以新能源汽车安全防护知识与操作规范应用入手，详细介绍了新能源汽车的检测及操作规范，并详细介绍了新能源汽车的维护保养及故障诊断策略。

　　本书采用学习任务导入模式，设定的情境多来源于企业一线并配合教学一线的教学经验，内容选取以目前市场上的主流新能源汽车车型为参考，结合其他品牌的电动车型，以电动汽车的主流技术及其维护方法为出发点，按照汽车维修职业岗位职业技能等级标准应掌握的技能和知识进行学习领域的课程教学，对新能源汽车的维护与故障诊断进行全方位的覆盖，具有很好的教学效果。

　　本书主要介绍了新能源汽车的维护保养，新能源汽车各系统的故障诊断，新能源汽车整车故障诊断。

　　本书可以作为职业院校新能源汽车相关专业的教材，也可作为新能源汽车有关技术人员的参考资料及相关企业单位的培训用书。

　　参加本书编写的人员有张习泉、毛建军、胡丁凡、夏志东、侯敏、陈佳、刘超、孙航雨。本书在编写过程中得到了成都工业职业技术学院、广汇四川申蓉汽车公司、浙江宁波市鄞州职业高级中学、四川省长宁县职业技术学校的大力支持，在此一并表示感谢。

　　由于编者水平有限，书中的不妥和疏漏之处在所难免，恳请广大读者批评和指正。

编　者

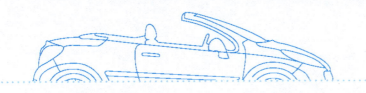

目 录
CONTENTS

项目一
新能源汽车维护保养

本项目主要围绕新能源汽车安全标志及连接检查、新能源汽车工作安全及作业准备、混合动力汽车精确保养、新能源汽车动力驱动系统保养、新能源汽车悬架转向制动系统保养、新能源汽车电子电气空调系统保养及高压电池专项维护等内容进行学习。

✹ 任务1 新能源汽车安全标志及连接检查

知识目标

1. 熟知新能源汽车安全标志及安全规范标准。
2. 了解日常车间安全规定和作业流程。

能力目标

1. 熟练使用新能源汽车安全防护用具。
2. 熟练布置新能源汽车维护保养及维修工位。

素养目标

1. 具备产品质量控制意识。
2. 具有岗位意识、爱岗敬业精神。
3. 培养学生认真严谨的学习作风，增强团队协作能力及创新意识。

小李在汽车 4S 店从事燃油汽车维修保养工作，当前企业接待新能源汽车增多，需要转岗进行新能源汽车维修保养，需要做哪些准备工作？

一、新能源汽车外观特征和类型识别

通常情况下，从外观上就能判断汽车是传统燃油汽车、纯电动汽车还是混合动力汽车。
（1）纯电动汽车，通常车辆上标志有 EV 等字样，如图 1-1 所示。
（2）混合动力汽车，通常在汽车的尾部标志有 HYBRID 或 H 类字样，如图 1-2 所示。

图1-1 纯电动汽车标志

 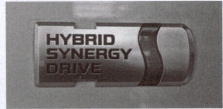

图1-2 混合动力汽车标志

（3）纯电动汽车和插电式混合动力汽车，需要通过外部充电的方式来获取电能，如图1-3所示，因此可以通过这个特征进行判别。

图1-3 外部充电获取电能

二、新能源汽车主要部件位置识别

1. 纯电动汽车前机舱

打开新能源汽车前机舱盖，如图1-4所示。如果是纯电动汽车，将不再有内燃机，取而代之的是驱动电机控制器，以及用于充电或者分配电能的一些控制组件，其中最直观的是有很多橙色的高压电缆。

图 1-4　纯电动汽车（北汽 EV160）前机舱

1）前机舱右侧

以比亚迪 e6 纯电动汽车为例，如图 1-5 所示，前机舱右侧是驱动电机控制器，其主要功能是根据不同工况控制电动机的正反转、功率、扭矩、转速。

2）前机舱左侧

以比亚迪 e6 纯电动汽车为例，如图 1-6 所示，前机舱左侧是 DC/DC 及空调驱动器。DC/DC 负责将动力电池 316.8 V 的高压电转换成 12 V 的低压电供给整车用电器工作，并且在低压蓄电池亏电时给低压蓄电池充电。

图 1-5　比亚迪 e6 驱动电机控制器

图 1-6　比亚迪 e6 DC/DC 及空调驱动器

2. 安全标志

安全标志的功能是提醒操作人员注意或按标志上注明的要求去执行，保障人身和设施安全。

安全标志由安全色、几何图形和图形符号构成，用以表达特定的安全信息。使用安全标志的目的是提醒人们注意不安全因素，防止事故的发生，起到保障安全的作用。当然，安全标志本身不能消除任何危险，也不能取代预防事故的相应设施。

1）禁止标志

禁止标志是禁止人们不安全行为的图形标志，其基本形式为带斜杠的圆形框。圆形框和斜杠为红色，图形符号为黑色，衬底为白色，如图1-7所示。

图1-7　禁止标志

2）警告标志

警告标志是提醒人们对周围环境引起注意，以避免可能发生危险的图形标志。其基本形式是正三角形边框及图形符号为黑色，衬底为黄色，如图1-8所示。

图1-8　警告标志

电动汽车中看到印有如图1-9所示警告标志的零部件，务必在有安全指导的前提下进行相关操作，否则是极其危险的。

图1-9　电动汽车中的警告标志
（a）警告标志；（b）高压部件警告标志

3）指令标志

指令标志是强制人们必须做出某种动作或采用防范措施的图形标志，其基本形式是圆形边框，图形符号为白色，衬底为蓝色，如图1-10所示，指令标志及符号含义如表1-1所示。

4）提示标志

提示标志是向人们提供某种信息的图形标志，其基本形式是正方形边框，图形符号为白色，衬底为绿色，如图1-11所示。紧急出口提示标志如图1-12所示。

图1-10　指令标志

5）高压配线

高压元器件之间通过线缆传输电能，这些线缆对操作者必然存在高压威胁，所以国际通用的标准是将这些高压线缆用颜色鲜明的橙色外皮或者护套保护起来，不仅能起到良好的绝缘作用还有必要的警示效果，如图1-13所示。

为了便于区分，高压元器件外面的高压线束必须以橙色作为标志，如图1-14所示。

表1-1　指令标志及符号含义

名称及图形符号	设置范围和地点	名称及图形符号	设置范围和地点
必须戴护目镜	对眼睛有伤害的作业场所，如机加工、各种焊接车间等	必须戴防护手套	易伤害手部的作业场所，如具有腐蚀、污染、灼烫、冰露及触电等危险的作业地点
必须戴防毒面具	具有对人体有害的气体、气溶胶、烟尘等作业场所，如有毒物散发的地点或处理由毒物造成的事故现场	必须穿防护鞋	易伤害脚部的作业场所，如具有腐蚀、灼烫、触电、砸（刺）伤等危险的作业地点
必须戴防尘口罩	具有粉尘的作业场所，如纺织清花车间、粉状物料拌料车间以及矿山凿岩处等	必须系安全带	易发生坠落危险的作业场所，如高处建筑、修理、安装等地点
必须戴护耳器	噪声超过 85 dB 的作业场所，如铆接车间、织布车间、射击场、工程焊破、风动掘进等处	必须穿防护服	具有放射、强波、高温及其他需穿防护服的作业场所
必须戴安全帽	头部易受外力伤害的作业场所，如矿山、建筑工地、伐木场、造船厂以及起重吊装处等	必须加锁	毒品、危险品库房等地点
必须戴防护帽	易造成人体烫烧伤害或有粉尘污染头部的作业场所，如纺织、石牌、玻璃纤维以及具有突转设备的机加工车间等		

图1-11　提示标志

图1-12　紧急出口提示标志

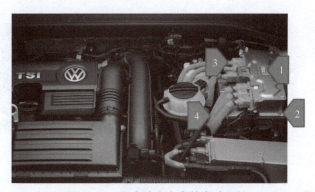

图 1-13　混合动力汽车的发动机舱

1—高压元器件安全标志；2—电子控制器；3—橙色高压线缆连接器；4—橙色高压线缆

图 1-14　高压线束橙色标志

3. 高压安全操作必备防护措施及装备

进行高压部件、系统维护及检修操作时，为了保护操作人员的人身安全，需要佩戴/穿戴高压安全装备，如绝缘手套、护目镜、安全帽、绝缘服及绝缘鞋等。高压操作防护装备如图 1-15 所示。

4. 检查防护套装

1）检查绝缘手套耐压等级及表面

绝缘手套耐压等级应≥1 000 V，表面无油污、无水渍、无破损，密封良好无漏气现象，如图 1-16 所示。

2）检查绝缘手套密封性

绝缘手套密封性检查如图 1-17 所示。

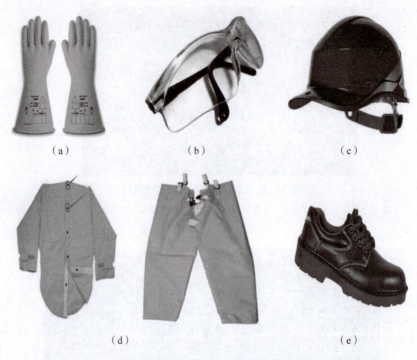

图 1-15　高压操作防护装备

（a）绝缘手套；（b）护目镜；（c）安全帽；（d）绝缘服；（e）绝缘鞋

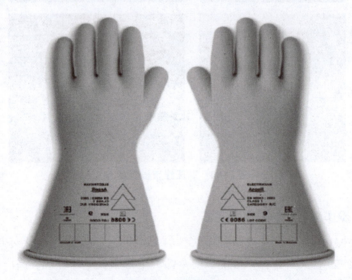

图 1-16　绝缘手套

（1）目视检查绝缘手套表面无油污、无水渍、无破损。

（2）将手套内充满气体后封住开口。

（3）折叠开口，使手套密封。

（4）按压手套，检查气密性是否良好。

（5）以同样的方法检测第二只手套。

图 1-17　绝缘手套密封性检查

3）检查护目镜

护目镜镜片清晰无油污，护目镜镜腿无弯折，活动自如且具有侧面防护功能，如图 1-18 所示。

图 1-18　护目镜检查

4）检查安全帽

安全帽外观无裂纹，生产日期应在两年保质期内；隔空层间隙应不小于 2 cm，颚带和后卡箍调节正常，如图 1-19 所示。

图 1-19　安全帽检查

5）绝缘服及绝缘鞋要求

（1）绝缘服要求。

操作人员应穿棉质绝缘服，绝缘服拉链或纽扣不得采用金属材质且不得外露，穿戴应干净、整洁、合身。

（2）绝缘鞋要求。

绝缘鞋应外观良好，鞋底无断裂、鞋面无破损现象。

绝缘鞋绝缘要求：电压等级≥1 000 V，且前脚趾有防护钢板。

6）护目镜、绝缘帽与绝缘手套佩戴要求

操作人员在机舱盖、车底作业或在其他有重物掉落可能的环境下工作时必须佩戴安全帽；在车辆底部或可能有灰尘及腐蚀性气体和液体进入眼睛的情况下必须佩戴护目镜；在有触电危险区域内作业时，必须佩戴绝缘手套；佩戴时，袖口要完全伸入手套内，表面应保证干燥。

任务实施与评价

工单 1　新能源汽车认识

学生姓名		班级		学号	
实训场地		日期		车型	
实训任务	你作为汽车维修工，接待一辆吉利 EV450 汽车做保养，现在主管安排你对该车进行故障诊断，你能认识车上的高压部件及安全标志吗				
实训设备	绝缘工具	世达（含常用普通工具）			1
	数字兆欧表	通用			2
	数字万用表	通用			2
	绝缘垫	通用			1
	绝缘手套（双）	通用			2
	护目镜	通用			2
	安全帽	通用			2
	绝缘鞋	通用			1
	危险警示牌	通用			1
	耐磨手套（双）	通用			2
任务要求	能够对新能源汽车高压部件及安全标志进行识别，对绝缘工具进行检查				
相关信息	请阅读教材中该任务的"知识链接"，完成以下内容： 　1. 通常情况下，从外观上就能判断汽车是传统燃油汽车、纯电动汽车还是混合动力汽车。混合动力汽车的标志是_____，纯电动汽车的标志是_____。 　2. 新能源汽车机舱识别（以实训用车为准） 　新能源汽车是在传统燃油汽车产业基础上发展而来的，在车辆结构上与传统燃油汽车最大的区别在于动力系统。 　（1）电动汽车的核心结构主要包括_____、_____和整车控制系统三部分，此外还有车辆辅助控制系统以及_____等部件。 　（2）混合动力汽车部件认识。				

1. _____; 2. _____; 3. _____; 4. _____; 5. _____

写出图片上部件名称：1. _____; 2. _____; 3. _____; 4. _____。

3. 安全标志的功能是提醒操作人员注意或按标志上注明的要求去执行，保障人身和设施安全。写出下面禁止标志名称。

相关信息

| (a) | (b) | (c) | (d) |

(a) _____; (b) _____; (c) _____; (d) _____。

警告标志是提醒人们对周围环境引起注意，以避免可能发生危险的图形标志。其基本形式是正三角形边框及图形符号为黑色，衬底为黄色。

| (a) | (b) | (c) | (d) |

(a) _____; (b) _____; (c) _____; (d) _____。

4. 进行高压部件系统维护及检修操作时，为了保护操作人员的人身安全，需要佩戴/穿戴高压安全装置，如绝缘手套、护目镜、安全帽、绝缘服及绝缘鞋等。

项目一　新能源汽车维护保养

相关信息	 1. _____ 2. _____ 3. _____

计划与决策	请根据任务要求，确定所需要的场地和物品，并对小组成员进行合理分工，制订详细的工作计划。 **一、人员分工** 小组编号：_____，组长：_____。 小组成员：_____ 我的任务：_____ **二、准备场地及物品** 检查并记录完成任务需要的场地、设备及工具。 1. 场地 检查工作场地是否清洁及存在安全隐患，如不正常，请汇报老师并及时处理。 记录：_____ 2. 车辆、充电桩、总成、工件 车辆：_____ 充电桩：_____ 总成：_____ 工件：_____ 3. 设备及工具 防护装备：_____ 设备及工具：_____ 4. 安全要求及注意事项 （1）实训汽车停在实训工位上，没有经过老师批准不准起动。经老师批准起动，首先应检查车轮的安全顶块是否放好，驻车制动是否拉好，排挡杆是否放在 P 挡（A/T），车前有没有人。 （2）禁止触碰任何带安全警告标志的部件。 （3）实训期间禁止嬉戏打闹。 **三、制定工作方案** 根据任务，小组进行讨论，确定工作方案（流程/工序），并记录。 _____ _____

实施与检查	根据制订的计划实施，完成以下任务并记录。 本操作任务完成新能源汽车认识。 1. 绝缘手套的检查要求 操作记录：_____ _____ _____ 2. 绝缘电阻表检查 _____

续表

评估	评估项目（分值）	自我评估	小组评估	老师评估
	相关信息（5）			
	计划与决策（5）			
	实施与检查（10）			
	合计（20）			
	总评			

任务 2　新能源汽车工作安全及作业准备

知识目标

1. 熟知新能源汽车维护保养安全注意事项。
2. 了解工具设备使用注意事项。
3. 了解维修车辆准备事项。
4. 熟悉高压安全防护措施。
5. 了解车间维修人员资质要求。
6. 熟悉新能源汽车作业标准。

能力目标

1. 熟练使用新能源汽车工具设备。
2. 熟练执行新能源汽车维护保养作业标准。

素养目标

1. 具备产品质量控制意识。
2. 具有岗位意识、爱岗敬业精神。
3. 培养学生认真严谨的学习作风，增强团队协作能力及创新意识。

客户送修比亚迪秦新能源汽车到4S店常规保养，维修技师需要做哪些准备工作？

新能源汽车维修车间有高压电安全风险，必须加强安全管理，杜绝高压安全事故的发生。新能源汽车维修车间除了燃油车维修车间的安全要求外，还必须注意特殊要求。

交通运输部的行业标准JT/T 1344—2020《纯电动汽车维护标准、检测、诊断技术规范》及JT/T 1029—2016《混合动力电动汽车维护技术规范》中明确提出了新能源汽车维护作业的安全要求。

项目一　新能源汽车维护保养

一、安全注意事项

1. 警戒带和警示牌布置要求

维修人员在进行维修作业前，采用安全隔离措施（使用警戒带隔离），并树立高压警示牌，以警示相关人员，避免发生安全事故，如图1-20所示。

图1-20　警示牌和警戒带布置

2. 车身搭铁线连接的操作要求

维修人员在维修高压电之前，需将车身的搭铁线连接到混合动力或纯电动汽车专用维修工位的接地线上。

3. 车辆上电前准备和检查事项

维修人员在给车辆上电前，需检查和确认是否还有其他人员在进行高压电维修操作，避免发生危险。

4. 拆卸高压配线的绝缘

维修人员检修高压线束时，对拆下的任何高压配线应立刻用绝缘胶带包扎绝缘。

注意事项如下：

（1）高压线束装配时，必须按照车身固定孔位要求将线束固定好。

（2）不能用手指触摸高压线束插接件的带电部分以免触电，另外应防止有细小的金属工具或铁条等接触到插接件的带电部分。

5. 灭火器的使用和检查

（1）发生火灾将产生不可估量的危害，因此必须预防车辆自燃等火灾的发生，及时处理机舱内的油污、插接件松动或线束老化等隐患。

（2）火灾发生后不要惊慌，要及时采取正确的方法来灭火，将火灾消灭在萌芽状。发生火灾时，首先要切断电源，所有人员立即离开车辆并站在远离车辆的上风处。

（3）经常检查车上的灭火器是否在固定的位置，是否在有效期内。要充分了解灭火器的性质和正确使用方法。在采取救火措施的同时立刻报警（119、110）。

（4）常用的车载灭火器都是干粉式的，以高压为动力，由喷射筒内的干粉进行灭火。灭火时手提干粉灭火器快速奔赴火点，在距离燃烧处1 m左右，先将开启把上的保险销拔下，然后将喷嘴部迅速对准火焰的根部扫射灭火。当干粉喷出后，手始终压下压把不能放开，否则会中断喷射。操作人员应选择站在上方方向喷射。

（5）当电动汽车发生火灾时，最有效的灭火方式是采用大量的水灭火。因为电动汽车起火多为电路短路起火，这种情况下为了保证人员安全，使用水基灭火器能快速对短路产生的热量降温，使电能耗尽来有效灭火。

二、工具设备使用注意事项

1. 维修工具的使用规范

维修工具应符合以下要求：

（1）时刻保持工具整洁干净。

（2）保持工具摆放整齐有序，不得随意乱放。

（3）工具在使用过程中不得使用蛮力等粗暴手段施加破坏性作业，防止对工具造成永久性损毁。

（4）对于螺丝刀、钳子等不耐受力工具禁止用其他方法给其加力或敲击。

（5）工具在使用过程中随用随取，用过后不得随意摆放在作业现场。

（6）作业完毕后要及时对使用过的工具进行清理脏污、归类、归位，以便下次使用。

（7）对借用的工具在使用过程中一定要爱护、规范使用，不得违规操作。

（8）工具在使用前一定要检查其完好性，用完后要保持其完好可靠性。

（9）对待精密工具和脆弱性专用工具更要仔细小心，确保工具的持续可用性。

（10）对于公用工具，工具使用者必须在下班前或离岗前将工具整理、清洁、归还、归位。

绝缘工具柜如图 1-21 所示。新能源汽车常用的维修工具及检测设备如表 1-2 所示。

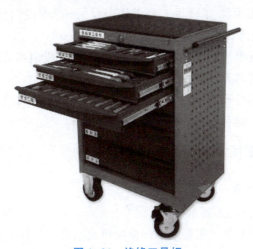

图 1-21　绝缘工具柜

表 1-2　新能源汽车常用的维修工具及检测设备

序号	类型	工具设备名称	规格要求	单位	备注
1	拆装工具	绝缘工具套装	高压电维修绝缘工具，耐压 1 000 V	套	—
2	检测仪器	数字万用表	符合 CAT Ⅲ要求	个	如 FLUKE 系列万用表
3		数字电流钳	符合 CAT Ⅲ要求	台	如 FLUKE 321
4		高压绝缘测试仪	符合 CAT Ⅲ要求	台	如 FLUKE1587

续表

序号	类型	工具设备名称	规格要求	单位	备注
5	诊断仪器	专用车型诊断仪	对应车型	套	如北汽 BDS、比亚迪 ED400、ED1000
6	防护用品	绝缘工作台	耐压≥10 kV	台	—
7		绝缘手套	耐压≥10 kV	副	—
8		绝缘鞋	耐压≥10 kV	双	—
9		护目面罩（护目镜）	耐压≥10 kV	副	—

2. 工具设备的维修要求及管理规范

（1）首次领用工具必须根据实际情况合理确定领用范围。

（2）工具的换领必须以旧换新。旧工具无修复价值的，由保管人填写报废单进行报废。

（3）工具的换领（含报废）周期必须符合《工具正常使用年限表》，按价值折旧，使用寿命因人为因素不达标的，由保管人按《工具赔偿标准》赔偿。

（4）仓库人员收回旧工具时必须认真检查，如仍可用，领用人必须继续使用。如可修复，可联系相关专业人员修复。如工具有旧品时（有一定损耗但不影响使用的），领用人尽量领用可用的旧品，无正当理由丢失的除赔偿外，必须在 3 天内自行补齐（按原工具规格型号和品牌），或者申报车间申领（费用从工资中扣除）。

（5）仓库存有部分不常用的工具，作为机动工具，由车间统一调配使用和管理。机动工具的借用必须办理借用手续（填写工具借用记录），详细说明借用时间、归还时间、用途、保管责任人等，经仓库保管员签字后，方可借用。

（6）仓库保管员负责借出机动工具的催还，如有丢失或损坏，按照上述规定赔偿。

（7）各保管员要加强对工具的保养，保证处于完好状态。

（8）设备员进行定期或不定期的检查，发现问题及时处理解决。

（9）能正确地清洁、储存及维修相应的工具和设备。

三、维修车辆准备事项

1. 维修工单的填写方法

维修工单示意图如图 1-22 所示。

维修人员能确认维修工单上所要求的维修项目及信息，并按照实际维修信息进行填写。

2. 翼子板布的使用规范

操作人员打开并支撑机舱盖，将翼子板布分别铺设在两侧翼子板及前保险杠的进气格栅上。

（1）两侧翼子板布应完全遮挡翼子板漆面，不得有裸露漆面的部位。

（2）前保险杠翼子板应完全遮盖前保险杠进气格栅及两侧大灯。

（3）安装翼子板布、格栅布位置正确且不自行脱落。

3. 车轮挡块的安全规范

车轮挡块安装示意图如图 1-23 所示。车轮挡块要摆放在非转向轮的后面（最好放在车

修理单号: _____　　　牌照号码: _____　　　行驶里程: _____

①状态良好			②尽早处理			③更换或维护后状态良好		
6个月或者5 000 km								
I 外观检查	①	②	③	**III 乘客舱**		①	②	③
1　检查全车外观: 车身钣金及油漆				18　检查仪表指示灯情况				
后视镜（壳体、镜片）				19　检查喇叭				
前后挡及四门玻璃				20　检查各功能开关				
各车灯外观				21　检查空调系统: 各模式下出风口送风情况				
轮毂外观				空调制冷、制热效果				
2　后备箱: 随车工具				有无异味				
警示牌				22　检查驻车制动				
备胎				23　检查电动后视镜				
3　灯光检查: 灯光作动情况				24　检查车门: 打开及关闭情况				
4　检查雨刮器: 雨刮片（漏刮、线状水渍）				儿童锁功能				
各挡位工作情况				车窗升降及防夹				
雨刮液喷出情况				25　检查安全带及锁扣				
5　四门铰链、充电口罩和限位器润滑				26　检查空调粉尘滤清器				
6　检查备胎固定架以及备胎胎压				27　健康检查、参数读取、软件升级（使用诊断仪）				

动力电池使用状况							
主要参数	动力电池单元最大电压	mV	动力电池单元最小电压	mV	动力电池单元电压差	mV	动力电池SOH值（≥80%）	%
	动力电池单元最高温度（＜55℃）	℃	出口处动力电池冷却液温度（＜55℃）	℃	进口处动力电池冷却液温度（＜55℃）	℃	动力电池绝缘电阻（＞250）	kΩ

图 1-22　维修工单示意图

轮的两侧），且外部和轮胎平齐。当有人不慎靠在车辆的前后端或起动车辆检查挡位时，起到安全保护的作用。

图 1-23　车轮挡块安装示意图

四、高压电安全防护措施

1. 高压安全防护规定

1）应遵循五条安全规定

（1）维修时断开高压电。

（2）防止操作时重新误接通。

（3）确定处于车辆无高电压状态。

（4）处理好接地和短路。

（5）遮盖或阻隔相邻的带电部件。

2）应使用个人防护装备

（1）维修企业应向维修人员提供合适的个人防护装备，以便在工作场所进行作业。

（2）维修企业所提供的个人防护装备必须附有欧共体一致性声明。

3）应遵循维修场地的要求

为避免发生危险或造成损坏，车辆的停放位置必须干净、干燥、无油脂，且不会接触到飞溅的火星，要避免与车辆清洁和其他车辆维修工位过近。

2. 高压维修工位布置

维修工位的布置应满足以下要求：

（1）专用的维修工位。

（2）工位清洁、干燥，通风良好。

（3）维修作业前须设置安全隔离警告标志。

（4）维修工位上必须配有防护用品。

（5）避免无关人员靠近。

五、车间维修人员资质要求

在执行新能源车辆维护与维修期间，必须同时有两名持有上岗证的人员进行工作，其中一名人员作为安全工作的监护人，工作职责为监督维修的全过程。

1. 新能源汽车维修操作人员

（1）电动汽车维修操作人员必须持证上岗，并经过培训，才能操作，如图1-24所示。

（2）电动汽车维修操作人员必须经过新技术有限公司新车型培训，并通过考核。

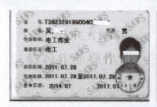

图1-24　特种作业操作许可证

2. 新能源汽车维修监护人

维修监护人的安全技术等级应高于操作人员，具有丰富的实际工作经验并熟悉现场及设备情况，如图1-25所示。其监护内容如下：

（1）进行高压切断时，监护所有工作人员的活动范围，使其与带电设备保持规定的安全距离。

（2）带电作业时，监护所有工作人员的活动范围，使其与高压部件保持规定的安全距离。

（3）监护所有工作人员的工具使用是否正确，工作位置是否安全，以及操作方法是否正确等。

（4）工作中监护人因故离开工作现场时，必须另行指派了解有关安全措施的人员接替监护工作并告知工作人员，使监护工作不致间断。

（5）监护人发现工作人员有不正确的动作或违反规程的做法时，应及时提出纠正，必要时可令其停止工作，并立即向上级报告。

（6）所有工作人员（包括工作负责人）不准单独留在维修保养中的新能源专用工位区内，以免发生意外触电或电弧灼伤。

（7）监护人应自始至终不间断地进行监护，在执行监护时，不应兼做其他工作。但在动力电池与新能源汽车断开的情况下监护人可参加班组的工作。

图 1-25　维修时必须设专职监护人

六、高压维修作业标准

1. 新能源汽车维修流程

新能源汽车（高压车辆）维修时必须严格按照流程进行。图 1-26 所示为高压车辆维修风险分析。

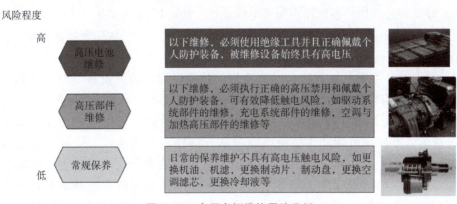

图 1-26　高压车辆维修风险分析

2. 新能源汽车维修规范

维修高压车辆时，必须遵循高压安全操作规范和机动车维修操作规范。

在高压安全操作规范中要求：

（1）对于车辆维修过程中的高压配件必须竖立标志明显的高压勿动警示牌，并禁止将带有高压电的部件放置在无人看管的环境下。

（2）高压维修与维护过程中，维护人员禁止将手表、金属笔等金属物品带在身上。

（3）严禁非专业人员对高压部件进行移除及安装。

（4）未经高压安全培训并取得许可证的维修人员，不允许对高压部件进行维修等操作。

（5）车辆在充电过程中不允许对高压部件进行拆装、维修等工作。

（6）维修前必须进行高压禁用操作。

（7）维修完毕后上电前，确认车辆无人操作。

（8）更换高压部件后，测量搭铁是否良好。

（9）电缆接口必须按照标准扭矩拧紧。

（10）在执行车辆维护与维修期间，必须同时有两名持有上岗证的人员进行工作，其中一名人员作为工作的监护人，工作职责为监督维修的全过程。如当发生触电事故时，监护人应该立即采取有效措施执行急救。

（11）用绝缘棒拉合高压刀闸或经传动拉合高压刀闸和油开关，都应戴绝缘手套。雨天操作室外高压设备时，应穿绝缘鞋。雷电时禁止进行倒闸操作。

（12）带电装卸熔断器时，应戴护目镜和绝缘手套，必要时使用绝缘夹钳，并站在绝缘垫上。

（13）电气设备停电后，在未拉开刀闸和做好安全措施以前应视为有电，不得触及设备和进入遮栏，以防突然来电。

（14）施工和检修需要停电时，应装设接地线，按照要求做好安全措施，包括停电、验电、放电、装设遮栏和悬挂标志牌，经检查确认无电，并交代附近带电设备位置和注意事项后，方可开始工作。

（15）高压设备停电工作时，距离工作人员工作正常范围小于 0.35 m 必须停电，距离大于 0.35 m 但小于 0.7 m 时，设备必须在与带电部分不小于 0.35 m 的距离处设置牢固的临时遮栏，否则必须停电。带电部分在工作人员的后面或两侧无可靠措施者也必须停电。

（16）停电时必须切断各回路可能来电的电源，使各回路至少有一个明显的断开点，变压器与电压互感器必须从高低压两侧断开，电压互感器的一、二次熔断器都要取下，刀闸开关的操作电源要断开，刀闸的操作把手要锁住。

（17）验电时必须用电压等级合适并合格的检验电器，检修设备时电线两侧应分别验电。验电前应先在有电设备上试验证明验电器良好。高压设备验电时必须戴绝缘手套。

（18）当验明设备确实无电后，应立即将检修设备导体接地并互相短路，对可能送电至停电设备的各方面或可能产生感应电压的部分都要装设接地线。接地线应用多股裸软铜线，截面不得小于 25 mm²。接地线必须使用专用的线夹固定在导体上，拆除时的顺序与此相反。装拆接地线都应使用绝缘手套。装拆工作必须由两人进行。不允许检修人员自行装拆和变动接地线。接地线应编号并放在固定地点。装拆接地线应做好记录，并在交接班时交代清楚。

（19）在电容器回路上工作时必须将电容器逐个放电后再接地。

（20）在一经合闸即可送电到工作地点的开关和刀闸操作把手上都应悬挂"禁止合闸，有人工作"的标志牌。工作地点两旁和对面的带电设备遮栏上以及禁止通行的过道上须悬挂"止步，高压危险"的标志牌。

（21）在带电设备附近工作时，必须设专人监护。带电设备只能在工作人员的前面或一侧，否则应停电进行。

（22）在带电和电流互感器二次回路上工作时，要严防电流互感器二次侧开路而产生高电压。断开电流回路时，必须使用短路线在电流互感器二次侧的专用端子上短路，严禁用导线缠绕。工作中不得将回路的永久接地点断开。工作时必须有专人监护，使用绝缘工具，并站在绝缘垫上。

（23）发生人身触电事故和火灾事故时，应立即断开有关设备的电源，并进行抢救。

（24）电气设备发生火灾时，应该用四氯化碳、二氧化碳灭火器或 1211 灭火器扑救。

七、维修作业

1. 维修作业注意事项

（1）高压线束装配时，必须按照车身固定孔位要求将线束固定好，如图 1-27 所示。

（2）不能用手指触摸高压线束插接件的带电部分以免触电，另外应防止有细小的金属工具或铁条等接触到接插件的带电部分。

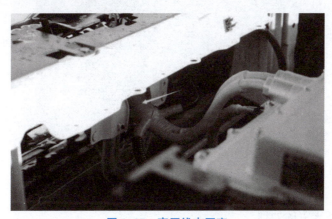

图 1-27 高压线束固定

2. 绝缘工具的检查和使用

绝缘工具按其绝缘结构不同分为Ⅰ、Ⅱ、Ⅲ类，如图 1-28 所示。Ⅰ类工具是指采用普通基本绝缘的电动工具，Ⅱ类工具是指采用双重绝缘或加强绝缘的电动工具，Ⅲ类工具是指采用安全特低电压供电的电动工具。

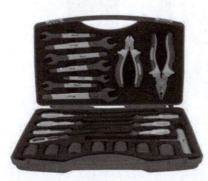
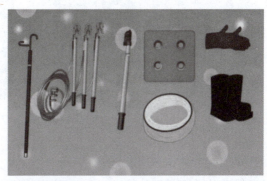

图 1-28 绝缘工具

1）外观情况要求检查

（1）保护接地线或零线正确、牢固可靠。

（2）电源线必须用护套软线，长度不得超过 6 m，无接头及破损。

（3）机械防护装置完好，电动工具罩盖及手柄完好。

（4）检查电动工具的开关是否灵敏、是否破损、规格是否与负载匹配。

2）绝缘电阻检查

绝缘电阻值都用 500 兆欧表测量，如图 1-29 所示。

Ⅰ类工具绝缘电阻值不小于 2 MΩ，使用Ⅰ类手持电动工具应配有漏电保护装置，PE 线连接可靠。

Ⅱ类工具绝缘电阻值不小于 7 MΩ。

Ⅲ类工具绝缘电阻值不小于 1 MΩ。

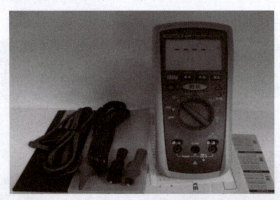

图 1-29　绝缘电阻检查

3）异常事故或火灾的处理

发生异常事故和火灾时，操作人员应立即切断高压回路，其他人员立即使用灭火器扑救，优先使用二氧化碳灭火器，其次使用干粉灭火器，严禁用水基灭火器，如图 1-30 所示。

铜丝　　铁丝

图 1-30　灭火示意图

3. 电动汽车外出救援注意事项

外出救援抛锚的电动汽车时，应注意以下事项：

（1）在车辆能动的情况下将车移到不影响其他车辆通行、安全的地带。

（2）在条件许可的情况下打开双闪警示灯（夜间也可以用发光体代替）。

（3）按照规定的距离立即正确放置三角警示牌。

（4）如果在现场不能维修，应采用硬连接将车辆拖回维修点。

（5）如果确定无法移动，应联系救援车辆。

（6）等待救援时，所有人员请勿待在车内。

任务实施与评价

工单 2　新能源汽车工作安全及作业准备

学生姓名		班级		学号	
实训场地		日期		车型	
实训任务	你作为汽车维修工，接待一辆吉利 EV450 汽车做保养，现在主管安排你对该车进行故障诊断，你知道维修新能源汽车工作安全及准备作业吗				
实训设备	绝缘工具	世达（含常用普通工具）		1	
	数字兆欧表	通用		2	
	数字万用表	通用		2	
	绝缘垫	通用		1	
	绝缘手套（双）	通用		2	
	护目镜	通用		2	
	安全帽	通用		2	
	绝缘鞋	通用		1	
	危险警示牌	通用		1	
	耐磨手套（双）	通用		2	
任务要求	能够对新能源汽车维修场地进行准备，熟悉高压安全措施				
相关信息	请阅读教材中该任务的"知识链接"，完成以下内容： （1）新能源汽车维护需要专用的_____工位。维护作业前应设置好_____。维修工位周边不得有_____及与工作无关的_____。维修工位应垫好_____，防止对地触电，还必须配有_____用品，其他无关人员禁止进入维护场地。 （2）维护操作人员上岗不得佩戴_____，工作服衣袋内不得有_____，且必须佩戴必要的_____。操作人员必须经过_____，并持有国家安监局颁发的《特种作业操作证（低压电工证）》或以上证件。 （3）绝缘垫是具有较大的_____和_____的胶垫，其主要作用是在新能源汽车维护时铺在地面，起到_____作用。 （4）绝缘手套由天然橡胶支撑，起到对_____的作用，并具有_____、_____、_____、耐酸碱等功能。 （5）护目镜的主要作用是防止_____，使用前先检查护目镜是否有裂纹、损坏等。 （6）穿戴绝缘鞋前应先检查鞋面是否有_____，鞋面是否_____，鞋底是否_____等。绝缘鞋应存放在干净通风的地方，避免接触高温、尖锐物品和酸碱油类物品。 （7）绝缘维修工具与传统维修工具相比多了_____，从而保护维修人员人身安全。 （8）简述新能源维护对操作人员的要求。 _____ _____ _____				

计划与决策	请根据任务要求，确定所需要的场地和物品，并对小组成员进行合理分工，制订详细的工作计划。

请根据任务要求，确定所需要的场地和物品，并对小组成员进行合理分工，制订详细的工作计划。

一、人员分工

小组编号：_____，组长：_____。

小组成员：_____

我的任务：_____

二、制订计划

根据新能源汽车维护作业对场地和工具的要求，制订新能源汽车场地及维护工具准备作业计划。

新能源汽车场地及维护工具准备作业计划		
序号	作业项目	操作要点
计划审核	审核意见：	
	年　　月　　日　签字：	

三、制定工作方案

仪器设备、工具、材料			
序号	名称	数量	是否清点
			□是　　　□否
			□是　　　□否
			□是　　　□否
			□是　　　□否
			□是　　　□否
			□是　　　□否
			□是　　　□否
			□是　　　□否
			□是　　　□否
			□是　　　□否

实施与检查

根据制订的计划实施，完成以下任务并记录。

1. 高压维修工位准备

安全隔离警示是否设置	□是	□否
维修工位是否干净、整洁、通风	□是	□否
周边是否有易燃品和无关的金属物品	□是	□否
维修工位上是否配有防护用品	□是	□否
维修工位上是否垫好了绝缘垫	□是	□否
工位旁边是否有其他无关人员	□是	□否

实施与检查	2. 高压防护用具的准备 （1）绝缘手套。 检查绝缘手套的绝缘等级是否与当前车型相匹配：　□是　□否 检查绝缘手套有无明显破损：　□是　□否 当前绝缘手套的防护电压_____V。 （2）头盔。 检查绝缘头盔有无明显破损：　□是　□否 检查绝缘头盔的绝缘等级是否与当前车型相匹配：　□是　□否 （3）护目镜。 检查护目镜是否有裂纹、损坏：　□是　□否 （4）绝缘鞋。 检查鞋面是否干燥及有无磨损，鞋底是否断裂：　□是　□否 （5）防护服。 检查防护服的防护等级_____V。 检查防护服有无破损：　□是　□否 3. 动力电池拆卸维修工具准备 核对动力电池举升车的举升范围是否与待操作车型动力电池重量相匹配：□是　□否 检查动力电池举升车电线及操作开关是否正常：　□是　□否 检查动力电池转运的手动堆高车的技术参数是否与待操作车型相匹配：□是　□否 4. 绝缘工具的准备 检查绝缘工具的绝缘防护等级_____V。 检查绝缘工具的绝缘阻值_____Ω。 检查绝缘工具绝缘层有无明显破损：　□是　□否			

评估	评估项目（分值）	自我评估	小组评估	老师评估
	相关信息（5）			
	计划与决策（5）			
	实施与检查（10）			
	合计（20）			
	总评			

✹ 任务3　混合动力汽车精确保养

知识目标

1. 熟知新能源汽车维护保养安全注意事项。

2. 了解混合动力汽车基本结构及工作原理。

3. 熟悉混合动力汽车保养规范。

能力目标

1. 熟练使用新能源汽车维修工具设备。

2. 熟练进行混合动力汽车保养。

素养目标

1. 具备产品质量控制意识。

2. 具有岗位意识、爱岗敬业精神。

3. 培养学生认真严谨的学习作风，增强团队协作能力及创新意识。

客户送修领克02混合动力汽车到厂进行常规保养，需要保养哪些项目？怎样检验？

一、混合动力汽车的基本概念

根据国际能源组织（IEA）的规定，"能量与功率传送路线"具有以下特点的车辆称为混合动力车辆：

（1）传送到车轮推进车辆运动的能量，至少来自两种不同的能量转换装置，如内燃机、燃气涡轮、斯特林发动机、电动机、液压马达、燃料电池等。

（2）这些能量转换装置至少要从两种不同的能量储存装置（如燃油箱、蓄电池、飞轮、超级电容、高压储氢罐等）吸取能量。

（3）从储能装置流向车轮的这些通道，至少有一条是可逆的。

二、混合动力汽车的类型

1. 按照动力系统结构形式划分

（1）串联式混合动力汽车。

（2）并联式混合动力汽车。

（3）混联式混合动力汽车。

2. 按照混合度划分

（1）微混合型混合动力汽车。

（2）轻度混合型混合动力汽车。

（3）重度混合（强混合）型混合动力汽车。

3. 按照外接充电能力划分

（1）外接充电型混合动力汽车。

（2）非外接充电型混合动力汽车。

4. 按照行驶模式的选择方式划分

（1）有手动选择功能的混合动力汽车。

（2）无手动选择功能的混合动力汽车。

三、混合动力汽车结构及工作原理

（一）串联式混合动力汽车结构与工作原理

1. 基本结构

串联式混合动力汽车基本结构包括发动机、发电机、电动机、动力电池等，如图1-31所示。

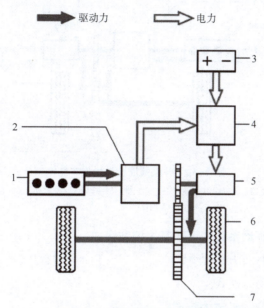

图1-31　串联式混合动力系统

1—发动机；2—发电机；3—动力电池；4—变压器；5—电动机；6—驱动轮；7—减速器

2. 串联式混合动力驱动系统的三种基本控制模式

（1）恒温器式控制模式。

（2）"负荷跟随"控制模式。

（3）折中方案。

3. 串联式混合动力驱动系统的特点

（1）优点：发动机工作状态不受车辆行驶工况的影响。发动机与电动机之间无机械连接，整车的结构布置自由度较大。由于电动机的功率大，制动能量回收的潜力大，可以提高能量利用效率。

（2）缺点：发动机输出的能量利用率比较低，电动机的功率要足够大，需要较大的电池容量。电动机和动力蓄电池的体积和重量都较大，使得整车重量较大。

（二）并联式混合动力汽车结构与工作原理

1. 基本结构

并联式混合动力汽车的结构与串联式混合动力汽车基本相同，只是动力传输有所差别，如图 1-32 所示。

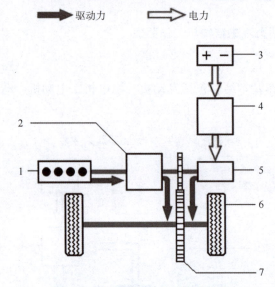

图 1-32　并联式混合动力汽车结构

1—发动机；2—变速器；3—动力电池；4—变压器；5—电动机/发电机；6—驱动轮；7—减速器

2. 并联式混合动力驱动系统的两种基本控制模式

（1）发动机辅助混合动力模式。

（2）电机辅助混合动力模式。

3. 并联式混合动力驱动系统的特点

（1）发动机输出能量的利用率相对较高。

（2）当电机仅起功率调峰作用时，电机、发动机的功率可适当减小，电池的容量也可减小。

（3）在繁华的市区低速行驶时，需要有功率足够高大的电机，所需电池的容量相应也要大。

（4）并联驱动系统的传动机构较为复杂。

（5）发动机有可能不在其最佳工作区域内运行，其油耗和排放指标可能不如串联式混合动力系统。

（三）混联式混合动力汽车结构与工作原理

1. 基本结构

混联式混合动力汽车基本结构如图 1-33 所示。

2. 混联式混合动力汽车工作过程

丰田混联式混合动力汽车工作过程中，其动力传递如图 1-34 所示。

（四）插电式混合动力汽车 PHEV

插电式混合动力汽车 PHEV 的动力传递如图 1-35 所示。

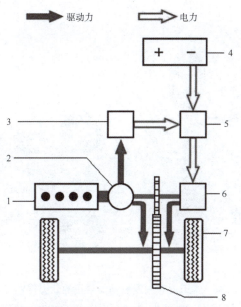

图 1-33　混联式混合动力汽车基本结构

1—发动机；2—动力分离装置；3—发电机；4—动力电池；5—变压器；6—电动机；7—驱动轮；8—减速器

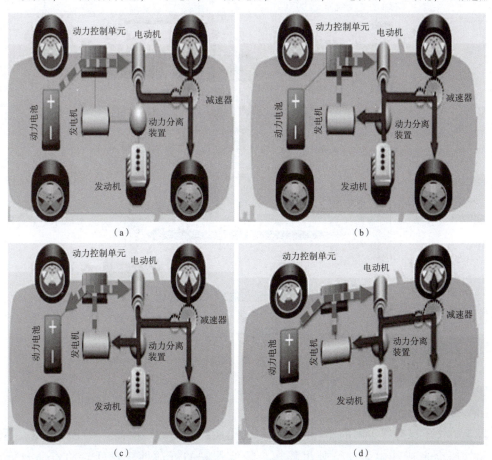

图 1-34　丰田混联式混合动力系统的动力传递

（a）纯电；（b）发动机提供动力；（c）发动机提供动力，并向动力电池充电；（d）发动机、动力电池均提供动力

项目一　新能源汽车维护保养

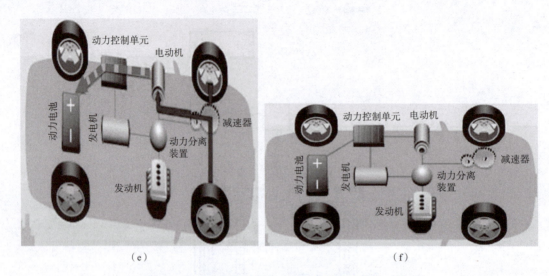

（e）　　　　　　　　　　　　（f）

图 1-34　丰田混联式混合动力系统的动力传递（续）

（e）制动时，动力回收，向动力电池充电；（f）混联结构布置

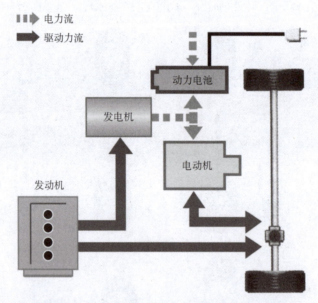

图 1-35　插电式混合动力汽车 PHEV 的动力传递

四、混合动力汽车保养

1. 混合动力汽车使用注意事项

（1）经常检查轮胎气压。

将轮胎气压保持在正确的胎压。必须每两星期或至少每月检查一次轮胎气压。不正确的轮胎气压会造成耗电多、行驶里程短，降低驾驶的舒适性，降低轮胎寿命及行车安全性。

（2）防止暴晒。

电动汽车严禁在阳光下暴晒。温度过高的环境会使动力电池内部压力增加而使电池失水，引发电池活性下降，加速极板老化。

（3）定期检查。

在使用过程中，如果电动汽车的续行里程在短时间内突然大幅下降十几千米，则很有可能是电池组中最少有一块电池出现问题了。此时，应及时到销售中心或代理商维修部进行检查、修复或配组。这样能相对延长电池组的寿命，最大限度地节省开支。

（4）严禁存放时亏电。

蓄电池在存放时严禁处于亏电状态。亏电状态是指电池使用后没有及时充电。在亏电状态下存放电池，很容易出现硫酸盐化，硫酸铅结晶物附着在极板上，堵塞电离子通道，造成充电不足，电池容量下降。亏电状态闲置时间越长，电池损坏越严重。因此，电池闲置不用时，应每月补充电一次，这样能较好地保持电池健康状态。

（5）避免大电流放电。

电动汽车在起步、载人、上坡时，尽量避免猛踩加速，形成瞬间大电流放电。大电流放电容易导致产生硫酸铅结晶，从而损害电池极板的物理性能。

2. 混合动力汽车保养及维护维修注意事项

（1）对高压系统进行操作时首先应将车辆电源开关关闭。

（2）戴好绝缘手套（戴绝缘手套前一定要先检查手套，不能有破损和裂纹，不能有老化的迹象，也不能是湿的）。

（3）将辅助蓄电池的负极电缆断开（在此之前应先查看故障码，有必要的话将故障码保存或记录下来，因为与传统燃油汽车一样，断开蓄电池负极，电缆故障码将被清除）。

（4）拆下维修开关（有的车没有维修开关，设置的是高压断电插头），并将维修开关放在衣袋里妥善保管，这样可以避免其他人员误将维修开关装回原处，造成意外。

（5）拆下维修开关后不要操作电源开关，否则可能损坏混合动力 ECU。

（6）拆下维修开关，至少将车辆放置 5 min 后再进行其他操作，因为至少需要 5 min 的时间对变频器内的高压电容器进行放电。

（7）在进行高压系统作业时，应在醒目的地方摆放警告标志，以提醒他人注意安全。

（8）不要随身携带任何金属物体或其他导电体，以免不小心掉落引起线路短路。

（9）拆下高压配线后应立刻用绝缘胶带将其包好，保证其完全绝缘。

（10）一定要按规定扭矩将高压螺钉端子拧紧，扭矩过大或过小都有可能导致故障。

（11）完成对高压系统的操作后，在重新安装维修开关前，应再次确认在工作平台周围没遗留任何零件或工具，并确认高压端子已拧紧，连接器已插好。

3. 驱动电机的保养

（1）电机的代码和编号说明。

更换电机时，首先需要知道电机类型及规格。通过看电机型号来分析电机参数，通过既定的型号就可以知道要的是哪一款电机，电机的各个参数值是多少。

电机参数由电机类型代号、电机特点代号、设计序号和励磁方式代号等四部分组成。

①类型代号是表征电机的各种类型而采用的汉语拼音字母。

例如，Y 表示异步电动机；T 表示同步电动机；TF 表示同步发电机；Z 表示直流电动机；ZF 表示直流发电机。

②特点代号用于表征电机的性能、结构或用途，也采用汉语拼音字母表示。

例如，B 表示隔爆型；YT 表示轴流通风机；YEJ 表示电磁制动式；YVP 表示变频调速式；YD 表示变极多速式；YZD 表示起重机。

③设计序号是指电机产品设计的顺序，用阿拉伯数字表示。

对于第一次设计的产品不标注设计序号，对系列产品所派生的产品按设计的顺序标注。

④励磁方式代号分别用字母表示，S 表示三次谐波；J 表示晶闸管；X 表示相复励磁。

例如，产品标注 Y2-132S2-2。

Y：类型代号，表示异步电动机。

2：设计序号，"2" 表示在第一次基础上改进设计的产品。

132：电机中心高，是轴心到机座平面高度。

S2：机座长度规格，S 是短型，其中脚注 "2" 是 S 型铁芯的第二种规格，"2" 型比 "1" 型铁芯长。

2：极数，"2" 是指 2 极电机。

（2）根据电机中心高的不同可以将电机分为大型、中型、小型和微型四种。

中心高指由电机轴心到机座底脚面的高度。

①中心高 H 在 45~71 mm 的属于微型电机。

②中心高 H 在 80~315 mm 的属于小型电机。

③中心高 H 在 355~630 mm 的属于中型电机。

④中心高 H 在 630 mm 以上的属于大型电机。

（3）电机机座长度用国际通用字母表示。

S 表示短机座；M 表示中机座；L 表示长机座。

（4）电机铁芯长度用阿拉伯数字 1、2、3、…由长至短分别表示。

（5）电机极数分为 2 极、4 极、6 极、8 极等。

特殊环境代号有以下规定：

① "高原" 用 G；② 船（"海"）用 H；③ 户 "外" 用 W；④ 化工防 "腐" 用 F；⑤ 热带用 T；⑥ 湿热带用 TH；⑦ 干热带用 TA，补充代号仅适用于有补充要求的电机。

例如，产品型号为 YB2-132S-4。

①Y：产品类型代号，表示异步电动机；②B：产品特点代号，表示隔爆型；③2：产品设计序号，表示第二次设计；④132：电机中心高，表示轴心到地面的距离为 132 mm；⑤S：机座长度，表示为短机座；⑥4：极数，表示 4 极电机。

通过以上对电机型号详细的介绍，以后看到产品型号，就能基本知道该电机的类型、特点、设计序号、电机的规格以及它所使用的环境等信息。

4. 驱动电机检查

1）驱动电机绝缘电阻测量方法

维修人员通过测量电机的绝缘电阻，用来判断电机的绝缘性能好坏。

测量电机绝缘电阻的设备为兆欧表，兆欧表也叫摇表。兆欧表是为了避免事故发生，用于测量各种电气设备的绝缘电阻的兆欧级电阻表。

兆欧表的正确选择：对 500 V 以下电压的电机用 500 V 兆欧表测量。如选用 1 000 V、2 500 V 兆欧表测量，会造成测量值不符合要求，并可能造成设备绝缘被击穿。

兆欧表接线端的说明：兆欧表有三个接线端钮，其中 L 表示"线"，E 表示"地"，G 表示"保护环"（即屏蔽接线端钮）。

2）检查项目

（1）电机绕组对机壳的绝缘电阻。

（2）绕组相互间的绝缘电阻。

各相绕组的始末端均引出机壳外，应断开各相之间的连接线或连接片，分别测量每相绕组的绝缘电阻值，即绕组对地的绝缘电阻；然后测量各相绕组之间的绝缘电阻值，即相间绝缘电阻。电机在热状态（75 ℃）条件下，一般中小型低压电机的绝缘电阻值应不小于 0.5 Ω。

测量电机绝缘电阻时，兆欧表的连接：测量电机绕组对地（外壳）的绝缘电阻时，兆欧表接线端钮 L 与绕线接线端子连接，端钮 E 接电机外壳或 PE 螺纹处；测量电机的相间绝缘电阻时，L 端钮和 E 端钮分别与两部分接线端子相接。

3）测量前准备工作

电机绝缘电阻测量前的准备工作：测量前必须将被测电机的电源切断，并对地短路放电，决不允许电机带电进行测量，以保证人身和设备的安全。

4）电机绝缘电阻测量步骤

（1）断开电控柜的电机同路电源，拆除柜内与电机的连线。拆除电机的外部接线。将电机接线盒内 6 个端头的连片拆开。

（2）把兆欧表放平，先不接线，摇动兆欧表，表针应指向"∞"处，否则说明兆欧表有故障。再将表上"L"（线路）和"E"（接地）两接线柱用带导线的测试夹短接，慢慢摇动手柄（注意：千万不能快速摇动，否则会损坏兆欧表），表针应指向"0"处。校试好兆欧表的 0 位和∞位后，即可进行测量了。

（3）测量电机三相绕组之间的电阻。将两测试夹分别接到任意两相绕组的任意端头上，平放兆欧表，刚开始时，应很慢地摇动，确定没有短路现象后，再以 120 r/min 的匀速摇动兆欧表约 1 min，读取表针稳定的指示值。注意：摇动期间，双手或身体千万不能触碰到电机的任何端头和兆欧表的接线端头。

（4）用同样方法，依次测量每相绕组与机壳的绝缘电阻值。注意：表上标有"E"或"接地"的接线端钮，应接到机壳上无绝缘的地方。

（5）测量结束后，应将电机的线圈对地放电，防止伤人。

5）检测注意事项

（1）测量时，如果发现被测设备的绝缘电阻等于零，应立即停止摇转手柄，以免损坏兆欧表。

（2）在兆欧表没有停止摇转和设备没有对地放电之前，切勿触及测量部分和兆欧表的接线端钮，以免触电。

（3）测量完毕，应将被测设备对地放电。

（4）兆欧表是测量绝缘电阻最常用的仪表。它在测量绝缘电阻时本身就有高电压电源，这就是它与测电阻仪表的不同之处。兆欧表用于测量绝缘电阻既方便又可靠。

6）驱动电机线路的绝缘电阻测量方法

检查旋变传感器及电机温度传感器的电阻值，方法如下：

（1）使用数字万用表，分别测量旋变传感器 A-B、C-D、E-F 绕组的电阻值是否符合技术标准，如图 1-36 所示。

（2）使用数字万用表，测量电机温度传感器的电阻值是否符合技术标准，如图 1-37 所示。

图 1-36　测量旋变传感器

图 1-37　测量电机温度传感器

7）驱动电机冷却系统检查方法

冷却系统主要检查冷却液液位高度。

5. 车辆内部保养

车辆保养内容如表 1-3 所示。

表 1-3　车辆保养内容（节选）

保养项目	页码
车辆内部	
—喇叭：检查功能	见维修手册
—顶篷内灯、行李厢灯、手套箱灯：检查功能	见维修手册
—安全气囊和安全带：检查外表是否受损，检查安全带功能	见维修手册
—随车充电线：检查充电插头机械锁止功能，充电线两端插头是否有烧蚀痕迹（适用于 PHEV 车型）	见维修手册
车辆外部	
—行车安全灯：检查近光灯、远光灯、转向灯、前后雾灯、警示灯、倒车灯、车牌灯、制动灯、驻车灯	见维修手册
—辅助行车灯和弯道灯：检查功能	见维修手册
—前后窗玻璃雨水槽：检查	见维修手册
车辆下部	
—发动机机油及机油滤清器：更换。如拆卸油底壳螺栓，必须按照要求更换正确状态的放油螺栓和垫片	见维修手册
—楔形皮带：检查，必要时更换	见维修手册
—变速器及传动轴护套：检查是否泄漏或损坏，连接是否牢固	见维修手册
轮胎	
—轮胎/轮毂（包括备胎）：检查轮胎磨损情况，必要时进行轮胎换位，同步校正轮胎气压	见维修手册
—轮胎修理套件：检查（适用于 PHEV 车型）	见维修手册
—车轮固定螺栓：检查并按规定扭矩紧固	见维修手册
发动机舱	
—发动机机油：加注	见维修手册
—发动机及发动机舱内部件：检查是否泄漏和损坏（从上往下检查）	见维修手册
—冷却系统：检查冷却液液位和冰点，必要时补充原装冷却液	见维修手册
—高压部件冷却系统：检查冷却液液位和冰点，必要时补充原装冷却液（适用于 PHEV 车型）	见维修手册
最后工作	
—前大灯：检查灯光位置，必要时调整	见维修手册
—胎压报警装置：设定	见维修手册
—自诊断：用专用诊断设备读取并清除控制器故障信息	见维修手册
—保养周期显示：复位	见维修手册
—试车：性能检查	见维修手册

6. 车辆外部保养

车辆外部保养项目按照车辆维修手册要求进行，下面以"刮水器/清洗装置检查"为例，如图 1-38 所示。

检查风窗清洗液冰点，如有必要加注

所需要的专用工具和维修设备

折射仪 T10007 或 T10007A

在明暗分界处读取以下检测的精确数值。为了更好地显示明暗分界，请用滴定管在玻璃上滴一滴水。明暗分界即可通过"水线"清楚识别。

使用折射仪 T10007 或 T10007A 检查风窗清洗液冰点。

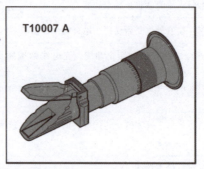

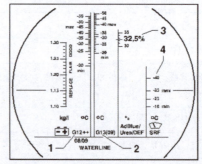

图 1-38　车辆外部保养项目示例

1—检测蓄电池电解液密度；2—检测冷却液冰点；3—检测溶液浓度；4—检测玻璃水的冰点

7. 车辆下部保养

车辆下部保养项目按照车辆维修手册要求进行，下面以"变速器及传动轴护套检查"为例，如图 1-39 所示。

变速器及传动轴护套：检查是否泄漏或损坏

－　检查变速器是否泄漏，是否损坏。

－　检查传动轴和万向节护套是否泄漏和损坏。

图 1-39　车辆下部保养示例

8. 轮胎保养

轮胎保养要求：出于安全考虑，同一车辆只能使用相同规格、类型和相同胎纹的轮胎。

对于四驱车型，如果使用不同轮胎可能会损坏中央自锁差速器。

1）轮胎保养检查

（1）检查轮胎摩擦面和轮胎侧围是否损坏，清除轮胎上的异物，如钉子或玻璃碎片。如发现损坏，一定要检查是否必须换上新轮胎。

（2）检查轮胎是否浸蚀，摩擦面是否单侧磨损。侧壁是否散线，是否有切口和穿孔。必须将发现的任何缺陷告诉客户，并提醒客户应当采取必要的维修措施。

（3）检查并确保轮胎旋转方向正确，以免轮胎内外侧装反。

2）检查轮胎磨损情况

可以根据前轮轮胎的磨损情况来确定是否需要检查车轮的前束和外倾角：轮胎胎面的凹槽就是车轮前束不正确的表示。摩擦面单侧磨损则大多是由于车轮外倾角有问题。如发现此种磨损，则通过车轮定位确定原因（维修措施）。检查轮胎花纹深度（包括备胎），最低允许的胎纹深度大于 1.6 mm（不同车型，见维修手册数据）。整个轮胎圆周上各处的花纹深度应该是相同的。如果整个轮胎圆周上的花纹深度出现明显的偏差（图 1-40），则必须提醒客户应当采取必要的维修措施。检查轮胎充气压力（包括备胎），必要时调整轮胎压力，如图 1-41 所示。轮胎气压具体数据，可在车上左前 A 柱上查询。

图 1-40　轮胎花纹检查

图 1-41　轮胎气压检查

9. 发动机舱保养

1）冷却液液位检查

（1）检查冷却液液位高度需将车辆停放在水平路面上，应在电机、高压电控总成降温后检查，如图 1-42 所示。

（2）检查制动液液位，液位要在上下限之间，如图 1-43 所示。

图1-42　检查冷却液液位高度

图1-43　检查制动液液位

（3）检查玻璃清洗液液位，保证剩余量充足，如图1-44所示。

（4）检查机油液位，拔出机油尺，用抹布擦拭，重新插回机油尺，然后再拔出，观察液位，液位要在上下限之间，如图1-45所示。

图1-44　检查玻璃清洗液液位

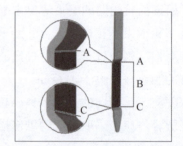

图1-45　检查机油液位

（5）丰田普锐斯空气滤芯的更换。

①打开空气滤清器上盖固定卡子。

②打开空气滤清器上盖，如图1-46所示。

③取出空气滤芯，观察滤芯脏污和损坏程度。

④空气滤芯不能再使用压缩空气清洁，则需更换。

⑤检查新的空气滤芯，安装好；装上空气滤清器上盖，固定好上盖及卡子。

图1-46　打开空气滤清器上盖

任务实施与评价

工单 3　混合动力汽车保养

学生姓名		班级		学号	
实训场地		日期		车型	
实训任务	汽车维修工小王，按照店内主管交办的任务，接待了一辆混合动力汽车进行保养，现在需要编制一套店面的对新能源混合动力汽车维护的运行方案，从而顺利地对新能源车辆进行维护				
实训设备	(1) 防护装备：工作服、绝缘帽、护目镜、劳保手套、绝缘手套、绝缘鞋。 (2) 车辆、台架、总成：新能源车辆一辆。 (3) 专用工具、设备：汽车解码器。 (4) 手工工具：新能源汽车维修组合工具。 (5) 辅助材料：高压电维修警示牌和设备、绝缘地胶、二氧化碳灭火器、清洁剂				
任务要求	(1) 熟练使用新能源汽车安全防护装备； (2) 熟练布置新能源汽车维护保养及维修工位； (3) 能进行混合动力汽车的精确保养； (4) 能进行纯电动汽车的精确保养				
相关信息	请阅读教材中该任务的"知识链接"，完成以下内容： 1. 新能源汽车的使用要求与方法 (1) 混合动力汽车如何进行起动操作？ ＿＿＿＿＿＿＿＿＿＿＿＿＿＿＿＿＿＿＿＿＿＿＿＿＿＿＿ (2) 混合动力汽车有哪几种连接方式？ ＿＿＿＿＿＿＿＿＿＿＿＿＿＿＿＿＿＿＿＿＿＿＿＿＿＿＿ 2. 新能源汽车保养 (1) 混合动力汽车保养分为哪几种级别？简要描述各级别的内容。 ＿＿＿＿＿＿＿＿＿＿＿＿＿＿＿＿＿＿＿＿＿＿＿＿＿＿＿ (2) 混合动力汽车前机舱保养项目及要求有哪些？ ＿＿＿＿＿＿＿＿＿＿＿＿＿＿＿＿＿＿＿＿＿＿＿＿＿＿＿ (3) 混合动力汽车"三电"保养的检查项目有哪些？ ＿＿＿＿＿＿＿＿＿＿＿＿＿＿＿＿＿＿＿＿＿＿＿＿＿＿＿				
计划与决策	请根据任务要求，确定所需要的场地和物品，并对小组成员进行合理分工，制订详细的工作计划。 **一、人员分工** 小组编号：＿＿＿＿＿＿，组长：＿＿＿＿＿＿。 小组成员：＿＿＿＿＿＿＿＿＿＿，＿＿＿＿＿＿＿＿＿＿ 我的任务：＿＿＿＿＿＿＿＿＿＿＿＿＿＿＿＿＿＿＿＿＿＿ **二、准备场地及物品** 检查并记录完成任务需要的场地、设备及工具。 1. 场地 检查工作场地是否清洁及存在安全隐患，如不正常，请汇报老师并及时处理。 记录：＿＿＿＿＿＿＿＿＿＿＿＿＿＿＿＿＿＿＿＿＿＿＿				

计划与决策	2. 车辆、充电桩、总成、工件 车辆：＿＿＿＿＿＿＿＿＿＿＿＿＿＿＿＿＿＿＿＿＿＿＿＿＿ 充电桩：＿＿＿＿＿＿＿＿＿＿＿＿＿＿＿＿＿＿＿＿＿＿＿ 总成：＿＿＿＿＿＿＿＿＿＿＿＿＿＿＿＿＿＿＿＿＿＿＿＿ 工件＿＿＿＿＿＿＿＿＿＿＿＿＿＿＿＿＿＿＿＿＿＿＿＿＿ 3. 设备及工具 防护装备：＿＿＿＿＿＿＿＿＿＿＿＿＿＿＿＿＿＿＿＿＿＿ 设备及工具：＿＿＿＿＿＿＿＿＿＿＿＿＿＿＿＿＿＿＿＿＿ 4. 安全要求及注意事项 （1）实训汽车停在实训工位上，没有经过老师批准不准起动。经老师批准起动后，首先应检查车轮的安全顶块是否放好，驻车制动是否拉好，排挡杆是否放在 P 挡（A/T），车前有没有人。 （2）禁止触碰任何带安全警告标志的部件。 （3）实训期间禁止嬉戏打闹。 **三、制定工作方案** 根据任务，小组进行讨论，确定工作方案（流程/工序），并记录。 ＿＿＿＿＿＿＿＿＿＿＿＿＿＿＿＿＿＿＿＿＿＿＿＿＿＿＿＿＿＿＿ ＿＿＿＿＿＿＿＿＿＿＿＿＿＿＿＿＿＿＿＿＿＿＿＿＿＿＿＿＿＿＿
实施与检查	根据制订的计划实施，完成以下任务并记录。 本操作任务主要是：在掌握新能源汽车保养知识的基础上，能够对混合动力汽车各系统部件进行规范的保养。 （1）结合汽车的类型，编写出针对不同车型的维修保养流程。 ＿＿＿＿＿＿＿＿＿＿＿＿＿＿＿＿＿＿＿＿＿＿＿＿＿＿＿＿＿＿＿ ＿＿＿＿＿＿＿＿＿＿＿＿＿＿＿＿＿＿＿＿＿＿＿＿＿＿＿＿＿＿＿ （2）观看新能源汽车保养视频，了解新能源汽车保养基本操作方法与注意事项。 ＿＿＿＿＿＿＿＿＿＿＿＿＿＿＿＿＿＿＿＿＿＿＿＿＿＿＿＿＿＿＿ （3）学生分组进行混合动力汽车保养作业。 ＿＿＿＿＿＿＿＿＿＿＿＿＿＿＿＿＿＿＿＿＿＿＿＿＿＿＿＿＿＿＿ ＿＿＿＿＿＿＿＿＿＿＿＿＿＿＿＿＿＿＿＿＿＿＿＿＿＿＿＿＿＿＿

根据任务完成情况，学生自我评分，老师或指定组长过程巡视/验收检查时，发现问题直接扣分。

评估	评估项目（分值）	自我评估	小组评估	老师评估
	相关信息（5）			
	计划与决策（5）			
	实施与检查（10）			
	合计（20）			
	总评			

任务 4 新能源汽车动力驱动系统保养

知识目标

1. 熟知新能源汽车驱动电机结构原理。
2. 了解驱动电机性能检测方法。
3. 了解驱动电机冷却系统检查方法。
4. 熟悉车载充电机的工作情况检查方法。
5. 熟悉纯电动汽车维护保养规范。

能力目标

1. 熟练进行驱动电机检测。
2. 熟练进行纯电动汽车保养。

素养目标

1. 具备产品质量控制意识。
2. 具有岗位意识、爱岗敬业精神。
3. 培养学生认真严谨的学习作风，增强团队协作能力及创新意识。

客户送修吉利几何 A 纯电动汽车到厂进行常规保养，需要保养哪些项目？怎样检验？

一、驱动电机认知

1. 驱动电机的功能和特点

驱动电机，是一种将电能转换成机械能，并可以再使机械能产生动能，用来驱动其他装置的电气设备。

驱动电机对于新能源汽车来说就像人的心脏一样重要，它负责给整车提供驱动力，是新能源汽车驱动系统的核心部件之一，如图 1-47 所示。

1）驱动电机的工作特性

驱动纯电动汽车和混合动力汽车的电机需要在各个转速下均能够产生转矩。图 1-48 所示为驱动电机转速与转矩的关系，这种曲线称为转速-转矩曲线。汽车用驱动电机在中速以下时要求恒定功率输出，转矩与速度组合决定电机的运转情况，根据坡道起步、急加速、行驶区域、高速巡航等不同的行驶状态，会发生很大的变化。

2）驱动电机类型

电机（电动机）从很早以前就已经实用化，并且产品种类、形式也越来越丰富。如表 1-4 所示，按照电机电源供给进行分类，主要包括有以下几种类型。

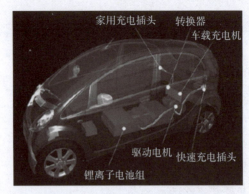

图 1-47　新能源汽车主要部件

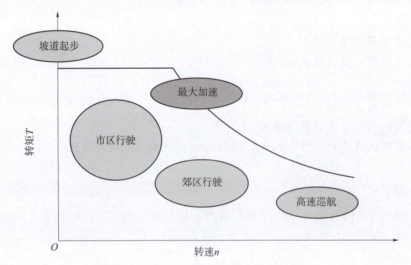

图 1-48　驱动电机转速与转矩的关系

表 1-4　电机的类型

电源类型	构成	磁力结构	名称	简称
直流电动机	绕组磁场	串联连接	直流串励电动机	—
	永磁磁场	并联或另接电源	直流并励电动机	—
			永磁直流电动机	PMDCM
交流电动机（正弦波）	同步电动机	绕组磁极	同步电动机	—
		永磁磁极	表面式同步电动机	SPMSM
			埋入磁铁式同步电动机	IPMSM
		无磁极	磁阻电动机	SVNRM
	异步电动机	笼型绕组	感应电动机	IM
特殊波形电动机（交流或脉动电流）		无刷电动机	无刷电动机	BLM
		凸极	开关磁阻电动机	SRM
		PM、VR、HB	步进电动机	

2. 驱动电机线路测量方法

1）驱动电机的性能评价参数与测量方法

驱动电机性能评价参数通常有电量参数和非电量参数。

（1）电量参数：电压、电流、功率、频率、相位、阻抗、介电强度、谐波。

（2）非电量参数：转速、转矩、温度、噪声、振动。

通过这些参数，我们可以了解电机运行时的工作特性，对被测电机进行性能评价。假设一个电风扇的生产厂家，现在手上有两台电机，一台是直流电机 A，另一台是交流电机 B，想挑效率更高的那一款电机作为电风扇产品的内部部件，那么会选择测试一下这两台风扇电机的效率大小并进行比对，于是就有了图 1-49 所示的步骤。

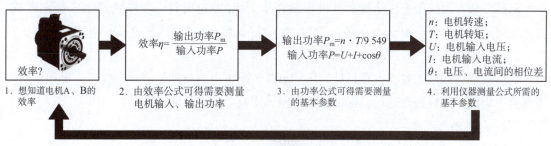

1. 想知道电机A、B的效率

2. 由效率公式可得需要测量电机输入、输出功率

$$\text{效率} \eta = \frac{\text{输出功率} P_m}{\text{输入功率} P}$$

3. 由功率公式可得需要测量的基本参数

$$\text{输出功率} P_m = n \cdot T / 9\ 549$$
$$\text{输入功率} P = U + I + \cos\theta$$

4. 利用仪器测量公式所需的基本参数

n：电机转速；
T：电机转矩；
U：电机输入电压；
I：电机输入电流；
θ：电压、电流间的相位差

5. 通过公式由基本参数计算出最终效率

图 1-49　功率测试

2）电机基本电量参数的测量

检测人员要测量电机的电量参数，就要关注最基本的电量参数：电压、电流、功率、频率、相位。这些参数是通过电子测量仪器进行测量的，根据测量项目的不同，一般会用到电压表、电流表、功率表、频率表等各种仪表。实际上，当前的电流参数测量技术非常成熟，通常使用功率分析仪（或功率计）即可满足电机所有基本电量参数的测量需求。

功率分析仪是电压表、电流表、功率表和频率表的有机融合，它实现了高精度的电压、电流、频率、相位实时采集，并实时计算出功率，可以为使用者提供精准的电机电量参数测试结果，且不同参数之间的采集在时基上是同步的，保证了数据的有效性，如图 1-50 所示。

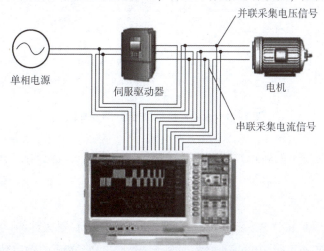

并联采集电压信号

单相电源

伺服驱动器

电机

串联采集电流信号

图 1-50　功率分析仪的基本测量原理

（1）测试要求。

针对这些电量参数的测试，测试仪器有对应的测试指标，如精度、带宽、采样率等，测试人员在选择测试仪器时要注意仪器的指标是否满足自身需要与相关测试标准要求。

（2）电机性能参数的测量。

电机性能参数的测量包括负载特性测试、$T\text{-}n$ 曲线、耐久性测试、空载测试、堵转测试、起动电流。

①负载特性测试。

测试目的：负载试验的目的是确定电机的效率、功率因数、转速、定子电流等。

测试方法：用伺服电机给被测电机加载，从 150% 额定负载逐步降低到 25% 额定负载，在此期间选取至少 6 个测试点（必包含 100% 额定负载点），测试其电压、电流、功率、转矩、转速等参数并进行计算。

从负载特性作用上看，主要是针对不同负载情况下电机特性的测试，保证电机在不同使用场合下仍能保持良好地运行，保证电机质量，提高生产生活效率。

②$T\text{-}n$ 曲线的测试。

测试目的：描绘出电机的转速-转矩曲线。

测试方法：通过控制被测电机的转速，测量从 0 转速到最高转速下，在不同转速点能输出的最大转矩，绘制出其关系曲线，如图 1-51 所示。

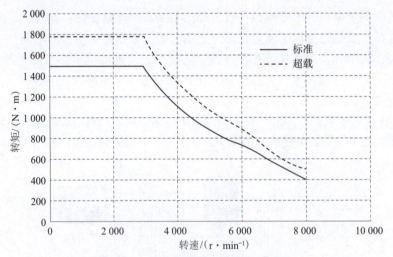

图 1-51　永磁同步电机转速-转矩曲线

根据不同转速对应下的转矩判断电机基本特性，直观地表现电机运行性能，更好地评估电机的运行状态。

③耐久性测试。

在测试软件中，可由用户设定电机按某个测试方案来进行耐久性测试。例如，设定被测电机以 80% 的额定转速运行 10 min，之后暂停 5 min，再以 120% 的额定转速运行 10 min 等。测试该运行过程中的电压、电流、效率、转矩、转速等关键信息。

二、驱动电机性能检测方法

试验检测方法可参考 GB/T 18488.2—2015《电动汽车用驱动电机系统 第 2 部分：试验方法》执行。

1. 测量定子绕组的冷态直流电阻

测量定子绕组前将电机在室内放置一段时间，用温度计测量电机绕组端部或铁芯和环境温度。当所测温度与冷却介质温度之差不超过 2 K 时，即实际冷态。记录此时的温度和测量定子绕组的直流电阻，此阻值即冷态直流电阻。

具体实现方法包括伏安法、电桥法等。在实际应用场合，可以使用万用表进行伏安法的测试。

2. 空载试验

△接法的测量方法。测量原理分析如下：采用△接法的测量时，只需一相绕组短接，测量一相得到的数据是线电压与线电流，可以得出空载试验的空载阻抗。△接法电机等效电路如图 1-52 所示。

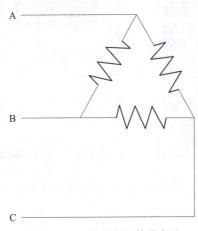

图 1-52　△接法电机等效电路

三、驱动电机冷却系统检查方法

1. 驱动电机冷却系统工作原理

驱动电机冷却系统由两个体系构成：冷却液回路和冷却风流道，如图 1-53 所示。
冷却液流经 MCU、充电机和驱动电机等热源时，热源通过热传导将热量传递给冷却液，高温冷却液通过电动冷却液泵提供的动力流经散热器时将热量通过热传导传递给散热器芯体，冷却空气通过热对流将热量带走，完成换热过程，如图 1-54 所示。
膨胀水箱在冷却系统中起提高冷却液沸点和提供冷却液加注口两大作用。
电机冷却液温度过高警告灯有多种形式，以比亚迪汽车为例，如图 1-55 所示。

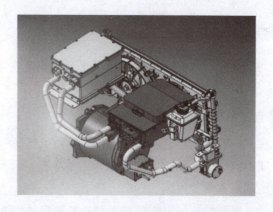

冷却液泵 ⟩ MCU ⟩ 充电机 ⟩ 驱动电机 ⟩ 散热器 ⟩ 冷却液泵

图 1-53　驱动电机冷却示意图

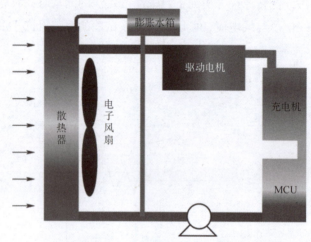

图 1-54　新能源汽车的冷却系统

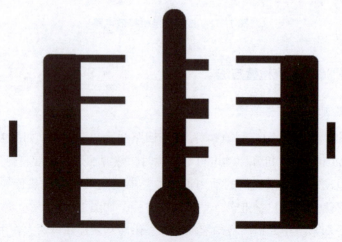

图 1-55　比亚迪汽车电机冷却液温度警告灯

2. 冷却系统检查

1）检查冷却系统管路及卡箍

检查冷却系统各管路及各零部件有无泄漏情况，卡箍有无松动，如图 1-56 所示。

图 1-56　检查冷却系统管路及卡箍

2）检查散热器

检查散热片是否有变形，散热片是否有碎屑堆积，如有，需进行清洗，如图 1-57 所示。注意：严禁使用高压水枪对散热片进行喷水清洗。

图 1-57　检查散热器

3）检查电动水泵

检查水泵接口是否有泄漏，是否存在异响，检查水泵线束是否老化等，如图 1-58 所示。

图 1-58　检查电动水泵

项目一　新能源汽车维护保养

四、动力电池标签信息判读方法

1. 动力系统故障灯

北汽 EV200 动力系统故障灯如图 1-59 所示。

表 1-5 所示为故障灯点亮的基本原因。该故障灯点亮时，车辆将不能起动或者是仅发动机可以运行，电力系统将被关闭，需要到维修站进行维修。

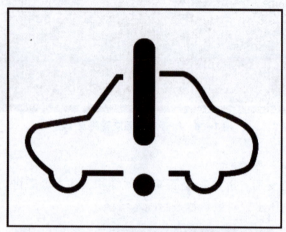

图 1-59　北汽 EV200 动力系统故障灯

表 1-5　故障灯点亮的基本原因

信号来源	故障类型	电源挡位	故障现象
电池管理器	（1）一般漏电报警 （2）严重漏电报警	所有挡位	点亮故障灯 显示"高压系统漏电"
	碰撞信号报警	ON 挡	点亮故障灯
	主接触器烧结故障	下电检测	点亮故障灯
	负极接触器烧结故障	上电检测	点亮故障灯
驱动电机控制器	动力系统故障	ON 挡	点亮故障灯
P 挡电机控制器	P 挡系统故障	ON 挡	点亮故障灯

2. 动力电池过热警告灯

动力电池过热警告灯如图 1-60 所示。该警告灯一般在电池温度过高的情况下会点亮，动力电池正常工作温度一般是 0~55 ℃；也有部分车型特殊，例如：荣威混合动力汽车动力电池温度≥65 ℃或与 BMS（电池管理系统）失去通信时，警告灯会点亮，动力电池温度低于 65 ℃时，警告灯熄灭。该警告灯点亮时，车辆将降低电力驱动功率或电力系统将被关闭，需要到维修站进行维修。

3. 动力电池故障警告灯

动力电池故障警告灯如图 1-61 所示。表 1-6 所示为动力电池故障警告灯点亮的基本原因。该故障灯点亮时，车辆将不能起动或者仅发动机可以运行，电力系统将被关闭，需要到维修站进行维修。

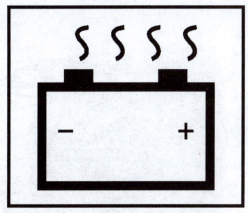
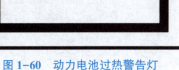

图1-60　动力电池过热警告灯

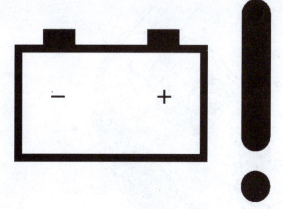

图1-61　动力电池故障警告灯

表1-6　动力电池故障警告灯点亮的基本原因

信号来源	故障类型	电源挡位	故障现象
电源管理器	电池组充电报警 电池组放电报警 电池组温度过高报警 过电流报警 电压过低报警 电压过高报警	所有挡位	点亮指示灯

五、车载充电机的工作情况检查方法

1. 车载充电机的功能、安装位置和电路

1）车载充电机的功能

车载充电机的功能是将输入的交流电转换成直流电输出，为动力电池充电；车载充电机工作过程需要与充电桩、BMS、VCU等部件进行通信；车载充电机根据动力电池需求可调节输出功率。

2）车载充电机的安装位置

图1-62所示为比亚迪e6充电系统安装位置。有些汽车如北汽EV160，将车载充电机、DC/DC转换器、高压控制盒集成为一体，称为PDU，如图1-63所示。

3）车载充电机的电路

图1-64所示为比亚迪e6充电系统电路图。

4）车载充电机技术参数

（1）比亚迪e6车载充电机的技术参数如表1-7所示。

项目一　新能源汽车维护保养

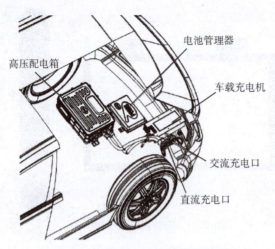

图 1-62　比亚迪 e6 充电系统安装位置

图 1-63　北汽 EV160 的 PDU

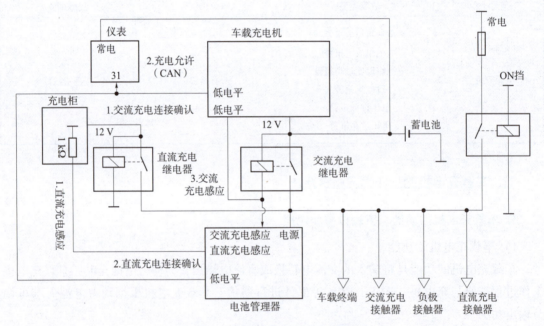

图 1-64　比亚迪 e6 充电系统电路图

表 1-7　比亚迪 e6 车载充电机的技术参数

项目	参数	备注
输入电压	220 V AC	
输入电流	交流额定 14 A	满功率充电：使用 16 A 以上充电桩或类似设备
高压输出	200~400 V DC	给高压动力电池充电
低压输出	12 V DC	给低压蓄电池充电

（2）北汽 EV 系列车载充电机的技术参数如表 1-8 所示。

表 1-8　北汽 EV 系列车载充电机的技术参数

项目	参数
输入电压	220 V AC
输入电流	240~410 V DC
功率	3.3 kW
输入电流	12 A
输出电流	8 A

六、纯电动汽车的维护

JT/T 1344—2020《纯电动汽车维护、检测、诊断技术规范标准》明确规定，纯电动汽车维护等级分为日常维护、一级维护和二级维护。日常维护由驾驶员在出车前、行车中和收车后执行，一级、二级维护由专业人员执行。

纯电动汽车的动力电池组与电机代替了传统燃油汽车的发动机来驱动汽车行驶，变速器与传统燃油汽车的变速器略有不同，但底盘和电气部分与传统燃油汽车基本一致。为了确保车辆保持最佳的工作状态，纯电动汽车需要像传统燃油汽车那样定期维护，如每年或行驶 2 万 km 更换变速器油和空调滤芯；每两年或行驶 4 万 km 更换防冻液和制动液；每次维护检查底盘、灯光、轮胎等常规部位。

1. 纯电动汽车维护项目

由于纯电动汽车是靠电机驱动，所以纯电动汽车不需要机油、三滤、皮带等常规维护，只需要对动力电池组和电机进行一些常规的检查，并保持其清洁即可，由此可见纯电动汽车的维护确实比传统燃油汽车省事不少。

典型纯电动汽车维护项目及内容（部分）如表 1-9 所示，通常对纯电动汽车按照传统燃油汽车一样，采用一级和二级两级维护计划，并根据不同等级做出相应的维护操作。

表 1-9　典型纯电动汽车维护项目及内容（部分）

维护项目及内容							
系统类别	检查内容	处理方法	一级维护			二级维护	
			项目	配件及材料	备注	项目	配件及材料
动力电池系统	安全防护	检查并视情况处理	√			√	
	绝缘	检查并视情况处理	√			√	
	按插接件状态	检查并视情况处理	√			√	
	标志	检查并视情况处理	√			√	
	螺栓紧固力矩	检查并视情况处理	√			√	
	动力电池加热功能检查	检查并视情况处理	√			√	
	外部检查	清洁处理	√				
	数据采集	分析并视情况处理	√			√	

项目一 新能源汽车维护保养

系统类别	检查内容	处理方法	一级维护			二级维护	
			项目	配件及材料	备注	项目	配件及材料
电机系统	安全防护	检查并视情况处理	√			√	
	绝缘检查	检查并视情况处理	√			√	
	电机和控制器冷却检查	检查并视情况处理	√			√	
	外部检查	清洁处理	√				
电气电控系统	机舱及各部位低压线束防护及固定	检查并视情况处理	√			√	
	机舱及各部位插接件状态	检查并视情况处理	√			√	
	机舱及底盘高压线束防护及固定	检查并视情况处理	√			√	
	机舱及底盘各高、低压电器固定及插接件连接状态	检查并视情况处理	√			√	
	蓄电池	检查电量状态，并视情况处理	√			√	
	灯光、信号	检查并视情况处理	√			√	
	充电口及高压线	检查并视情况处理	√			√	
	高压绝缘检测系统	检查并视情况处理	√			√	
	故障诊断系统报警检测	检查并视情况处理	√				

针对以上维护计划，具体执行的维护项目有：

1）动力电池系统维护项目

①外观检查。

目的：检查外观有无磕碰、损坏。

方法：将车辆举升，目测动力电池底部有无磕碰、划伤、损坏等现象。

②安装固定检查。

目的：防止动力电池因固定螺栓松动而掉落。

方法：将车辆举升，使用绝缘工具紧固动力电池箱体及托架、动力电池管理系统箱体等固定螺栓，紧固力矩应符合车辆维修保养手册的规定。

③绝缘检查（内部）。

目的：防止电池箱内部短路。

方法：将动力电池高压母线旋变拧开，用绝缘电阻表测总正、总负对地电阻，阻值应大于或等于 $500\ \Omega/V$（$1\ 000\ V$）。

工具：绝缘电阻表。

④底盘连接检查。

目的：防止螺栓松动造成故障。

工具：扭力扳手。

方法：用扭力扳手紧固固定螺栓。

⑤插接件检查。

目的：检查插接件有无异常。

方法：目测动力电池高、低压插接件变形、松脱、过热、损坏等情况。

⑥高低压插接件可靠性检查。

目的：确保接插件正常使用。

工具：目测、绝缘电阻表、万用表。

方法：检查是否松动、破损、锈蚀、密封等情况。

⑦电池内部温度采集点检查。

目的：确保测温点工作正常，采集点合理。

工具：便携式计算机、CAN 卡、红外热像仪。

方法：计算机监控温度与红外热像仪温度对比，检查温度精度。

⑧电池加热系统测试。

目的：确保加热系统工作正常。

工具：12 V 电源、便携式计算机、CAN 卡。

方法：电池箱接通 12 V，打开监控软件，启动加热系统，目测风扇是否正常。

⑨标志检查。

目的：防止脱落。

方法：目测。

⑩动力电池密封检查。

目的：保证动力电池箱体密封良好，防止水进入。

方法：目测密封条或更换密封条。

2）驱动电机及驱动电机控制器维护项目

①安全防护。

目的：检查外观有无磕碰、损坏。

方法：将车辆举升，目测驱动电机底部有无磕碰、划伤、损坏等现象。

②绝缘检查。

目的：防止驱动电机内部短路。

工具：绝缘电阻表。

方法：将驱动电机 U/V/W 旋变拧开，用绝缘电阻表检测，阻值应大于或等于 500 Ω/V（1 000 V）。

③电机和控制器冷却检查。

目的：检查电机与电机控制器冷却液循环制冷效果。

工具：卡环钳子、螺丝刀。

方法：捏紧冷却液管使其水道内部阻力增大，使冷却液泵转速变小、声音发生变化，如无声音变化则水道内冷却液没有循环，需放气。

④外部检查。

目的：清洁电机及电机控制器表面。

工具：空气压缩机。

方法：用压缩空气吹驱动电机及电机控制器，禁止使用湿布和高压水枪进行清洁。

2. 驱动电机冷却系统检查方法

1）拆卸

警告：

项目一　新能源汽车维护保养

在开始维修作业前，维修人员必须经过专业培训，并取得维修资格。

在开始维修作业前，维修人员必须穿戴好劳保用品、戴好绝缘手套、穿好高压绝缘鞋。在戴绝缘手套前，必须检查绝缘手套是否有破损，确保手套无绝缘失效。

注意：

在安装或拆卸过程中，油液必须回收，不得随意遗弃，工作过程中应防止冷却液进入或飞溅到高压部件。

荣威 E50 驱动电机冷却液泵拆卸步骤：

（1）断开低压蓄电池负极，将蓄电池负极用绝缘胶布包裹防止意外虚接。

（2）将驱动电机冷却液膨胀水箱盖打开。

（3）拆卸底部导流板。

（4）断开驱动电机冷却液泵的连接器，如图 1-65 所示。

（5）松开卡箍，从驱动电机冷却液泵上断开冷却液泵到电机控制器的软管和散热器到冷却液泵的软管，如图 1-66 所示。

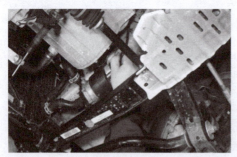
图 1-65　断开驱动电机冷却液泵的连接器

图 1-66　断开冷却液泵软管

（6）用 10 mm 扳手拆下驱动电机冷却液泵支架上的螺栓。

（7）取下驱动电机冷却液泵，如图 1-67 所示。

2）安装

荣威 E50 驱动电机冷却液泵安装步骤：

（1）将驱动电机冷却液泵支架固定到车身上，2 个固定螺栓拧紧到 7～10 N·m，如图 1-68 所示。

图 1-67　取下驱动电机冷却液泵

图 1-68　固定冷却液泵支架

（2）将散热器到冷却液泵之间的软管和冷却液泵到 PEB 的软管连接到驱动电机冷却液泵上，并用卡箍固定。

（3）安装驱动电机冷却液泵的连接器。

（4）加注驱动电机冷却液至上限。

（5）连接蓄电池负极，并固定螺栓。

（6）起动车辆，运转冷却液泵。

（7）关闭起动开关，检查冷却液泵软管附近有无泄漏。

（8）安装底部导流板。

（9）降下车辆。

七、动力电池管理系统故障码读取方法

1. 故障诊断仪诊断故障

1）汽车故障诊断仪（解码器）的功用

（1）读故障码。

（2）读数据流。

（3）动作元件测试。利用解码器可通过车用计算机向执行元件发出指令，并执行相应动作。

（4）系统匹配。利用解码器可对汽车电子控制系统进行基本调整和设置。

（5）编码。解码器具有万用表、示波器、汽车维修资料库、打印输出和网络升级等功能，解码器的功能随测试软件的版本而异，也随被测车系和年款不同而不同，有的能检测几个系统，有的只能检测一个系统。

2）连接故障诊断仪

北汽纯电动汽车故障诊断仪（VCX）如图 1-69 所示。车辆诊断接头位置如图 1-70 所示。

图 1-69　北汽纯电动汽车故障诊断仪（VCX）

图 1-70　车辆诊断接头位置

注意：只能使用与选定的车辆故障诊断仪相匹配的诊断线，汽车行驶过程中仅允许由乘员操作这些设备。

（1）将诊断线插到诊断接口上。

（2）将起动开关置于 ON 挡。

（3）开启车辆故障诊断仪。

（4）按照屏幕上的显示进行操作，以起动所需功能。

注意：进行试车时，必须把检查和测量装置安放在后排座椅上，试车期间，只允许一名乘员操作仪器。

2. 动力电池总成拆装检查

BMS 丛板更换流程与规范中规定，在处理丛板的更换过程中，注意螺钉与配件的拆卸，防止掉落在模组内部引起短路事故。

（1）将动力电池箱体与车身分离。

（2）将动力电池包上盖打开。

（3）确认需更换的 BMS 丛板位置。

（4）将所属丛板的插接件全部拆卸。

（5）拆卸丛板本体。

（6）将新丛板双侧的固定片安装稳固。

①丛板双侧固定片须用专用型号螺钉与丛板配套使用。

②对准丛板固定片螺纹进行螺钉的拧紧操作。

③固定片安装后准备安装丛板。

④丛板位置摆放正确至螺纹插孔全部对齐。

⑤检查丛板固定螺钉配件是否为标准三件套。

⑥螺钉安装先后顺序为：弹片（上）→垫片（下）。

⑦使用十字螺丝刀对丛板螺钉进行拧紧。

（7）在原位置安装新丛板，将插接件安装至新丛板并安装。

①丛板插口印有插接件标号。

②安装中按照插接件上的标签内容进行对号插接。

③插接件对正插口不可错位，防止插针损坏。

④检查插接件是否牢固，编号是否与插口对应。

（8）再次检查线束插接件是否插接正确，并无工具或异物遗落在箱体内部。

（9）安装上盖并进行密封处理。

（10）将动力电池箱体与车身进行安装。

任务实施与评价

工单 4　纯电动汽车保养

学生姓名		班级		学号	
实训场地		日期		车型	
实训任务	汽车维修工小王，按照维修店内主管交办的任务，接待了一辆纯电动汽车进行保养，现在需要编制一套店面的对新能源纯电动汽车保养的运行方案，从而顺利地对新能源车辆进行保养				
实训设备	（1）防护装备：工作服、绝缘帽、护目镜、劳保手套、绝缘手套、绝缘鞋。 （2）车辆、台架、总成：新能源汽车一辆。 （3）专用工具、设备：汽车解码器。 （4）手工工具：新能源汽车维修组合工具。 （5）辅助材料：高压电维修警示牌和设备、绝缘地胶、二氧化碳型灭火器、清洁剂				

任务要求	(1) 熟练使用新能源汽车安全防护用具； (2) 熟练布置新能源汽车维护保养及维修工位； (3) 能进行纯电动汽车的精确保养
相关信息	请阅读教材中该任务的"知识链接"，完成以下内容： 1. 新能源汽车的使用要求与方法 (1) 纯电动汽车如何进行起动操作？ ＿＿＿＿＿＿＿＿＿＿＿＿＿＿＿＿＿＿＿＿＿＿＿＿＿＿＿＿＿＿＿＿＿ ＿＿＿＿＿＿＿＿＿＿＿＿＿＿＿＿＿＿＿＿＿＿＿＿＿＿＿＿＿＿＿＿＿ (2) 纯电动汽车一般采用哪种变速机构？排挡杆一般有哪些结构？有哪些挡位？ ＿＿＿＿＿＿＿＿＿＿＿＿＿＿＿＿＿＿＿＿＿＿＿＿＿＿＿＿＿＿＿＿＿ ＿＿＿＿＿＿＿＿＿＿＿＿＿＿＿＿＿＿＿＿＿＿＿＿＿＿＿＿＿＿＿＿＿ 2. 新能源汽车保养 (1) 前机舱保养项目及要求。 ＿＿＿＿＿＿＿＿＿＿＿＿＿＿＿＿＿＿＿＿＿＿＿＿＿＿＿＿＿＿＿＿＿ ＿＿＿＿＿＿＿＿＿＿＿＿＿＿＿＿＿＿＿＿＿＿＿＿＿＿＿＿＿＿＿＿＿ ＿＿＿＿＿＿＿＿＿＿＿＿＿＿＿＿＿＿＿＿＿＿＿＿＿＿＿＿＿＿＿＿＿ (2) 驱动电机保养项目及方法。 ＿＿＿＿＿＿＿＿＿＿＿＿＿＿＿＿＿＿＿＿＿＿＿＿＿＿＿＿＿＿＿＿＿ ＿＿＿＿＿＿＿＿＿＿＿＿＿＿＿＿＿＿＿＿＿＿＿＿＿＿＿＿＿＿＿＿＿ (3) 动力电池保养项目及方法。 ＿＿＿＿＿＿＿＿＿＿＿＿＿＿＿＿＿＿＿＿＿＿＿＿＿＿＿＿＿＿＿＿＿ ＿＿＿＿＿＿＿＿＿＿＿＿＿＿＿＿＿＿＿＿＿＿＿＿＿＿＿＿＿＿＿＿＿
计划与决策	请根据任务要求，确定所需要的场地和物品，并对小组成员进行合理分工，制订详细的工作计划。 **一、人员分工** 小组编号：＿＿＿＿＿，组长：＿＿＿＿＿。 小组成员：＿＿＿＿＿＿＿＿＿＿＿＿＿＿＿＿＿＿＿＿＿＿＿＿＿＿ 我的任务：＿＿＿＿＿＿＿＿＿＿＿＿＿＿＿＿＿＿＿＿＿＿＿＿＿＿ **二、准备场地及物品** 检查并记录完成任务需要的场地、设备及工具。 1. 场地 检查工作场地是否清洁及存在安全隐患，如不正常，请汇报老师并及时处理。 记录：＿＿＿＿＿＿＿＿＿＿＿＿＿＿＿＿＿＿＿＿＿＿＿＿＿＿＿＿＿ 2. 车辆、充电桩、总成、工件 车辆：＿＿＿＿＿＿＿＿＿＿＿＿＿＿＿＿＿＿＿＿＿＿＿＿＿＿＿＿＿ 充电桩：＿＿＿＿＿＿＿＿＿＿＿＿＿＿＿＿＿＿＿＿＿＿＿＿＿＿＿＿ 总成：＿＿＿＿＿＿＿＿＿＿＿＿＿＿＿＿＿＿＿＿＿＿＿＿＿＿＿＿＿ 工件：＿＿＿＿＿＿＿＿＿＿＿＿＿＿＿＿＿＿＿＿＿＿＿＿＿＿＿＿＿ 3. 设备及工具 防护装备：＿＿＿＿＿＿＿＿＿＿＿＿＿＿＿＿＿＿＿＿＿＿＿＿＿＿ 设备及工具：＿＿＿＿＿＿＿＿＿＿＿＿＿＿＿＿＿＿＿＿＿＿＿＿＿

续表

计划与决策	4. 安全要求及注意事项 （1）实训汽车停在实训工位上，没有经过老师批准不准起动。经老师批准起动，首先应检查车轮的安全顶块是否放好，驻车制动是否拉好，排挡杆是否放在 P 挡（A/T），车前有没有人。 （2）禁止触碰任何带安全警告标志的部件。 （3）实训期间禁止嬉戏打闹。 **三、制定工作方案** 根据任务，小组进行讨论，确定工作方案（流程/工序），并记录。 _____ _____ _____ _____
实施与检查	根据制订的计划实施，完成以下任务并记录。 本操作任务主要是：在掌握新能源汽车保养知识的基础上，对纯电动汽车进行保养。 （1）结合汽车的类型，编写针对不同车型的维修保养流程。 _____ （2）观看新能源汽车保养视频，了解纯电动汽车保养基本操作方法与注意事项。 _____ （3）学生分组进行纯电动汽车保养作业。 _____ _____
评估	根据任务完成情况，学生自我评分，老师或指定组长过程巡视/验收检查时，发现问题直接扣分。 下表

评估项目（分值）	自我评估	小组评估	老师评估
相关信息（5）			
计划与决策（5）			
实施与检查（10）			
合计（20）			
总评			

✤ 任务 5　新能源汽车转向悬架制动系统保养

知识目标

1. 了解新能源汽车转向系统保养规范。

2. 了解新能源汽车制动系统保养规范。

3. 了解新能源汽车悬架系统保养规范。

4. 了解新能源汽车安全气囊系统保养规范。

能力目标

1. 熟练进行新能源汽车转向系统、制动系统、悬架系统、安全气囊系统保养。

2. 按规范进行技术检验。

素养目标

1. 具备产品质量控制意识。

2. 具有岗位意识、爱岗敬业精神。

3. 培养学生认真严谨的学习作风，增强团队协作能力及创新意识。

客户送修吉利几何 A 纯电动汽车到厂进行维修，客户反映踩制动踏板制动偏软，维修技师需要检查哪些项目？怎样维修？

一、转向系统保养

1. 转向系统概述

转向系统是指由汽车驾驶员操纵，能实现转向轮偏转和回位的一套机构，能按照驾驶员的意图改变汽车的行驶方向和保持汽车稳定的直线行驶。

转向系统按有无助力可分为机械转向系统和动力转向系统两大类。机械转向系统就是传统的没有助力的机械转向系统。动力转向系统是利用发动机动能或蓄电池电能，经助力泵或电机转换为液体压力或电机输出的机械能，从而增加驾驶员操控转向轮的力。动力转向系统按传力介质的不同，可分为液压动力转向系统、气压动力转向系统和电子动力转向系统三大类。以下介绍电子动力转向系统，简称 EPS。

2. 转向系统检查

新能源汽车转向系统的检查与配置发动机车辆的转向系统检查相似，但在检查混合动力汽车和纯电动汽车的转向系统时有几点要注意：

（1）检查转向系统时，查看并按照使用说明书上规定的预防措施进行操作。

（2）大多数汽车都使用电动助力转向系统，并用逆变器提高电压来操作执行电动机（一般提高到 42 V）。控制器的电压更高，但不会产生触电危险。这些系统使用黄色或者蓝色塑料线管装电线，有助于判断该电压水平可能发生的危险。这个电压水平不会产生触电危险，但如果断开载有 42 V 电压的电路，则会有电弧产生。

3. 转向系统维护项目

1）检查转向盘自由行程

转向盘自由行程是指不使转向轮发生偏转而转向盘所能转过的角度。转向盘自由行程<7°，若无法实现<7°的自由行程，则需调整转向器调整楔块，使转向盘行程符合要求。

项目一 新能源汽车维护保养

注意:

（1）当车辆停止或低速行驶时，避免长时间连续转动转向盘；当转向盘处于极限位置时，避免持续长时间（约 90 s）不转动转向盘。

（2）移动转向器总成时不要提拉线束，当断开和重新连接插接器时确保起动开关置于 OFF 位置；不要将任何电子部件暴露在高温或潮湿环境中。不要触碰插接器端子，以防变形或因静电而引起故障。

（3）对转向系统（转向器、转向横拉杆、转向管柱等）进行操作时，在拆卸和安装过程中，转向盘必须在 0° 车轮直向前位置。

2）检查转向盘有无松动和摆动

用双手握住转向盘上下晃动，检查转向盘有无松动和摆动；用双手握住转向盘左右移动，检查转向盘能否自由移动，如图 1-71 所示。拉动转向盘调节开关，检查是否可以随驾驶员的要求上下调整转向盘的高度，并锁止在需要的高度。

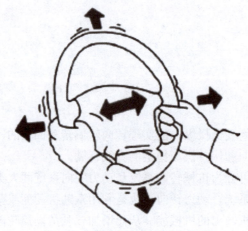

图 1-71　检查转向盘松动和摆动

3）检查转向器传动机构的工作状况和密封性

检查转向器传动机构的工作状况和密封性是否正常。检查前悬架、后悬架、转向器、转向横拉杆、转向管柱等相关部件是否松动或损坏，拧紧各个螺栓，如图 1-72 所示。

图 1-72　检查转向器传动机构工作状况

4）检查转向盘及转向管柱有无变形与损坏情况

（1）转动转向盘，检查转向球节轴承工作是否正常，检查其有无磨损、损伤情况。检查转向轴和轴承是否有"咔嗒"声和损坏，如有"咔嗒"声和损坏，应更换新部件。

（2）目测检查轴是否损伤或变形。

（3）转动转向盘，目测检查插接器转动是否顺畅，是否有损伤及转动。

5）检查转向器本体连接紧固状态

（1）检查转向器壳体上是否有裂纹，注意转向器上的零件不允许焊接或校正，只能更换。

（2）检查轴承及衬套是否磨损与损坏，以及油封、防尘套的磨损与老化情况，并及时更换。

（3）目测检查转向器上有无漏油处，如有漏油，更换全部 O 形密封圈及密封垫。

6）检查转向横拉杆球头的间隙、紧固程度及防尘套

检查转向横拉杆球头的间隙、紧固程度及防尘套，需要按照以下步骤进行作业：

（1）举升车辆（车轮悬空），通过摆动车轮和转向横拉杆来检查间隙，如图 1-73 所示。

（2）检查转向横拉杆球头的固定螺母是否牢固。

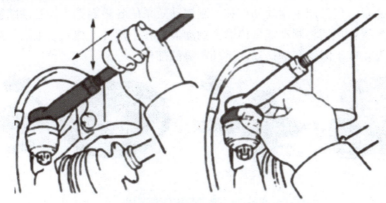

图 1-73　检查转向横拉杆的间隙、紧固程度

（3）检查转向横拉杆的防尘套（图 1-74）有无损坏和安装位置是否正确。

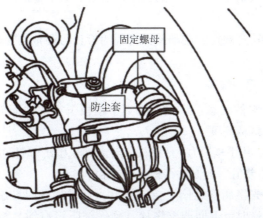

固定螺母

防尘套

图 1-74　检查转向横拉杆的防尘套

7）检查转向助力功能

在道路试车过程中，通过原地转向、低速行驶中转向，检测转向时转向盘是否有沉重、助力效果不足等故障。将转向盘分别向左、右转动至极限位置，检测是否有转向盘抖动、转向器异响等故障。

8）路试检查

路试检查转向功能是否正常，有无噪声。

二、制动系统保养

制动系统是汽车主动安全系统。制动系统是汽车上用以使外界（主要是路面）在汽车某些部分（主要是车轮）施加一定的力，从而对其进行一定程度的强制制动的一系列专门装置。制动系统的作用是使行驶中的汽车按照驾驶员的要求进行强制减速甚至停车；使已停驶的汽车在各种道路条件下（包括在坡道上）稳定驻车；使下坡行驶的汽车速度保持稳定。制动系统关键部件如图 1-75 所示。

制动系统主要由供能装置、控制装置、传动装置及制动器等组成。

（1）供能装置：包括供给、调节制动所需能量以及改善传动介质状态的各种部件。

（2）控制装置：包括产生制动动作和控制制动效果的各种部件，如制动踏板。

（3）传动装置：包括将制动能量传输到制动器的各个部件，如制动主缸、制动轮缸。

（4）制动器：产生阻碍车辆运动或运动趋势的部件。

（a） （b） （c） （d）

图 1-75　制动系统关键部件

（a）ABS 控制器；（b）真空助力器；（c）制动器；（d）电动真空泵

制动踏板的行程是指制动踏板从初始位上部运动到最下部的距离，是制动踏板自由行程与工作行程之和。

制动踏板的行程应符合规定。制动踏板行程的检查与调整主要是制动踏板自由行程的检查与调整。

1. 制动踏板自由行程的检查

（1）制动踏板处于自然状态，将钢尺垂直于踏板下方的地面放置，同时使钢尺靠近踏板，此时测量值为制动踏板高度 A。

（2）钢尺保持不动，用手稍用力下压踏板，当感到阻力增大时停止下压，读取测量值 B。

（3）计算 A 与 B 的差值，即制动踏板自由行程。

第一种调整方法：先将调整螺栓（控制阀上）慢慢地顺时针旋入，当听到"嗞嗞"声时停止旋入，再慢慢地逆时针退回调整螺栓。到仔细听没有泄气声时（进、排气阀双阀关闭），再退回 1/4 圈，检查制动踏板自由行程，气压制动系统制动踏板的自由行程一般为

15~20 mm。制动踏板自由行程如不合适，应进一步检查制动踏板自由高度是否正确。

第二种调整方法：制动踏板的自由行程还可以通过调整控制阀拉臂或叉臂外端的空行程来调节。松开拉臂与拉杆的连接，调整控制阀上的调整螺栓，使拉臂或叉臂从放松到最大限度，到调整螺栓开始与平衡弹簧上端的推杆接触为止，这段空行程为 1~3 mm。然后调整拉杆的长度，使拉臂或叉臂在最大放松位置处与拉杆相连。

2. 制动系统部件检查方法

1）检查制动液

（1）检查制动液储液箱内的制动液量。液面应在制动液储液箱侧面 MAX 与 MIN 标记之间。若液面低于 MIN 标记，需补充制动液。

（2）检查制动液含水率。使用制动液测试笔进行检测，如图 1-76 所示。当 LED 灯颜色为绿色时，表示制动液含水率<1.5%，制动液合格，完全可以使用；当 LED 灯颜色为黄色时，表示制动液含水率为 1.5%~3%，可以继续使用；当 LED 灯颜色为红色时，表示制动液含水率>3%，制动液不能继续使用，需要更换。

（3）检查制动总泵与储液箱周围有无泄漏，如发生泄漏，应立即维修。检查制动液软管是否有扭曲、磨损、裂纹，表面有无凹痕或其他损伤。

图 1-76　检查制动液含水率

注意：汽车在出厂前就加注了制动液，并在储液箱盖上已注明，如再加注时，应使用相同型号的制动液，否则会发生严重的损坏。不能使用过期的、用过的制动液，或未密封容器内的制动液。

2）更换制动液

车辆正常行驶 4 万 km 或制动液连续使用超过两年，制动液很容易由于使用时间长而变质，因此要及时更换。具体更换方法如下：首先将制动系统内原有的制动液完全排尽，然后进行排气操作（排气顺序为右后轮、左后轮、右前轮、左前轮）。更换时应加注相同型号的制动液，在加液的过程中注意不要让制动液沾在油漆上，如沾上，应立即清洗。

3）检查制动盘和摩擦片

（1）卸下车轮及卡钳，但不能将制动软管从卡钳上取下，如图 1-77 所示。

图 1-77　卸下车轮及卡钳

（2）清洁、检查摩擦片。检查摩擦片厚度，如摩擦片厚度不符合标准应更换，如图 1-78 所示。

（3）检查制动盘有无过度磨损、裂纹。清洁制动盘，在距制动盘端面外边缘 10 mm 处沿圆周 4 个等分点，用千分尺分别测量制动盘厚度，如图 1-79 所示。若制动盘厚度超过极限，必须更换制动盘。

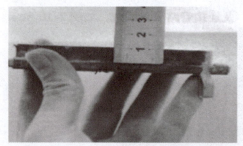

图 1-78　测量摩擦片厚度　　　　　　　　图 1-79　测量制动盘厚度

注意：根据上一次检查到现在的制动器摩擦片磨损量，估计制动器摩擦片在下一次检查时的情况；若估计制动器摩擦片的厚度将会小于可接受的磨损值，建议更换制动器摩擦片。

（4）检查制动盘跳动量。在离制动盘端面外大约 10 mm 处，放置百分表顶尖。转动制动盘，测量轴向圆跳动量，如图 1-80 所示。若超过极限值，需要更换。

注意：测量端面跳动量前，应检查车轮轴承的游隙是否在规定的范围内，以保证测量准确。

图 1-80　检查制动盘跳动量

4）检查制动钳导向销和活塞防尘罩

检查导向销运动是否灵活，活塞防尘罩是否存在破损。如有必要，可在两者表面涂上润滑脂。若卡滞或破损应立即更换。

5）检查电动真空泵

（1）检查电动真空泵的管路是否存在松动或漏气。

（2）检查真空罐单向阀（图1-81）连接管路是否漏气，真空罐单向阀胶圈是否损坏。

（3）检查真空助力器及连接管路有无漏气。

图1-81　真空泵

6）检查驻车制动器

检查驻车制动拉索的收紧程度和驻车制动手柄拉起的齿数。在正常情况下，拉起驻车制动器，能听见棘爪的响声。当手柄提到整个行程70%时驻车制动就处在正常的制动位置。

三、悬架系统保养

1. 悬架系统概述

悬架的主要作用是把路面作用于车轮上的垂直反力（支撑力）、纵向反力（驱动力和制动力）和侧向反力以及这些力所形成的力矩传递到车架（承载式车身）上，以保证汽车的正常行驶。

悬架主要由弹性元件、导向装置和减震器等组成，如图1-82所示。弹性元件使车架与车桥之间弹性连接，承受和传递垂直载荷，缓和及抑制不平路面所引起的冲击；导向装置用来传递纵向反力、侧向反力及其力矩，并保证车轮相对于车架或车身有一定的运动规律；减震器用以加快振动的衰减，限制车身和车轮的振动。为防止车身在不平路面行驶或转向时发生过大的横向倾斜，部分汽车还装有辅助弹性元件、横向稳定器和平衡杆。任何悬架只要具备上述功能，在结构上并非需要有以上全套装置。

汽车悬架按控制形式不同分为被动式悬架和主动式悬架两大类。根据汽车两侧车轮运动是否相互关联，汽车悬架可分为非独立悬架和独立悬架两种形式，如图1-83所示。

非独立悬架其结构特点是汽车两侧车轮分别安装在一根整体式的车轴两端，车轴通过弹性元件与车架相连接。当一侧车轮因道路不平而跳动时，另一侧车轮的工作将受到影响。独立悬架两侧车轮分别安装在断开式的车轴两端，每段车轴和车轮单独通过弹性元件与车架相连。一侧车轮跳动时对另一侧车轮不产生影响，因此称为独立悬架。

图 1-82　悬架组成

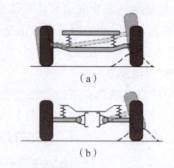

图 1-83　非独立悬架与独立悬架

（a）扭力梁非独立悬挂；（b）独立悬挂

2. 电子控制悬架系统

1）电子控制悬架系统（EMS）的功用、组成及工作原理

（1）电子控制悬架系统的功用。

电子控制悬架系统（EMS），又称电子调节悬架系统（EMS），它能根据汽车行驶路面状况、行驶速度和载荷变化，通过电子调节悬架电控单元（EMS ECU）来控制相应的执行元件，自动调节车身高度、悬架刚度和阻尼系数，改善汽车的平顺性和操纵稳定性。当汽车转弯、加速和制动时，乘员能够感到悬架较为坚硬，而在正常行驶时能够感到悬架比较柔软；电控悬架系统还能平衡地面反力，使其对车身的影响减小到最低程度。

（2）电子控制悬架系统的组成及工作原理。

各种车型的电控悬架虽有区别，但其基本结构和工作原理都是一样的，主要由前、后车身高度传感器、转向盘转向和转角传感器、节气门位置传感器和车速传感器、控制开关、电子调节悬架电控单元（EMS ECU）和执行器等组成。

车身高度传感器采集前后车身的高度信号，转向盘转向和转角传感器采集汽车行驶方向信号，节气门位置传感器采集驾驶员加、减速信号，车速传感器采集汽车行驶速度信号。传感器和控制开关向 EMS ECU 输入车身以及汽车行驶的状态信息，EMS ECU 接收传感器和控制开关输入的电信号，并向执行元件发出控制命令，执行元件产生一定的机械动作，从而改变车身高度、弹簧刚度和减震器的阻尼力。

2）电子控制悬架系统的类型

电子控制悬架系统按照是否包含动力源，可分为半主动悬架（无源主动悬架）和全主动悬架（有源主动悬架）两大类。

（1）半主动悬架。

半主动悬架不考虑改变悬架的刚度，只考虑改变阻尼来调节悬架的减振性能，因此其调节装置主要由无动力源的可控的阻尼元件组成。半主动悬架在被动悬架基础上增加的部件不多，工作时几乎不需要额外消耗车辆动力，但对汽车悬架的性能有明显的提高，具有较好的应用前景。

半主动悬架根据弹簧上质量相对车轮的速度响应和加速度响应等反馈信号，按照一定的控制规律调节可调弹簧的刚度或可调减震器的阻尼力。半主动悬架在产生力的方面近似于被动悬架，但是它的阻尼系数或刚度系数是可变的。由于弹簧刚度调节相对较难，通常以改变减震器的阻尼力为主，由人工选择或根据传感器信号自动确定阻尼等级，采用可调减震器作为执行元件。

（2）全主动悬架。

全主动悬架可以根据汽车的运动状态和路面状况，适时地调节悬架的刚度和阻尼，使其处于最佳减振状态。阻尼调节可以采用和半主动悬架相同的方法，而刚度调节则必须利用额外的能源来实现。

3. 悬架系统部件检查方法

1）检查减震器

（1）目测检查减震器是否有凹痕、损坏、变形等情况，如图 1-84、图 1-85 所示。

（2）停车后用力往下按压汽车的一侧，若汽车摆动三四次，则说明减震器的减振性能已经很弱，需要更换。

（3）检查减震器是否漏油，防尘罩是否有裂纹，油封是否有损坏，若有，则需要更换。

（4）检查减震器上方的连接螺栓是否按要求力矩紧固。

（5）拆下减震器检查是否发生活塞杆卡滞或推拉活塞杆。

（6）检查减震器没有阻力，则需要更换。

注意：减震器更换时只能整件更换，不能拆开维修。

图 1-84　目测检查减震器　　　　　图 1-85　检查减震器弹簧

2）检查悬架装置

（1）检查左右摆臂及转向器外侧拉杆球头、拉杆球头上的防尘罩是否出现破损漏油现象。

（2）检查球头的摆动与转动是否流畅，或是否有松动现象。

（3）在轮胎气压正常、汽车空载状态下，观察汽车，如汽车左右不等高，则要检查前悬架螺旋弹簧是否有左右长度不等现象，如有上述情况发生，更换螺旋弹簧。

（4）检查橡胶件，如有损坏、开裂或老化失效等情况，则应更换。

（5）检查前、后悬架装置是否有损坏、松脱、车身倾斜等情况。

（6）检查前、后悬架上弹簧座有无脱开、撕裂或其他损坏，如有损坏，则应更换。

（7）检查悬架螺栓、各支架螺栓连接是否紧固。

（8）检查后稳定杆、纵臂等是否弯曲、变形、损坏，如图 1-86 所示。

图1-86　检查稳定杆

四、安全气囊系统保养

1. 安全气囊系统概述

安全气囊系统属于车上的被动安全系统。车辆被动安全系统是指在交通事故发生时，能尽量减少乘客和行人伤害的系统。它在交通安全中起着重要的作用，一般包括安全带、安全辅助气囊、吸能式车体结构、安全玻璃等。

2. 安全气囊系统组成及工作原理

安全气囊系统主要部件有检测信号的碰撞传感器，包括碰撞烈度传感器和碰撞防护传感器。气囊组件包括气体发生器和气囊。

安全气囊工作原理如图1-87所示。当汽车受到前方一定角度范围内的高速碰撞时，安装在汽车前端的碰撞传感器和与SRS ECU安装在一起的防护碰撞传感器就会检测到汽车突然减速的信号，使传感器触点闭合，将减速信号传送到SRS ECU；SRS ECU中预先设置的程序经过对传感器所检测的信号进行数学计算和逻辑判断，必要时立即向SRS气囊组件内的电热点火器（电雷管）发出点火指令，引爆电雷管，点火剂（引药）受热爆炸（即电热丝通电发热引爆炸药）。点火剂引爆时，迅速产生大量热量，充气剂（叠氮化钠固体药片）受热分解释放大量氮气充入气囊，气囊便冲开气囊组件的装饰盖板鼓向驾驶员，使驾驶员头部和胸部压在充满气体的气囊上，将人体与车内构件之间的碰撞变为弹性碰撞，并通过气囊产生变形来吸收人体碰撞时产生的动能，达到保护人体的目的。

3. 安全气囊系统检修注意事项

如果对安全辅助气囊检修时不按正确的方法进行，可能会使安全辅助气囊装置在检修时意外地张开，从而造成严重的事故。另外，如果在维修安全辅助气囊时操作有误，可能造成在碰撞时气囊不起作用。因此，在检修安全辅助气囊装置时务必注意以下几点：

（1）维修工作必须在将起动开关断开并断开蓄电池负极电缆30 s或更长一些时间后才

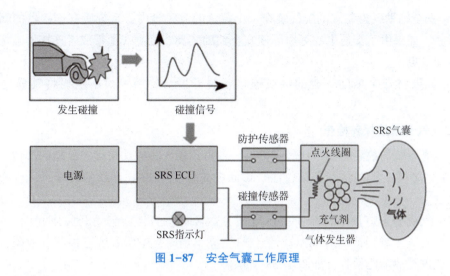

发生碰撞　　　　　　碰撞信号

电源　　SRS ECU

防护传感器

点火线圈

SRS气囊

碰撞传感器

充气剂

气体

SRS指示灯

气体发生器

图 1-87　安全气囊工作原理

能开始。否则，由于安全辅助气囊装置备有辅助电源，气囊有可能张开。另外，断开电池负极，系统存储的时钟、音响、电动座椅、电控转向系统的状态数据就会丢失。所以在维修工作完成后，应重新调整和设置存储。

（2）在脱开蓄电池电缆之前，务必先读取故障码。因为故障码是确定安全辅助气囊装置故障部位的重要依据，脱开蓄电池后，存储的故障码就消失了。

（3）在修理过程中，如果可能对安全辅助气囊传感器造成冲击，就应在修理之前将安全辅助气囊传感器拆下来。

（4）绝不可使用其他汽车上的安全辅助气囊。若要更换，就应更换新的原车配件。

（5）即使只发生轻微碰撞而安全辅助气囊并未张开，也应对安全辅助气囊传感器和转向盘衬垫进行检查。

（6）安全辅助气囊传感器、中心部传感器总成、转向盘衬垫三个总成均不要拆卸和修理，若有故障，应更换新件。

（7）如果安全辅助气囊传感器、中心部传感器总成、转向盘衬垫跌落过，或壳体、托架、连接器上有裂纹、凹陷或其他缺陷，均应更换新件。

（8）不要将安全辅助气囊传感器、中心部传感器总成、转向盘衬垫直接暴露在热空气和火焰前。

（9）安全辅助气囊零部件都有一些使用说明，必须遵照执行。诊断电路系统故障时，要用大于 10 kΩ/V 的高阻抗万用表。

（10）安全辅助气囊装置维修工作完成后，应进行安全辅助气囊警报灯的检查，检查故障是否排除。

（11）转向盘必须正确地安装在转向柱上，要使螺旋电缆处于中间位置，否则会造成电缆脱落或其他故障。

（12）在连接或脱开中心部传感器总成的连接器时，一定要先把中心部传感器总成固定好。否则，连接器在中心部传感器总成没有固定之前连接或脱开，都有可能造成安全辅助气囊系统意外张开。

（13）安全辅助气囊装置的配线装在一个黄色的波纹管内，系统所有连接器的颜色都是标准的黄色。如果由于交通事故等原因使安全辅助气囊装置配线拖带或者连接器破坏等，均应进行修理或更换。

（14）如果将安全辅助气囊的接线连接器脱开后，要用一根小铜线将气囊的提线头短接。

4. 安全气囊系统保养检查

安全气囊系统的故障诊断是比较难的，一般可以用 3 种方法来确定故障的部位，即安全气囊警告灯法、参数测量法和扫描仪法。诊断中充分利用 ECU 提供的故障码可以减小故障诊断的难度。

从安全气囊警告灯读取（维护提示灯法）故障码。当接通起动开关或起动发动机后，仪表板上的安全气囊（或 AIR-BAG）警告灯常亮不熄时，表明系统已检测到故障，应对安全气囊系统进行故障码检查，如图 1-88 所示。

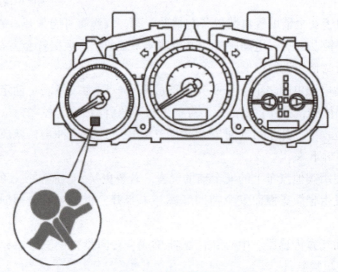

图 1-88 安全气囊警告灯显示

1）从安全气囊警告灯读取（维护提示灯法）

（1）故障显示。

（2）用户故障分析。向用户进行尽可能详细的故障查询。

（3）警告灯的检查。检查安全气囊警告灯的运作，如果警告灯一直点亮，则表明在安全气囊控制装置中，存在一个或多个故障码。如果安全气囊警告灯不亮，则表明安全气囊警告灯电路有故障；当该警告灯有故障时，系统会显示故障码，应进行相应故障码的检查。

如果安全气囊警告灯电路出现断路，安全气囊警告灯不会点亮，故障码也不会输出。在进行下一步检查之前，首先要排除安全气囊警告灯电路故障。

（4）故障码的检查及记录。检查故障码时，应记录输出的任何故障码，如果输出正常代码，则电源电路曾经有不正常现象或电源电压过低，因此要进行电源电压检查。

（5）在上一步检查中输出故障码只能说明与该代码有关的电路曾经发生过故障，但不表明现在故障是否仍然存在或已消失。据此，有必要清除故障码后，再重新进行故障码检查，以确定现在的情况。如果忽略这一步骤，而仅用上一步输出的故障码进行故障诊断，会使寻找故障部件的工作更加困难且容易误诊。

（6）再一次进行故障码的检查及记录。如输出正常代码，则表明系统曾发生过故障但现已排除；如输出故障码，则进行相应的电路检测。

（7）故障排除。将起动开关重复开关（开等待 20 s，关等待 20 s）5 次后，检查故障码。如果有故障码输出，则故障仍然存在，应对照故障码表进行检查，对出现故障码的有关电路进行故障排除分析。在检修工作结束后，应用模拟法进行证实试验。

注意：在检查故障码和清除故障码的工作中，拆下和连接蓄电池搭铁线时，必须在起动开关处于 LOCK 位置时进行。在接好蓄电池搭铁线后，必须在 2 s 后才能将起动开关转至 ACC 或 ON 的位置。如果蓄电池搭铁线在起动开关位于 ACC 或 ON 位置时被连接，或在连接蓄电池电缆 2 s 内转至 ACC 或 ON 的位置，就会造成自诊断系统工作不正常。

（8）根据诊断系统输出的故障码按连接顺序进行电路检查。

2）扫描仪法

现代汽车基本上都用扫描仪诊断故障，当安全气囊系统故障警告灯提示系统存储有故障时，用扫描仪读取故障码，再根据手册的指导进行具体的检查。接通起动开关时，故障警告灯如果亮约 6 s 后不熄灭，说明系统有故障存在；如果警告灯根本不亮，说明故障警告灯线路中有故障。

扫描仪检查程序为：

（1）将起动开关置于 OFF（断开）挡。

（2）将扫描仪电源线插到点烟器座上。

（3）将扫描仪接到诊断座上。

（4）接通起动开关，启动扫描仪读取故障码。

（5）断开起动开关，进行故障排除分析，之后再接通起动开关，在扫描仪中消去所有存储的故障码。

（6）取下扫描仪。

5. 安全带检查方法

（1）检查安全带卷收器功能：当缓慢拉安全带时，安全带拉出正常；当用力拉安全带时，安全带卡滞（每根安全带都要检查）。

（2）检查安全带锁扣情况：安全带锁扣应卡扣轻便、锁止牢固、松懈灵敏。

（3）安全带指示灯工作情况检查：前排安全带扣上后，组合仪表安全带指示灯应熄灭。

（4）检查安全带高度调节器情况：安全带高度调节器上下调节时应正常。

6. 防盗蜂鸣器检查

防盗蜂鸣器是一种一体化结构的电子讯响器，采用直流电压供电，广泛应用于计算机、打印机、复印机、报警器、电子玩具、汽车电子设备、电话机、定时器等电子产品中作发声器件，如图 1-89 所示。蜂鸣器主要分为压电式蜂鸣器和电磁式蜂鸣器两种类型。

1）防盗蜂鸣器工作原理

当按下发射器上的按钮时，发射器向 BCM 发出信号。然后，BCM 执行相应功能。驾驶员在无钥匙进入+无钥匙闭锁传感器（左前、右前门把手）1.5 m 范围内执行车门（前门或

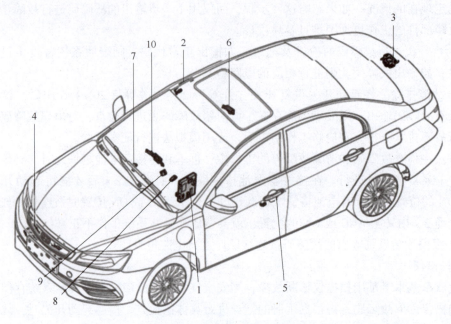

图 1-89　防盗蜂鸣器主要部件

1—中央控制器（BCM）；2—乘员侧门把手传感器；3—无钥匙进入天线（行李厢）；

4—防盗喇叭；5—驾驶员侧门把手传感器；6—无钥匙进入天线（副仪表板）；7—防盗指示灯；

8—智能钥匙；9—起动开关；10—无钥匙进入天线（仪表板）

背门）开启动作，车身控制模块（BCM）检测遥控钥匙（FOB）有效性并发送信号使 BCM 执行相应功能。

遥控防盗系统的设计是为了在有人强行打开车门时发出警报。在警报系统下，防盗蜂鸣器将发出间歇警报声，同时转向信号灯也一起闪烁。30 s 后防盗蜂鸣器停止工作，仅左右闪光灯闪烁 5 min。

当所有车门都关闭后，防盗蜂鸣器将继续鸣响 30 s，30 s 过后，防盗蜂鸣器和车灯停止警报，并且车门锁定，系统返回启用状态。遥控防盗系统不会影响车辆的起动或正常运行。

2）进入防盗

电源模式 OFF 状态，关好车门，用遥控器闭锁键锁好车门（按闭锁键一次），转向灯闪 1 下，38 s 后进入防盗状态。

自动闭锁时，系统会自动进入防盗状态。

用遥控器闭锁键锁车门时，若有车门未关好，转向灯闪 3 下防盗蜂鸣器鸣叫 3 声，10 s 后进入防盗报警状态（报警循环为：左、右闪光灯闪烁与防盗蜂鸣器鸣叫频率一致，30 s 后防盗蜂鸣器停止工作，仅左、右闪光灯闪烁 5 min）。若 10 s 按闭锁键不进入防盗报警状态，但仍进入防盗报警（但此时若没有外界其他条件触发防盗蜂鸣器不会鸣叫，转向灯也不会闪烁）。在报警状态，若遥控器开锁键再被按下，将停止该报警循环，并解除防盗报警状态。

任务实施与评价

工单5 新能源汽车悬架转向制动系统保养

学生姓名		班级		学号	
实训场地		日期		车型	
实训任务	客户送修吉利几何 A 纯电动汽车到厂进行维修，客户反映车辆在行驶过程中方向会自动跑向左边，维修技师需要检查哪些项目？怎样维修				
实训设备	绝缘工具	世达（含常用普通工具）		1	
	数字兆欧表	通用		2	
	数字万用表	通用		2	
	绝缘垫	通用		1	
	绝缘手套（双）	通用		2	
	护目镜	通用		2	
	安全帽	通用		2	
	绝缘鞋	通用		1	
	危险警示牌	通用		1	
	耐磨手套（双）	通用		2	
	扭力扳手	通用		1	
	气压表	通用		1	
任务要求	熟练进行新能源汽车转向系统、制动系统、悬架系统、安全气囊系统保养				
相关信息	请阅读教材中该任务的"知识链接"，完成以下内容： （1）转向系统按有无助力可分为_____系统和_____系统两大类。 （2）电子动力转向系统简称_____。 （3）转向盘自由行程是指不使_____偏转而转向盘所能转过的角度。 （4）转向盘自由行程为_____，若无法实现_____的自由行程，则需调整转向器_____，使转向盘行程符合要求。 （5）制动系统是汽车_____安全系统。 （6）制动系统主要由_____、_____、传动装置及_____等组成。 （7）当制动液含水率大于3%时，需要_____。 （8）汽车悬架按控制形式不同可分为_____悬架和_____悬架两大类。 （9）根据汽车两侧车轮运动是否相互关联，汽车悬架可分为_____悬架和_____悬架两种形式。 （10）电控悬架系统主要由前、后车身高度传感器、_____、节气门位置传感器和车速传感器、控制开关、_____和_____等组成。 （11）简述制动液含水率检查方法。 _____ _____				

计划与决策	请根据任务要求，确定所需要的场地和物品，并对小组成员进行合理分工，制订详细的工作计划。 **一、人员分工** 小组编号：＿＿＿＿＿＿＿，组长：＿＿＿＿＿＿＿。 小组成员：＿＿＿＿＿＿＿＿＿＿＿＿＿＿＿＿＿＿＿＿＿＿＿＿＿＿＿＿＿＿＿＿＿ 我的任务：＿＿＿＿＿＿＿＿＿＿＿＿＿＿＿＿＿＿＿＿＿＿＿＿＿＿＿＿＿＿＿＿＿ **二、制订计划** 根据新能源汽车维护作业对场地和工具的要求，制订新能源汽车转向悬架制动系统维护工具准备作业计划。

二、制订计划

新能源汽车转向悬架制动系统保养		
序号	作业项目	操作要点

计划审核	审核意见： 年　　月　　日　签字：	

三、制定工作方案

仪器设备、工具、材料			
序号	名称	数量	是否清点
			□是　　□否
			□是　　□否
			□是　　□否
			□是　　□否
			□是　　□否
			□是　　□否
			□是　　□否
			□是　　□否
			□是　　□否
			□是　　□否

实施与检查

根据制订的计划实施，完成以下任务并记录。

1. 转向系统保养项目

检查转向盘自由行程		□是　　□否
检查转向盘有无松动		□是　　□否
检查转向盘转向管柱连接的紧固状态		□是　　□否
检查转向机本体连接紧固状态		□是　　□否
检查转向横拉杆间隙及防尘套		□是　　□否
检查助力转向功能		□是　　□否

实施与检查	2. 制动系统保养项目			
	检查驻车制动功能		□是	□否
	检查制动踏板自由行程		□是	□否
	检查制动液液位及型号		□是	□否
	检查制动液含水率		□是	□否
	检查摩擦片		□是	□否
	检查制动片是否需要更换		□是	□否
	检查制动钳导向销及活塞防尘罩		□是	□否
	检查制动器效能		□是	□否
	3. 悬架系统保养项目			
	检查减震器外观		□是	□否
	检查减震器是否漏油		□是	□否
	检查减震器功能		□是	□否
	检查减震器上方的连接螺栓力矩		□是	□否
	检查减震器弹簧		□是	□否
	检查传动轴万向节球笼及护罩		□是	□否
	检查轮辋状态		□是	□否
	检查轮胎气压及磨损		□是	□否

评估	评估项目（分值）	自我评估	小组评估	老师评估
	相关信息（5）			
	计划与决策（5）			
	实施与检查（10）			
	合计（20）			
	总评			

⊛ 任务 6　新能源汽车电子电气空调系统保养

知识目标

1. 了解新能源汽车电路信息的查询方法和所需电子元件的信息识别方法。
2. 了解制冷剂及电动压缩机的型号判读及加注量查询方法。
3. 了解解码器读取电动空调系统故障码和数据流的流程。
4. 了解空调加热器管路、阀门、软管的识别方法。
5. 了解中央控制电动门锁性能测试方法。
6. 了解电动座椅检测方法。

能力目标

1. 熟练进行新能源汽车空调系统检查维修。
2. 熟练进行新能源汽车电动门锁检查。
3. 熟练进行新能源汽车电动座椅检测。

素养目标

1. 具备产品质量控制意识。
2. 具有岗位意识、爱岗敬业精神。
3. 培养学生认真严谨的学习作风，增强团队协作能力及创新意识。

客户送修吉利几何 C 纯电动汽车到厂进行维修，客户反映空调制冷效果不好，维修技师需要检查哪些项目？怎样维修？

一、新能源汽车电路信息的查询方法和所需电子元件的信息识别

线束连接器编号（以吉利新能源汽车为例）：本电路图的线束连接器的编号规则以线束为基准，如发动机舱线束中的发动机控制模块线束连接器编号为 CA08，其中 CA 为线束代码，08 为连接器序列。表 1-10 所示为线束代码的定义。

表 1-10 线束代码的定义

定义	线束名称
CA	发动机舱线束
BV	动力线束
IP	仪表线束
SO	底板线束
DR	车门线束
RF	顶棚线束

注意：

（1）车门线束定义包括四个车门线束。

（2）两厢车的后背门线束并入底板线束定义。

（3）三厢车的行李厢线束、后雾灯线束并入底板线束定义。

（4）HVAC 总成自带线束定义为 IPXX，并在线束布置图中进行标注。

（5）线束连接器编号详见线束布置图。

（6）显示导线颜色。导线颜色及代码如表 1-11 所示。

表 1-11　导线颜色及代码

颜色代码	导线颜色	示例
B	黑色	
Gr	灰色	
Br	棕色	
L	蓝色	
G	绿色	
R	红色	
Y	黄色	
Q	橙色	
W	白色	
V	紫色	
P	粉色	
Lg	浅绿色	
C	浅蓝色	

如果导线为双色线，则第一个字母显示导线底色，第二个字母显示条纹色，中间用"/"分隔。例如，标注为 G/B 的导线即绿色底黑色条纹。

（7）显示插接件的端子编号，注意相互插接的线束连接器端子编号顺序互为镜像，如图 1-90 所示。

（8）接地点编号，以 G 开头的序列编号标志。

（9）供给于熔断器上电源类型。

（10）导线结点，如图 1-91 所示。

图 1-90　插件端子编号　　　　　　　图 1-91　导线结点

（11）熔丝编号由熔丝代码和序列号组成，位于发动机舱的熔丝代码为 EF，室内熔丝代码为 IF。

（12）继电器编号用单个英文字母标志。

（13）如果电路线与线之间使用 8 字形标志，表示此电路为双绞线，主要用于传感器的信号。

（14）如果一个系统内容较多，线路需要用多页表示时，线路起点用 ■▷ 表示，线路到达点用 ■◁ 表示，如一张图中有一条以上的线路转入下页，则分别以 B、C 等字母表示，以此类推。

（15）电气元件符号如表 1-12 所示。

表 1-12　电气元件符号

符号	名称	符号	名称	符号	名称
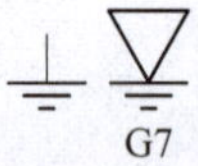	接地		常闭继电器	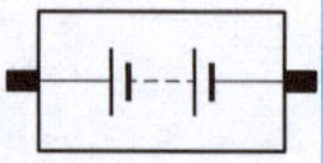	蓄电池
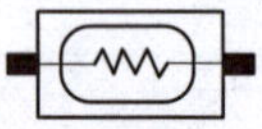	温度传感器		常开继电器	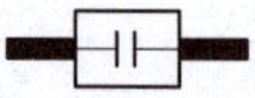	电容
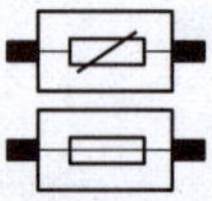	短接片	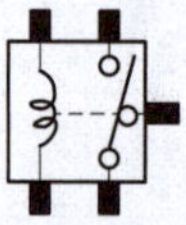	双掷继电器	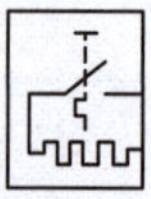	点烟器
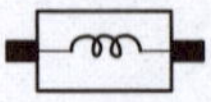	电磁阀	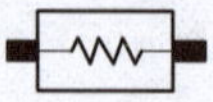	电阻		天线
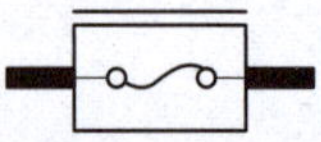	小负载熔丝	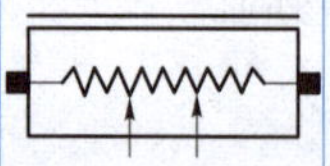	电位计	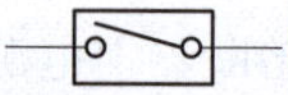	常开开关
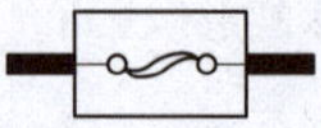	中负载熔丝	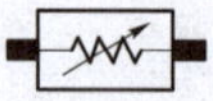	可变电阻器	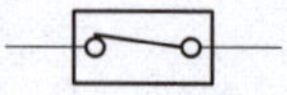	常闭开关
	大负载熔丝	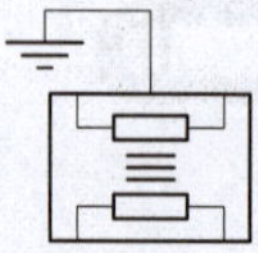	点火线圈	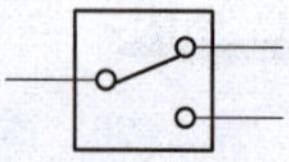	双掷开关
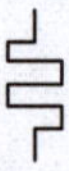	加热器	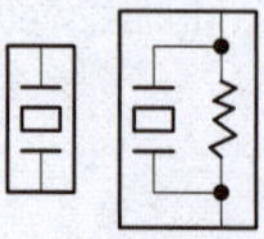	爆燃传感器	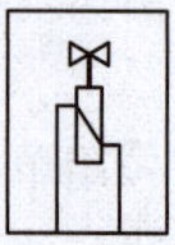	电磁阀

	二极管		灯泡		双绞线
	光电二极管		线路走向		起动机
	发光二极管		喇叭		电磁阀
	电动机		时钟弹簧		氧传感器
	限位开关		安全气囊		低速风扇继电器B
	安全带预紧器		未连接交叉线路		相连接交叉线路

二、制冷剂及电动压缩机的型号判读及加注量查询

1. 制冷剂的类型及特性

汽车空调制冷剂主要有两种：R12 和 R134a。R12 的分子式为 CF_2Cl_2，化学名称为二氟二氯甲烷，可记为 CFC12。由于 R12 含有氯原子，其排放到大气层中后会分离出氯离子，氯离子会导致大气臭氧层的破坏，所以自蒙特利尔议定书 731 签订以来，R12 已被世界各国禁止在各种空调中使用。R134a 的分子式为 $C_2H_2F_4$（$CHFCF_3$），化学名称为四氟乙烷，也可记为 HFC134a。R134a 是 20 世纪 90 年代开始使用的制冷剂，现在国内外新车的空调系统都使用了 R134a 制冷剂。R134a 与 R12 性能不同，在空调中不能混用。

制冷剂使用的注意事项：

（1）加注和回收制冷剂时，不要与皮肤接触，应戴护目镜，以免冻伤皮肤和眼球。

（2）避免振动和放置在高温处，以免发生爆炸。

项目一 新能源汽车维护保养

079

（3）远离火苗，避免 R12 分解产生有毒光气。

（4）R134a 与 R12 不能混用，因为不相溶，会导致电动压缩机损坏。

（5）使用 R134a 制冷剂的系统，应避免使用铜材料，否则会产生镀铜现象。

（6）制冷剂应放置在低于 40 ℃ 以下的地方保存。

2. 冷冻油的类型及性能要求

冷冻油是一种与制冷剂相溶，能够对电动压缩机起润滑作用，且在高、低温工况下均能正常工作的液体润滑剂。在制冷系统中，冷冻油与制冷剂混合，并随制冷剂一起循环于制冷系统中，除对电动压缩机各运动件起润滑和密封作用外，还能润滑制冷系统中各运动阀件和滋润密封件协助密封。目前能与 R134a 相溶的冷冻油只有聚烃基乙二醇（PAG）和聚酯油（ESTER）两类，它们均由 C、H 聚合物链组成。

1）冷冻油的作用

冷冻油在空调制冷系统中起润滑、冷却和密封作用。

2）冷冻油的性能要求

（1）要有适当的黏度，受温度的影响要小。

（2）要有良好的低温流动性和互溶性。

（3）化学性质要稳定，与制冷剂和其他材料不起化学反应。

（4）毒性腐蚀要小，闪点要高，最好无毒、不燃烧，对金属橡胶无腐蚀。

（5）吸水性要小。

3）查找制冷剂加注量及类型

空调制冷剂加注量及类型一般标注在发动机盖内部或车架上。也有的车需要在维修手册上进行查询，如图 1-92 所示。

图 1-92　空调制冷机加注量及类型标注（丰田凯美瑞）

三、解码器读取电动空调系统故障码和数据流的流程

（1）关闭起动开关。

（2）连接解码器。

（3）打开起动开关，解码器开机后进入诊断系统，选择汽车车身或空调系统诊断，选择故障码，即可读出空调系统当前故障码和历史故障码；开启空调，选择读数据流，则可读取空调系统当前数据流。

四、空调加热器的管路、阀门、软管的识别

混合动力汽车的空调系统与传统燃油汽车的结构类似，主要由制冷系统、暖风系统、通风和空气净化系统组成。纯电动汽车由于没有发动机，空调压缩机的动力源是动力电池，同时暖风系统也没有发动机的余热可以利用，所以纯电动汽车的空调系统与传统燃油汽车的差别较大。

纯电动汽车空调系统主要由电动压缩机、冷凝器、制冷剂管路、加热器、送风电机、空调空气滤清器、膨胀阀、蒸发器和控制面板等组成，如图1-93所示。从空调压缩机出来的空调管路为高压管路（高压管直径较小），进空调压缩机前的管路为低压管路（低压管直径较大）。

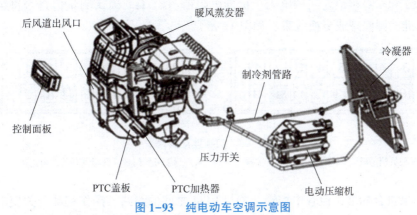

图 1-93　纯电动车空调示意图

五、中央控制电动门锁性能测试方法

1. 中央门锁结构原理

中央门锁结构原理如图1-94所示。

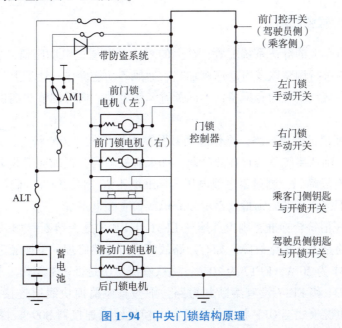

图 1-94　中央门锁结构原理

2. 中央控制电动门锁测试

（1）操作起动开关使电源模式至 OFF 状态。

操作中控锁开关到 LOCK 挡。用万用表测量中控锁开关线束连接器 DR04 端子 10 和端子 11 之间的电阻。标准电阻值：<12 Ω。操作中控锁开关到 UNLOCK 挡。用万用表测量中控锁开关线束连接器 DR04 端子 10 和端子 11 之间的电阻。标准电阻值：>768 Ω。确认测量值是否符合标准。如果电阻值<768 Ω，则需要更换中控锁开关。

（2）如果标准电阻值>768 Ω，则检查中控锁开关接地线路。操作起动开关使电源模式至 OFF 状态。断开中控锁开关线束连接器 DR04，用万用表测量中控锁开关线束连接器 DR04 端子 10 和车身接地之间的电阻。标准电阻值：<1 Ω。确认测量值是否符合标准。如果不符合标准，则修理或更换线束，如图 1-95 所示。

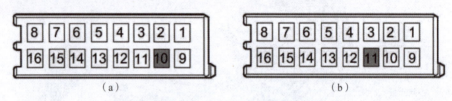

图 1-95　门锁连接器端子

（a）驾驶员侧门玻璃升降器开关线束连接器（一）；（b）驾驶员侧门玻璃升降器开关线束连接器（二）

（3）如果符合标准，检查中控锁开关与 BCM 之间的线路。操作起动开关使电源模式至 OFF 状态。断开中控锁开关线束连接器 DR04，断开 BCM 线束连接器 IP21a，用万用表测量中控锁开关线束连接器 DR04 的端子 11 与 BCM 线束连接器 IP21a 的端子 38 之间的电阻。标准电阻值：<1 Ω。确认测量值是否符合标准。如果不符合标准，则修理或更换线束。

（4）如果符合标准，则要更换 BCM。操作起动开关使电源模式至 OFF 状态。断开蓄电池负极电缆，更换 BCM，确认中控锁开关功能正常。诊断结束。

六、电动座椅检测方法

电动座椅为汽车上的舒适系统配置，车上的乘员可以通过电动座椅开关对电动座椅上、下、前、后等方向进行调整以及电动座椅加热、通风等功能操作，让车上的乘员感受到最舒适的状态，在中高端汽车上均有配备，不同配置车辆电动座椅可调节功能也有不同。电动座椅检测方法如下：

（1）使用诊断仪读取故障码。操作起动开关使电源模式至 ON 状态。连接故障诊断仪，读取系统故障码，确认系统是否存在故障码。如果有故障码，正确连接线束连接器。

（2）如果没有故障码，测量蓄电池电压。标准电压值：11~14 V，确认电压是否符合标准。如果电压值不符合标准，则检查蓄电池充电或检查充电系统。

（3）如果电压值符合标准，则检查熔丝 EF31 和 EF17 是否熔断。如果熔断，检查熔丝 EF31 和 EF17 线路是否有短路故障。如有短路故障进行线路修理，更换额定电流的熔丝。熔丝的额定值：EF31 为 20 A，EF17 为 10 A，确认座椅模块是否正常工作。

（4）如果 EF31 和 EF17 没有熔断和短路，则检查座椅模块线束连接器（端子电压）。操作起动开关使电源模式至 OFF 状态。断开座椅模块线束连接器 S094，操作起动开关使电源模式至 ON 状态。测量座椅模块线束连接器 S094 端子 1、10、12 分别对车身接地的电压。标准电压值：11~14 V，确认电压是否符合标准。如果电压值不符合标准，则修理或更换线束，如图 1-96 所示。

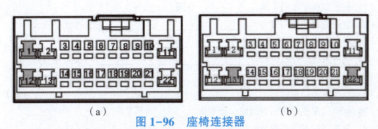

图 1-96　座椅连接器

（a）S094 座椅模块线束-1 连接器（一）；（b）S094 座椅模块线束-1 连接器（二）

（5）如果 S094 端子 1、10、12 分别对车身接地的电压值符合标准，检查座椅模块线束连接器（接地端子导通性）。操作起动开关使电源模式至 OFF 挡，测量座椅模块线束连接器 S094 端子 13、22 分别与车身接地之间的电阻值。标准电阻值：<1 Ω，确认电阻值是否符合标准。如果电阻值不符合标准，则修理或更换线束。

（6）如果电阻值符合标准，则更换座椅控制单元（座椅 ECU）。

任务实施与评价

工单 6　新能源汽车电子电气空调系统保养

学生姓名		班级		学号	
实训场地		日期		车型	
实训任务	客户送修吉利几何 C 纯电动汽车到厂进行维修，客户反映空调制冷效果不好，维修技师需要检查哪些项目？怎样维修				
实训设备	绝缘工具	世达（含常用普通工具）		1	
	数字兆欧表	通用		2	
	数字万用表	通用		2	
	绝缘垫	通用		1	
	绝缘手套（双）	通用		2	
	护目镜	通用		2	
	安全帽	通用		2	
	绝缘鞋	通用		1	
	危险警示牌	通用		1	
	耐磨手套（双）	通用		2	
	空调挂表	通用		1	
	制冷剂	通用		1	
	冷冻油	通用		1	
	空调诊断仪	通用		1	
	风速计	通用		1	
	电子检漏仪	通用		1	

任务要求	熟练进行新能源汽车电子电气空调系统保养
相关信息	请阅读教材中该任务的"知识链接",完成以下内容: (1)新能源汽车上的空调是_____空调。 (2)空调系统的作用有_____、_____、_____及净化空气。 (3)新能源汽车空调的动力源来自_____。 (4)制冷系统工作过程有_____、_____、_____及蒸发过程。 (5)制冷剂量的多少可以通过_____上颜色及气泡多少来判断。 (6)汽车电动门窗由_____、_____、_____、_____及玻璃升降器等组成。 (7)电动门窗主开关出现故障,会造成_____不工作。 (8)简述空调制冷系统真空检漏方法。 _____ _____

请根据任务要求,确定所需要的场地和物品,并对小组成员进行合理分工,制订详细的工作计划。

一、人员分工

小组编号:_____,组长:_____。

小组成员:_____

我的任务:_____

二、制订计划

根据新能源汽车维护作业对场地和工具的要求,制订新能源汽车电子电气空调系统维护工具准备作业计划。

新能源汽车电子电气空调系统保养		
序号	作业项目	操作要点
计划审核	审核意见: 年 月 日 签字:	

三、制定工作方案

仪器设备、工具、材料			
序号	名称	数量	是否清点
			□是 □否
			□是 □否
			□是 □否
			□是 □否
			□是 □否
			□是 □否
			□是 □否
			□是 □否
			□是 □否
			□是 □否

(计划与决策)

<table>
<tr><td rowspan="4">实施与检查</td><td colspan="4">根据制订的计划实施，完成以下任务并记录。
1. 电动门窗系统保养项目

检查电动门窗功能		□是　□否
检查电动门窗快速升降		□是　□否
检查电动门窗主开关锁止		□是　□否
检查电动座椅调节功能		□是　□否
检查电动座椅加热功能		□是　□否
检查电动座椅通风功能		□是　□否

2. 电动雨刮器系统保养项目

检查电动雨刮器功能		□是　□否
检查电动雨刮器挡位		□是　□否
检查雨刮器喷嘴有无堵塞		□是　□否
检查雨刮水液位		□是　□否
检查雨刮片磨损		□是　□否
检查雨刮臂		□是　□否

3. 空调系统保养项目

检查空调制热功能		□是　□否
检查空调制冷功能		□是　□否
检查空调管路及泄漏情况		□是　□否
检查空调系统压力		□是　□否
判断空调系统压力是否正常		□是　□否
检查空调压缩机安装状态及线束插接器状态		□是　□否
检查冷凝器排水口		□是　□否
检查并更换空调滤清器		□是　□否
检查出风口风速		□是　□否
</td></tr>
</table>

评估	评估项目（分值）	自我评估	小组评估	老师评估
	相关信息（5）			
	计划与决策（5）			
	实施与检查（10）			
	合计（20）			
	总评			

❋ 任务 7 高压电池专项维护

知识目标

1. 了解新能源汽车高压电安全操作规范。

2. 了解新能源汽车高压电部件的结构和功用。

3. 了解新能源汽车紧急维修开关拔下后的管理办法。

4. 了解新能源汽车绝缘工具的检查和使用说明。

5. 了解高压电池的维修项目。

能力目标

1. 熟练进行新能源汽车高压部件拆卸。

2. 熟练进行新能源汽车高压电池检测。

素养目标

1. 具备产品质量控制意识。

2. 具有岗位意识、爱岗敬业精神。

3. 培养学生认真严谨的学习作风，增强团队协作能力及创新意识。

客户送修一汽大众 ID4 纯电动汽车到厂进行维修，客户反映高压电池续航里程衰减较快，维修技师需要检查哪些项目？怎样维修？

一、高压电安全操作规范

1. 注意事项

电动汽车系统使用高压电路，不正确的操作可能导致电击或漏电。所以，在检修过程中拆卸、检查、更换零件时，必须注意以下事项：

（1）检修前必须熟悉车辆说明书和电源系统说明书。

（2）对高压系统操作时断开电源。断开电源时须注意，通常断开高压或辅助电源，系统内故障码有可能会被清除，所以须首先检查、读取故障码后再断开电源。

（3）断开电源后放置车辆 5 min，需要对车辆系统内的高压电容器进行放电。

（4）佩戴绝缘手套，并确保绝缘手套没有破损（注意：不要戴湿手套）。

（5）高压电路的线束和连接器通常为橙色，高压零部件通常贴有"高压"警告标志，操作这些线束和附件时需要特别注意。

（6）对高压系统进行操作时，在旁边放置"高压工作，请勿靠近"的警示牌。

（7）不要携带任何类似卡尺或测量卷尺等的金属物体，因为这些物件可能掉落从而引起短路。

（8）拆下任何高压配线后，立刻用绝缘胶带将其绝缘。

（9）一定要按规定扭矩将高压螺钉端子拧紧。扭矩不足或过量都会导致故障。

（10）完成对高压系统的操作后，应再次确认在工作台周围没有遗留任何零件或者工具以及确认高压端子已经拧紧并和连接器连接。

常规维护是对影响电源使用过程中的安全隐患进行检查和排除，避免发生危险性事故。通过制订常规的预防性维护计划，可以更好地了解所使用电动汽车电池的健康状况和终止寿命，确定电池的更换或重点维护计划。常规维护一般每月进行一次。

2. 维护程序

（1）动力电源系统在使用 1~2 个月后，维护人员需要对动力电源系统的外观和绝缘进行维护。

（2）动力电源系统在使用 3 个月后，最好进行一次充、放电维护。

（3）维护人员在进行操作时必须戴好绝缘手套等防护用品，使用前必须熟悉动力电源产品的结构、工作原理和使用说明书。

3. 充、放电维护程序

（1）在进行充放维护时，将动力电源系统按正常工作要求连接到位，接通管理系统的电源，监测电池的状态，根据监测的数据判定电池所处的环境温度、电池温度及电池电压等状态是否正常。

（2）进行充放电维护前，操作者应先检查电源系统各部分的情况，在确保各部分正常的情况下才能进行充放电维护。

（3）维护均应在温度 15~30 ℃、相对湿度 45%~75%、大气压 86~106 kPa 的环境中进行。

（4）在充放电维护过程中，检查管理系统是否运转正常。

（5）在充放电维护过程中，检查风扇是否在规定的温度下开启和关闭，是否运转正常。

（6）产品在充放电维护结束后，检测对蓄电池包的绝缘电阻，测得的绝缘电阻值应满足指标要求；用电压表分别测试蓄电池包的正极端子、负极端子与蓄电池包的最大电压，同时测得的电压值应不超过上限要求。

（7）维护后如果电动汽车动力电源系统的功能都正常，可进行使用；如果有异常情况和故障出现，应立即排除，无法排除的故障应及时与厂家联系。

4. 电源系统外观检查

对电源系统的外观进行以下检查，如有问题应及时排除；如无法排除应及时与厂家联系。

（1）检查电池包箱体是否完好，有无损坏或腐蚀。

（2）检查各紧固件螺栓、螺母是否松动。

（3）检查电池包之间的连接线是否松动。

（4）检查插头是否完好，各种线束有无损坏、擦伤，有无金属部分外露。

（5）检查电池包的冷却通道是否异常。

（6）绝缘性能检测。

断开电池组与整车的高压连接，用数字电压表测量各个电池包的总正和总负端子对车体的电压是否小于上限值。如发现电压偏高，应测量电池包箱体与车体是否绝缘，如有问题，应由专业人员进行维修。通常可以根据系统总正和总负对车体的电压大致确认多个电池包组成的电源系统中哪一个对车体绝缘出现问题，通过测量电池包总正、总负对电池包外壳的电压，可以大致确定电池包内绝缘故障的电池模块。若同一个电池包出现多个漏电点，则电池包内可能会出现部分电池放电严重（内部形成短路），可以按照上面的方法逐个进行消除。

如果绝缘性能检测正常，可进行充放电维护。

5. 电动汽车电池及管理系统

（1）接通电池管理系统，采集并记录开路状态下电池组的总电压、各个电池模块的电压以及各个电池模块的温度。

（2）按厂家推荐的充、放电制度对系统进行充、放电测试。

（3）在充、放电过程中检查电池管理系统显示的电流、电压、温度和 SOC 是否正确；车辆正常运行过程中，检查管理系统数据显示是否正常，否则进行故障排除。

（4）接通辅助电源，运行车辆直至冷却系统工作，观察冷却通道是否畅通。

（5）检查管理系统与各部分连接是否有松动。

注意：在气温较高的情况下，在充、放电过程中应打开车内空调，并开启电池包冷却风扇通风。充电过程中应注意监测各电池模块的电压和温度，如温度超过温度上限，应停止充电。

6. 冷却系统

检测进出风通道是否顺畅，风机是否能正常工作。清除防尘网上的灰尘及杂物或更换防尘网。

维护时注意事项：

（1）动力蓄电池系统使用时，必须正确识别其正负极，不得接反，不得短路；动力电源系统充电按照指定的充电条件进行。

（2）建议在 0~30 ℃ 环境温度下进行充电。

（3）动力电源系统在使用时，应严格控制放电终止电压不低于放电最低电压，否则会使电池性能和循环寿命下降等。

（4）动力电源系统的连接均应牢固可靠，动力电源系统应避免在倒置状态下工作。

（5）避免对动力电源系统长时间过度充电。

（6）环境温度过高或过低均会对动力电源系统的充电效率、放电容量、电压的稳定及使用寿命等有不良影响。

（7）电动汽车动力电源系统在使用中发生异常情况，应立即断开电源，并及时与厂家联系进行维修。

（8）严禁用金属或导线同时接触动力电源系统的正负极，以免造成短路。充足电的动力电源系统要防止短路，否则会严重损坏电池，甚至发生危险。在运输和使用时，不要损坏或拆卸电池组，以免电池组短路。

（9）动力电源系统应储存在干燥通风、温度不高于 35 ℃ 的环境中，请勿接近火源，并避免和酸性或其他腐蚀性气体接触。

（10）动力电源系统在充、放电过程中，如果出现异味或异常声响，应立即停止充电。

二、高压电部件的结构和功用

新能源汽车高压用电部件主要有动力电池、驱动电机控制器、高压配电箱、电源管理系统、DC/DC（开关电源变压器）、空调控制器及车载充电机等，如图 1-97 所示。

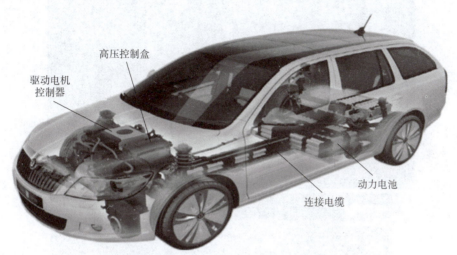

高压控制盒

驱动电机
控制器

动力电池

连接电缆

图 1-97　新能源汽车上的高压电部件

1. 动力电池

动力电池的作用是储存电能、释放电能。动力电池安装在汽车车架上，如图 1-98 所示。

图 1-98　动力电池

2. 高压配电箱

整车高压电配电装置，其作用是实现电源分配、接通、断开等功能，如图 1-99 所示。

3. 电源管理系统

电源管理系统（BMS）是电动汽车电池系统的参数测试及控制装置，具有安全预警与控制、剩余电量估算与指示、充放电能量管理与过程控制、信息处理与通信等主要功能，如图 1-100 所示。

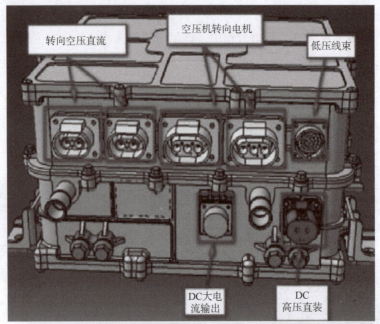

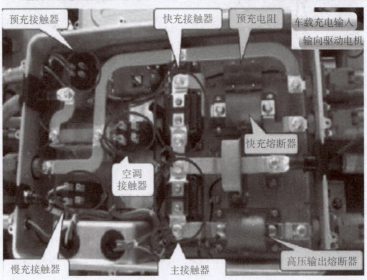

图 1-99　高压配电箱

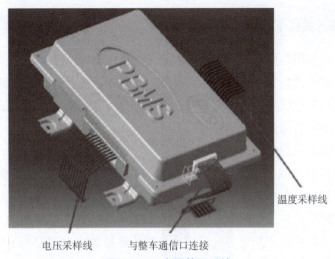

温度采样线

电压采样线　　与整车通信口连接

图 1-100　电源管理系统

4. DC/DC（开关电源变压器）

DC/DC 负责将动力电池 316.8 V 的高电压转换成 12 V 电压。DC/DC 在主接触吸合时工作，输出的 12 V 电源供给整车用电器工作（包括 EHPS 电机），并且在低压电池亏电时给低压电池充电，如图 1-101 所示。

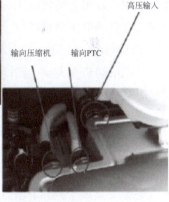

高压输入

输向压缩机　输向PTC

图 1-101　DC/DC

5. 车载充电机

车载充电方式有直流快充和交流慢充两种方式。吉利帝豪充电口如图 1-102 所示。

慢充即交流充电，主要是通过家用插头和交流充电桩接入交流充电口，通过车载充电机将家用 220 V 交流电转为 330 V 直流高压电给动力电池进行充电。

快充即直流充电，主要是通过充电站的充电柜将直流高压电直接通过直流充电口给动力电池充电。

图 1-102　吉利帝豪充电口

三、紧急维修开关拔下后的管理办法

紧急维修开关的作用是维修工在对新能源汽车进行维护和检测时，用来断开高压用电设备电源的开关。当拔下维修开关后，新能源汽车上的高压电用电设备电源就断开；装好开关，新能源汽车上高压电就接通。维修开关的安装位置一般装在扶手箱下面，当汽车发生交通事故时，是车上不容易撞到的安全位置。

紧急维修开关拔下后的管理办法：

（1）拔下紧急维修开关。紧急维修开关拔下后，由专职监护人员保管，并确保在维修过程中不会有人将其插到高压系统上。

①断开紧急维修开关只是切断了高压用电设备的电源，并不能切断动力电池包的电源。

②当需要维修或更换高压配电箱时，应小心拔出连接动力电池包的电缆正、负极高压插接件，使用绝缘胶带包好裸露的桩头，避免触电。

（2）在断开紧急维修开关 5 min 后，检修高压系统前应使用万用表测量整车高压回路，确保无电。

①确定方法：拔下紧急维修开关手柄后，测量动力电池包正极和车身之间的电压来初步判断是否漏电，若检测到电压大于或等于 50 V，应立即停止操作，按《动力电池包漏电检测作业指导书》检查。

②使用万用表测量高压时，需注意选择正确量程，检测用的万用表精度不低于 0.5 级，要求具有直流电压测量挡位，量程范围大于或等于 1 000 V，并遵守"单手操作"原则。

③所使用的万用表一根表笔线上配备绝缘鳄鱼夹（要求耐压为 3 kV，过电流能力大于 5 A），测量时先把鳄鱼夹夹到电路的一个端子，然后用另一只表笔接到需测量端子测量读数。每次测量时只能用一只手握住表笔；测量过程中，严禁触摸表笔金属部分。

四、绝缘工具的检查和使用说明

1. 绝缘工具

绝缘工具属于高压作业工具，如图 1-103 所示，是能够保证带电作业安全的工具。和传统工具相比，绝缘工具增加了抗高压的绝缘层，从而保证安全维护人员的人身安全。

2. 绝缘表

绝缘电阻是表征电动汽车电气安全性能好坏的重要参数。高压电线绝缘介质老化或受潮湿环境影响等，会导致高压电路和车辆底盘之间的绝缘性能下降，负极引线通过绝缘层和底盘构成漏电流回路，使底盘电位上升，危及乘客的人身安全。为了消除高压电对车辆和驾乘人员人身的潜在威胁，保证电动汽车电气系统的安全，在电动汽车维护时需要使用绝缘表检测绝缘电阻。

绝缘表主要分为绝缘电阻表和数字测试绝缘表两种。数字测试绝缘表（图 1-104）是一种由电池供电的绝缘测试仪，是电动汽车维修中检测绝缘时常使用的一种工具，它可以测量交流/直流电压、搭铁耦合电阻和绝缘电阻。

图 1-103　绝缘工具

图 1-104　数字测试绝缘表

3. 钳形电流表

钳形电流表（图 1-105）又叫电流钳，是利用电流互感器原理制成的，分为指针式和数字式两种。钳形电流表可以在不断开电路的情况下测量线路电流，钳形电流表使用前应先判断其是否能正常工作。

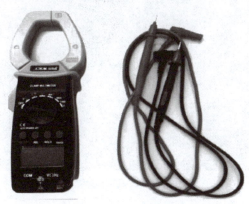

图 1-105　钳形电流表

4. 放电工装

由于电动汽车整车动力蓄电池以及一些高压部件带有电容，即使断开电源，电容还是会储存部分电量，因此电动汽车需要放电工装对高压端口进行放电，避免产生触电危险。

1）绝缘工具检查

绝缘工具（图 1-106）检查主要检查工具有无破损等。

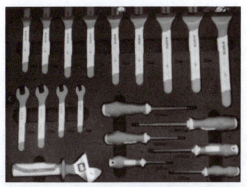

图 1-106　绝缘工具

2）绝缘电阻表的使用

绝缘电阻表的额定电压有 500 V、1 000 V、2 500 V 等，测量范围有 500 MΩ、1 000 MΩ、2 000 MΩ 等。用绝缘电阻表测量绝缘电阻时应该根据额定电压等级选择，如表 1-13 所示。

表 1-13　根据额定电压等级选择

被测量设备额定电压/V	选用绝缘电阻表额定电压/V
<500	500 或 1 000
≥500	1 000 或 2 500

实车检测（图 1-107）时数字测试绝缘表的正确使用步骤如下：

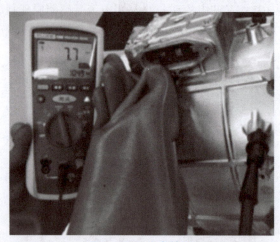

图 1-107　实车检测

（1）根据测试车辆的电压范围值选择量程。如 EV200 绝缘电阻检测，一般选用 50 V 挡即可。

（2）将绝缘测试表笔与部件高压端子接触，负极表笔与部件壳体或车体接触。

（3）按住绝缘测试表笔测试键或表体的测试键，待数值稳定后，读取屏幕上的数据，即绝缘电阻值。

测量时注意：

（1）必须在断电情况下进行绝缘电阻的测量。

（2）测量部位：一定是各导电端子与车体或壳体之间的测量。

（3）因为高压部件内部有电容存在，严禁端子之间的绝缘电阻测量。

（4）绝缘阻值测量需要保持 1 min，数值稳定后再结束测量。

（5）由于绝缘电阻表两表笔之间的电压为 1 000 V，因此测量过程中注意手指不能与任何导电部位接触。

3）钳形电流表的使用

（1）测量之前应检查钳口上是否有污物，检查被测导线是否绝缘。

（2）根据额定功率估测额定电流，选择合适的量程挡位，不可用小量程测量大电流。如果电流大小无法估算，就选最大量程，以防烧表；如果读数小，切换至小量程。严禁测量过程中换量程挡。

（3）测量时被测导线应垂直放在钳形电流表的钳口中心。钳形电流表测量时一次只能测量一根导线，不可以同时测量多根导线。

（4）钳形电流表上有额定电压，不能用钳形电流表去测量超过额定电压的高压电路电流，否则容易造成事故或引起触电危险。

（5）测量时，测量人员应戴绝缘手套，穿绝缘鞋，双手不得触碰其他设备，以防止短路和搭铁。

（6）如果被测电流较小，应将被测导线缠绕几圈后放进钳口内测量。

项目实施与评价

工单 7　动力电池系统故障诊断与排除

学生姓名		班级		学号	
实训场地		日期		车型	
实训任务	汽车维修工小王，接待一辆吉利 EV450 汽车，不能上高压电，顾客感觉到很疑惑，于是让 4S 店把车拖到店面进行维修。现在主管安排你对该车进行故障诊断，你能完成这个任务吗				
实训设备	实训项目	实训项目	实训器材	说明	数量
实训设备	动力电池系统检查诊断与排除		车辆	吉利 EV450 汽车	1
实训设备	动力电池系统检查诊断与排除		故障诊断仪器	吉利专用解码器	1
实训设备	动力电池系统检查诊断与排除		绝缘工具	世达（含常用普通工具）	1
实训设备	动力电池系统检查诊断与排除		数字兆欧表	通用	2
实训设备	动力电池系统检查诊断与排除		数字万用表	通用	2
实训设备	动力电池系统检查诊断与排除		绝缘垫	通用	1
实训设备	动力电池系统检查诊断与排除		绝缘手套（双）	通用	2
实训设备	动力电池系统检查诊断与排除		护目镜	通用	2
实训设备	动力电池系统检查诊断与排除		安全帽	通用	2
实训设备	动力电池系统检查诊断与排除		危险警示牌	通用	1
实训设备	动力电池系统检查诊断与排除		耐磨手套（双）	通用	2
任务要求	能够对高压动力电池进行诊断、检查及更换				
相关信息	请阅读教材中该任务的"知识链接"，完成以下内容： （1）动力电池的作用及组成。 _____ _____ （2）高压不能上电的原因有哪些？ _____ _____ _____ （3）如何进行吉利 EV450 的动力电池故障检查？ _____ _____ _____				

计划与决策	请根据任务要求，确定所需要的场地和物品，并对小组成员进行合理分工，制订详细的工作计划。 **一、人员分工** 小组编号：_____，组长：_____。 小组成员：_____ 我的任务：_____ **二、准备场地及物品** 检查并记录完成任务需要的场地、设备及工具。 1. 场地 检查工作场地是否清洁及存在安全隐患，如不正常，请汇报老师并及时处理。 记录：_____ 2. 车辆、充电桩、总成、工件 车辆：_____ 充电桩：_____ 总成：_____ 工件：_____ 3. 设备及工具 防护装备：_____ 设备及工具：_____ 4. 安全要求及注意事项 （1）实训汽车停在实训工位上，没有经过老师批准不准起动。经老师批准起动，首先应检查车轮的安全顶块是否放好，驻车制动是否拉好，排挡杆是否放在 P 挡（A/T），车前有没有人。 （2）禁止触碰任何带安全警告标志的部件。 （3）实训期间禁止嬉戏打闹。 **三、制定工作方案** 根据任务，小组进行讨论，确定工作方案（流程/工序），并记录。 _____ _____
实施与检查	根据制订的计划实施，完成以下任务并记录。 本操作任务完成动力电池诊断、检查及更换，包括以下内容： 动力电池诊断数据及检查。 操作记录：_____ _____ _____

根据任务完成情况，学生自我评分，老师或指定组长过程巡视/验收检查时，发现问题直接扣分。

评估	评估项目（分值）	自我评估	小组评估	老师评估
	相关信息（5）			
	计划与决策（5）			
	实施与检查（10）			
	合计（20）			
	总评			

项 目 小 结

通过本项目的学习，掌握以下知识和技能：

1. 新能源汽车安全标志及连接检查

新能源汽车外观特征和类型识别；新能源汽车主要部件位置识别。

2. 新能源汽车工作安全及作业准备

新能源汽车工作安全注意事项；新能源汽车维修工具设备使用注意事项；新能源汽车维修车辆准备事项；高压电安全防护措施；新能源汽车车间维修人员资质要求；新能源汽车高压维修作业标准；新能源汽车维修作业。

3. 混合动力汽车精确保养

混合动力车辆的基本概念；混合动力汽车的类型；混合动力汽车结构及工作原理；混合动力汽车保养。

4. 新能源汽车动力驱动系统保养

新能源汽车驱动电机认知；新能源汽车驱动电机性能检测方法；新能源汽车驱动电机冷却系统检查方法；新能源汽车动力电池标签信息判读方法；新能源汽车车载充电机的工作情况检查方法；纯电动汽车的维护；新能源汽车动力电池管理系统故障码读取方法。

5. 新能源汽车转向悬架制动系统保养

新能源汽车转向系统保养；新能源汽车制动系统保养；新能源汽车悬架系统保养；新能源汽车安全气囊系统保养。

6. 新能源汽车电子电气空调系统保养

新能源汽车电路信息的查询方法和所需电子元件的信息识别；新能源汽车制冷剂及电动压缩机的型号判读及加注量查询；解码器读取电动空调系统故障码和数据流的流程；新能源汽车空调加热器管路、阀门、软管的识别；新能源汽车中央控制电动门锁性能测试方法；电动座椅检测方法。

7. 高压电池专项维护

新能源汽车高压电安全操作规范；新能源汽车高压电部件的结构和功用；新能源汽车紧急维修开关拔下后的管理办法；新能源汽车维修绝缘工具的检查和使用说明。

项目二
新能源汽车系统故障诊断

本项目主要围绕新能源汽车动力驱动系统、空调系统、网关控制娱乐系统和制动系统的故障诊断等内容进行学习。

❀ 任务 1　新能源汽车动力驱动系统故障诊断

知识目标

1. 熟知新能源汽车故障诊断策略。
2. 熟知新能源汽车的动力驱动控制原理。

能力目标

1. 会使用新能源汽车故障诊断设备。
2. 能进行新能源汽车动力驱动系统故障诊断并排除故障。

素养目标

1. 具备产品质量控制意识。
2. 具有岗位意识、爱岗敬业精神。
3. 具有安全规范意识。
4. 培养学生认真严谨的学习作风，增强团队协作能力及创新意识。

汽车维修工小王，接待一辆吉利 EV450 汽车，整车驾驶无力，汽车最高车速只能够达到 40 km/h，顾客很疑惑，于是将车送到店面进行维修。现在主管安排你对该车进行故障诊断，怎样进行诊断？

一、故障诊断注意事项

1. 新能源汽车维修安全注意事项

纯电动汽车上的用电设备分为低压部件与高压部件，低压部件包括仪表、音响、灯光、喇叭、蜂鸣器和鼓风机等；高压部件包括驱动电机、驱动电机控制器、动力电池、高压配电箱、高压转换器（DC/DC）、车载充电机、空调压缩机、加热器（PTC）等。

高压部件上贴有橙黄色警告标志，注意警告标志上的内容要求。为了避免触电伤害，禁止触碰高压部件、高压电缆（橙色）及其连接头。如果车上的电缆裸露或破损，禁止触碰，以防触电。禁止非专业维修人员随意解除、拆解或改装用电设备，否则触碰到高压电将导致人员烧伤，甚至触电死亡等严重后果。

2. 新能源汽车维修安全措施

新能源汽车维修安全措施有绝缘护具、绝缘工具、维修场地及维修安全等。

1）绝缘护具

绝缘护具包括绝缘防护服、绝缘胶鞋、护目镜和绝缘手套。

维修人员操作前必须穿戴护具。

根据工作情况选择相应的防高压电工手套或防电池电解液酸碱性手套。

注意：使用前必须检查绝缘护具，保证其无破损、破洞和裂纹，内外表面清洁、干燥，不能带水进行操作，确保安全。

2）绝缘工具

绝缘工具包括绝缘垫、动力电池安装堵盖、动力电池工作台等。

绝缘工具的使用要求：

（1）在维修区域垫上绝缘垫。

（2）维修人员对带电部件操作时必须使用绝缘工具。

（3）在断开直流母线后必须使用动力电池安全堵盖将直流母线两侧端子堵住。

（4）检修动力电池和电控元件时必须使用带绝缘垫的专业工作台。

注意：使用前必须检查绝缘工具，保证其无破损、破洞和裂纹，内外表面清洁、干燥，不能带水进行操作，确保安全。

3）维修场地

新能源汽车维修场地和传统燃油汽车不同，由于新能源汽车有高压电，所以在维修场地需布置高压警示牌、高压水枪以及大量的水、警戒线和专用维修工位接地线。

在维修作业前需采用隔离措施：使用警戒栏隔离，并树立高压警示牌，以警示不相关人员远离该区域，避免发生安全事故。

维修场地指定位置必须配备消防栓，使用清水灭火。在维修高压设备前，将车身用搭铁线连接到电动汽车专用维修工位的接地线上。安装专用的交流电路（220 V 50 Hz 16 A）和电源插座。如果给电动汽车充电时没有使用专用线路，可能影响线路上其他设备的正常工作。保持工作环境干净且通风良好，远离液体和易燃物。

4）维修安全

新能源汽车维修操作安全注意事项：

（1）高压系统下电（断开直流母线后），需要等待 5 min 以上，待电机控制器、充电机等内部有电容元件的部件充分放电。

（2）维修电动汽车时，必须设置专职监护人一名，监护人和维修人员必须具备国家认可的《特种作业操作证（电工）》与《初级（含）以上电工证》（职业资格证书）。

（3）监护人工作职责为监督维修的全过程：

①监督维修人员组成、工具使用、防护用品佩戴、备件安全保护、维修安全警示牌等是否符合要求。

②负责对维修过程中的安全维修操作规程进行检查，监护人要按安全维修操作规程指挥操作，维修人员在做完一个操作后要告知监护人，监护人要在作业流程单上做标记。

③禁止未经培训的人员进行高压部分的检修，禁止一切人员带有侥幸心理进行危险操作，避免发生危险。

3. 新能源汽车安全操作

1）检修高压系统

（1）在车辆上电前，注意确认是否还有人员在进行高压维修操作，避免发生危险。

（2）检修高压系统时，断开起动开关电源，断开蓄电池负极电缆和直流母线，由专职监护人员保管，并确保在维修过程中不会有人将其重新安装。

（3）检修高压线时，对拆下的任何裸露的高压部位，应立刻用绝缘胶带包扎绝缘。

（4）安装高压线时，必须按照车身固定孔位要求将线束固定好。

（5）不能用手指触摸高压线束插接件里的带电部分以免触电，另外应防止有细小的金属工具或铁条等接触插接件中的带电部分。

2）检测工具使用

（1）检修高压系统前应使用万用表测量整车高压回路，确保无电。方法如下：断开直流母线 5 min 后，测量动力电池和车身之间的电压来初步判断是否漏电，若检测到电压大于或等于 50 V，应立即停止操作，检查漏电部位。

（2）使用万用表测量高压时，注意选择正确量程，检测用万用表的精度不低于 0.5 级，要求具有直流电压测量挡位，量程范围大于或等于 500 V。

（3）使用万用表测量高压时，需遵守"单手操作"原则。

所使用的万用表一根表笔线上配备绝缘鳄鱼夹（要求耐压为 3 kV，过流能力大于 5 A），测量时先把鳄鱼夹夹到电路的一个端子，然后用另一只表笔接到需测量端子测量读数，每次测量时只能用一只手握住表笔。

（4）使用万用表测量高压时，严禁触摸表笔金属部分。

3）车辆处理

新能源汽车发生异常、事故、火灾和浸入水中需要处理。

如果车辆发生事故，不允许再次起动车辆，并且在救援前将直流母线断开；如果车辆起火则应立即使用大量清水灭火；车辆浸入水中，在打捞前必须等待水面无气泡和"滋滋"声产生，电量消耗后，穿戴好绝缘防护用品才能进行打捞作业，以防触电。

4）检修动力电池注意事项

在检修动力电池时为了防止电解液泄漏造成人员伤害，维修人员必须佩戴防电池电解液酸碱性手套和护目镜，以防止电解液腐蚀皮肤和溅入眼中。

5）车辆安全维修

断开直流母线只是切断了从动力电池到高压用电设备的电源，动力电池仍然是有电的，当需要检修动力电池时，应使用绝缘胶带包好裸露的高压部件，避免触电。

搬运动力电池至电池维修专业工作台时，应用动力电池专用吊架，严禁直接用手抬动动力电池。

二、驱动电机故障诊断

1. 驱动电机概述

1）功能介绍

电机旋转磁场和定子线圈共同作用产生扭矩。与传统燃油车不同，电机没有怠速。即使车辆由静止到起步的临界状态，电机也可产生最大驱动扭矩，可保证提供给车辆较好的加速度。扭矩与转速特性如图2-1所示。

2）驱动电机组成

驱动电机由前端盖、后端盖、定子壳体总成、转子总成、轴承、低压插接件等组成。

3）驱动电机工作原理

当三相交流电接入定子线圈中，即产生了旋转的磁

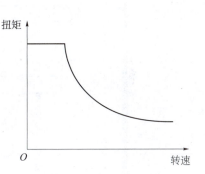

图2-1　扭矩与转速特性

场，这个旋转的磁场牵引转子内部的永磁体，产生和旋转磁场同步的扭矩。

使用旋转变压器检测转子的位置，电流传感器检测线圈的电流，从而控制驱动电机的扭矩输出。

旋变信号的作用是反映驱动电机转子当前的旋转相位，驱动电机控制器再通过旋变信号计算当前的驱动电机转速。吉利EV450车型旋转变压器采用磁阻式旋转变压器，如图2-2所示，旋变转子与驱动电机转子同轴连接，随电机转轴旋转。旋变定子内侧有感应线圈，安装在驱动电机定子上。驱动电机旋转时，带动旋变转子旋转。旋转变压器与驱动电机控制器中间通过6根低压线束连接，2根是从驱动电机控制器激励信号，另外4根分别是旋转变压器输出的正弦信号和余弦信号。6根线当中任何一根线路出现故障都会导致驱动电机无法正常工作。

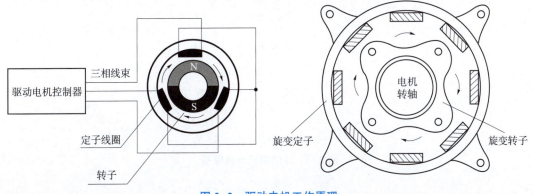

图2-2　驱动电机工作原理

2. 驱动电机故障诊断策略

驱动电机电路简图如图 2-3 所示。

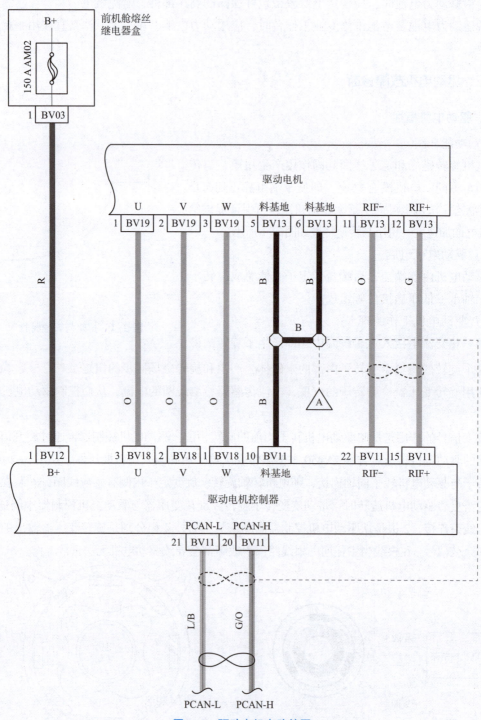

图 2-3　驱动电机电路简图

1）确认高压回路切断

（1）操作起动开关使电源模式至 OFF 状态。

（2）断开蓄电池负极电缆。

（3）断开直流母线。

（4）断开驱动电机控制器高压线束连接器 BV18。

（5）等待 5 min。

（6）用万用表检测驱动电机控制器正负极电压，标准电压值：≤5 V。

2）检测驱动电机绝缘阻值

（1）操作起动开关使电源模式至 OFF 状态。

（2）断开蓄电池负极电缆。

（3）断开直流母线。

（4）拆卸驱动电机三相线束连接器 BV18（驱动电机控制器侧），如图 2-4 所示。

（5）将高压绝缘检测仪的挡位调至 1 000 V。

（6）用高压绝缘检测仪测量三相线束连接器 BV18 的 1 号端子与驱动电机壳体之间的电阻值，标准电阻值：≥20 MΩ。

BV18接驱动电机控制器线束连接器

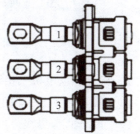

图 2-4　BV18 线束连接器

（7）用高压绝缘检测仪测量三相线束连接器 BV18 的 2 号端子与驱动电机壳体之间的电阻值，标准电阻值：≥20 MΩ。

（8）用高压绝缘检测仪测量三相线束连接器 BV18 的 3 号端子与驱动电机壳体之间的电阻值，标准电阻值：≥20 MΩ。

确认测量值是否符合标准。

3）检查驱动电机冷却系统

（1）操作起动开关使电源模式至 ON 状态。

（2）检查冷却管管路无老化、变形、渗漏现象。

（3）确认散热器、管路无水垢、堵塞现象。

（4）确认水泵是否工作正常。

4）检查驱动电机线束连接器

（1）操作起动开关使电源模式至 OFF 状态。

（2）检查驱动电机低压线束连接器是否插接牢固、无松脱。

（3）检查驱动电机高压线束连接器是否插接牢固、无松脱。

5）检测驱动电机三相线束紧固力矩

（1）操作起动开关使电源模式至 OFF 状态。

（2）断开蓄电池负极电缆。

（3）断开直流母线。

（4）检测三相线固定螺栓的紧固力矩（驱动电机控制器侧）是否符合标准。

（5）检测三相线固定螺栓的紧固力矩（驱动电机侧）是否符合标准。

6）检测驱动电机三相线束是否相互短路

（1）操作起动开关使电源模式至 OFF 状态。

（2）断开蓄电池负极电缆。

（3）断开直流母线。

（4）断开驱动电机三相线束连接器 BV19。

（5）断开驱动电机三相线束连接器 EP62。

（6）用万用表按图 2-5 所示进行测量。

（7）确认测量值是否符合标准。

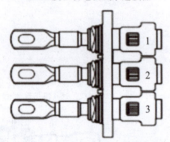

EP62接驱动电机线束连接器

测量位置A	测量位置B	标准值
BV19-1	BV19-2	标准电阻值：≥20 kΩ
BV19-1	BV19-3	
BV19-2	BV19-3	

图 2-5 EP62 接驱动电机线束连接器及检测数据

7）检测驱动电机三相线绝缘阻值

（1）操作起动开关使电源模式至 OFF 状态。

（2）断开直流母线。

（3）断开驱动电机三相线束连接器 BV19。

（4）用万用表按图 2-6 所示进行测量。

（5）确认测量值是否符合标准。

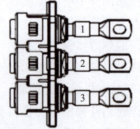

BV19接驱动电机线束连接器

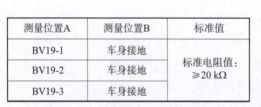

测量位置A	测量位置B	标准值
BV19-1	车身接地	标准电阻值：≥20 kΩ
BV19-2	车身接地	
BV19-3	车身接地	

图 2-6 BV19 线束连接器及检测数据

8）检查前后端盖

（1）拆卸驱动电机。

（2）用除锈剂清洗端盖，确认端盖无灰尘、无杂物，止口无破损、无碰伤。

（3）用内径千分尺测量轴承室无磨损、甩圈，轴承室尺寸合格。

9）检测水套壳体

（1）拆卸驱动电机。

（2）用除锈剂清洗，水套端面要求无灰尘、无杂物，止口无破损、无碰伤。

（3）用密封检测工装检测壳体有无漏气现象。

（4）用水道检测工装检测水道是否有堵塞、水道流量是否满足冷却要求。

（5）复测转子动平衡，超出规定数值后，需重新标定动平衡量。

（6）确认故障是否排除。

10）检测转子

（1）拆卸驱动电机。

（2）用电机专用拆装机拆出转子。

（3）用胶带清理转子灰尘、杂物，用除锈剂清除转子锈迹。

（4）检测转子，要求铁芯外径无鼓起、无破损、无刮蹭。

（5）复测转子动平衡，超出规定数值后，需重新标定动平衡量。

（6）确认故障是否排除。

11）检测定子

（1）拆卸驱动电机。

（2）用吸尘器清理定子灰尘，用除锈剂清除定子铁芯的锈迹，要求定子表面无灰尘，定子内圆无刮蹭、无杂物，定子线包无损伤，定子绝缘漆无脆裂等。

（3）用耐压绝缘表测试耐压、绝缘。

（4）用定子综合测试仪测试电性能。

（5）更换三相出线端子。

（6）检测温度传感器绝缘值是否正常。

（7）重新更换三相出线和温度传感器出线的绝缘管、热缩管。

（8）确认故障是否排除。

12）检测旋变定子

（1）拆卸驱动电机。

（2）用电阻计检测旋变定子电阻值。

（3）用耐压绝缘表测试耐压性能及绝缘性能。

（4）重新更换旋变信号线出线绝缘管、端子。

（5）确认故障是否排除。

三、动力电池故障诊断

1. 动力电池概述

吉利 EV450 汽车动力电池采用三元锂电池，以钴酸锂、锰酸锂或镍酸锂等化合物为正极，以可嵌入锂离子的碳材料为负极，使用有机电解质。动力电池总成安装在车体下部，动力电池的组成部件包括各模组总成、CSC 采集系统、电池控制单元（BMU）、电池高压分配单元（B-BOX）等。

电池管理系统（Battery Management System，BMS）能够对动力电池组总电压、总电流、每个测点温度和电池单体的电压参数进行实时监控，并进行故障诊断、SOC（剩余电量比）计算、短路保护、漏电监测、报警显示、充放电模式选择等。BMS 可以将动力电池相关参数上报 VCU，由 VCU 控制动力电池的充电和放电功率。当动力电池温度低于-20 ℃时，动力电池无法充电。此时需通过交流充电的方法使空调工作并对动力电池进行加热，当动力电池温度达到-20~55 ℃的正常工作温度时，系统切换到正常交流充电流程。其工作原理框图如图2-7所示。

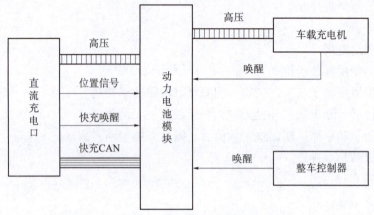

图 2-7   电气工作原理框图

2. 动力电池系统工作原理

1）电池单体（Cell）

电池单体是直接将化学能转换为电能的基本单元装置，包括电极、隔膜、电解质、外壳和端子，并被设计成可以充电和放电。

2）电池模组（Module）

电池模组是将一个以上电池单体按照串联、并联或串并联方式组合，且只有一对正负极输出端子，作为电源使用的组合体。

3）CSC 采集系统

每一个电池单元有多个 CSC 采集系统，以监测其中每个电池单体或电池组单体电压、温度信息。CSC 采集系统将相关信息上报电池控制单元（BMU）并根据 BMU 的指令执行单体电压均衡。

4）电池控制单元（BMU）

电池控制单元安装于动力电池总成内部，是电池管理系统核心部件。电池控制单元（BMU）将单体电压、电流、温度及整车高压绝缘等信息上报整车控制器（VCU），并根据VCU 的指令完成对动力电池的控制。

5）电池高压分配单元（B-BOX）

电池高压分配单元安装在动力电池总成的正负极输出端，由高压正极继电器、高压负极继电器、预充继电器、电流传感器和预充电阻等组成。

6）直流母线

直流母线位于前副车架上部，断开 12 V 蓄电池正、负电缆，等待 5 min 后，举升车辆，拔下直流母线连接充电机端插件。在高压零部件检查和维护前，断开直流母线可以确保切断高压。

注意：在断开直流母线时，首先确保电池对外无电流输出，并且佩戴绝缘防护装备。

3. 故障诊断策略

1) BMS 电源故障诊断

BMS 电路简图如图 2-8 所示。

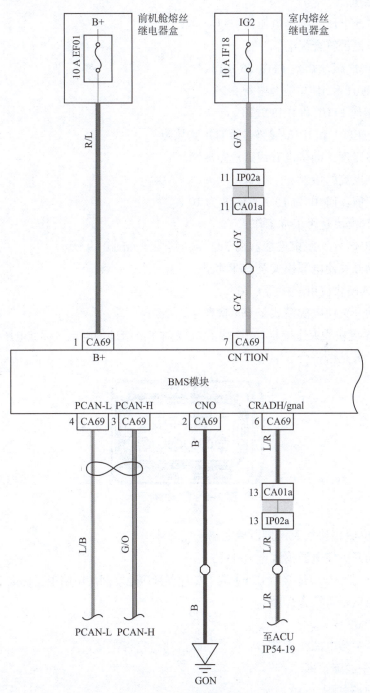

图 2-8　BMS 电路简图

项目二　新能源汽车系统故障诊断

（1）用诊断仪访问 BMS 模块。

检查是否输出了故障码。如果输出了故障码，则根据输出的故障码维修电路；如无故障码，则按以下步骤进行诊断。

（2）检测蓄电池。

①测量蓄电池电压，标准电压值：11~14 V。

②确认电压是否符合标准。

（3）检查 BMS 模块熔丝 EF01 和 IF18。

检查熔丝 EF01 和 IF18 是否熔断。

（4）检修熔丝 EF01 和 IF18 线路。

①检查熔丝 EF01 和 IF18 线路是否有短路故障。

②进行线路修理，确认没有线路短路故障。

③更换额定电流的熔丝。

熔丝的额定值：EF01 为 10 A，IF18 为 10 A。

④确认 BMS 模块是否正常工作。

（5）检测 BMS 模块线束连接器端子电压，其端子如图 2-9 所示。

①操作起动开关使电源模式至 OFF 状态。

②断开 BMS 模块线束连接器 CA69。

③操作起动开关使电源模式至 ON 状态。

④测量 BMS 模块线束连接器 CA69 端子 1、7 对车身接地的电压，标准电压值：11~14 V。

⑤确认电压值是否符合标准。

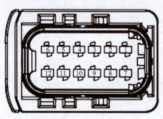

图 2-9　CA69 端子

（6）检测 BMS 模块线束连接器接地端子导通性。

①操作起动开关使电源模式至 OFF 挡。

②测量 BMS 模块线束连接器 CA69 端子 2 与车身接地之间的电阻值，标准电阻值：<1 Ω。

③确认电阻值是否符合标准。

（7）更换 BMS 模块。

操作起动开关使电源模式至 ON 状态，确认功能是否正常。

2）BMS 通信故障诊断

BMS 通信电路如图 2-10 所示。

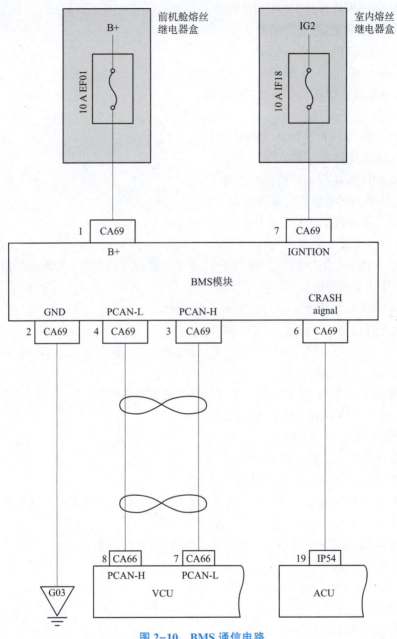

图 2-10 BMS 通信电路

以整车控制器丢失通信故障诊断为例介绍诊断步骤。

（1）用诊断仪访问 BMS 模块。

检查是否输出了故障码。如果输出了故障码，则根据输出的故障码维修电路；如无故障码，则按以下步骤进行诊断。

（2）检测蓄电池。

①测量蓄电池电压，标准电压值：11~14 V。

②确认电压值是否符合标准。

（3）检查 BMS 模块熔丝 EF01 和 IF18。

检查熔丝 EF01 和 IF18 是否熔断。

（4）检修熔丝 EF01 和 IF18 线路。

①检查熔丝 EF01 和 IF18 线路是否有短路故障。

②进行线路修理，确认没有线路短路故障。

③更换额定电流的熔丝。

熔丝的额定值：EF01 为 10 A，IF18 为 10 A。

④确认 BMS 模块是否正常工作。

（5）检测 BMS 模块线束连接器端子电压。

①操作起动开关使电源模式至 OFF 状态。

②断开 BMS 模块线束连接器 CA69。

③操作起动开关使电源模式至 ON 状态。

④测量 BMS 模块线束连接器 CA69 端子 1、7 对车身接地的电压，标准电压值：11~14 V。

⑤确认电压值是否符合标准。

（6）检测 BMS 模块线束连接器接地端子导通性。

①操作起动开关使电源模式至 OFF 状态。

②测量 BMS 模块线束连接器 CA69 端子 2 与车身接地之间的电阻值，标准电阻值：<1 Ω。

③确认电阻值是否符合标准。

（7）检测 BMS 模块与 VCU 之间线束连接器的数据通信线。

①操作起动开关使电源模式至 OFF 状态。

②将蓄电池负极电缆从蓄电池上断开。

③断开 BMS 模块线束连接器 CA69。

④从 VCU 上断开线束连接器 CA66。

⑤测量 BMS 模块线束连接器 CA69 端子 3 与 VCU 线束连接器 CA66 端子 8 之间的电阻值，标准电阻值：<1 Ω。

⑥测量 BMS 模块线束连接器 CA69 端子 4 与 VCU 线束连接器 CA66 端子 7 之间的电阻值，标准电阻值：<1 Ω。

⑦确认电阻值是否符合标准。

3）动力电池绝缘诊断

动力电池电路如图 2-11 所示。

（1）确认高压回路切断。

①操作起动开关使电源模式至 OFF 状态。

②断开蓄电池负极电缆。

③断开直流母线。

④断开动力电池高压线束连接器 BV16。

⑤等待 5 min。

⑥用万用表检测 BV16 端子 1 与端子 2 之间的电压，标准电压值：≤5 V，如图 2-12 所示。

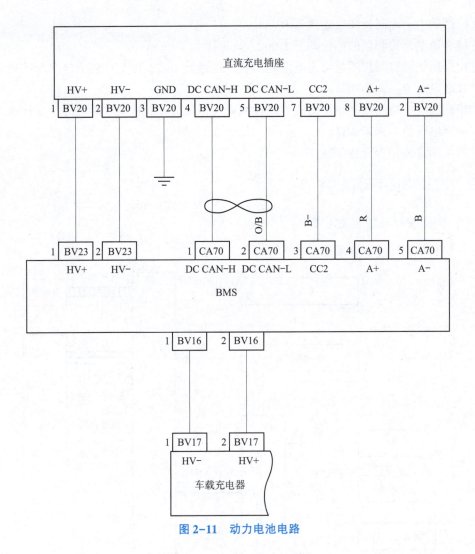

图 2-11　动力电池电路

注意：端子 1 与端子 2 距离较近，严禁万用表针头短接触碰任何非目标测量金属部件，并佩戴绝缘手套。

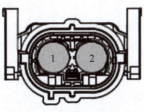

图 2-12　BV16 端子图

（2）检测动力电池供电绝缘阻值。

①操作起动开关使电源模式至 OFF 状态。

②断开蓄电池负极电缆。

③断开直流母线。

④拆卸动力电池高压线束连接器 BV23。

⑤将高压绝缘检测仪的挡位调至 1 000 V。

⑥用高压绝缘检测仪测量动力电池高压线束连接器 BV23 的 1 号端子与车身接地之间的电阻，标准电阻值：≥20 MΩ。

⑦用高压绝缘检测仪测量动力电池高压线束连接器 BV23 的 2 号端子与车身接地之间的电阻，标准电阻值：≥20 MΩ。

⑧确认测量值是否符合标准。

四、电机控制系统故障诊断

（一）电机控制系统功能概述

电机控制系统的控制原理如图 2-13 所示。

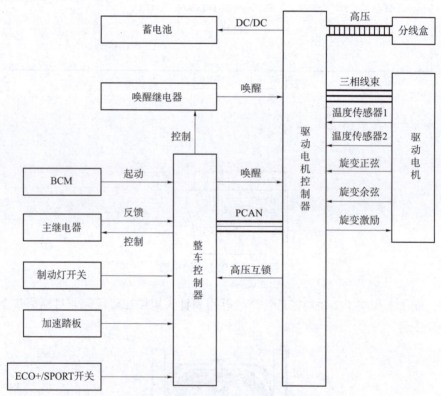

图 2-13　电机控制系统的控制原理

1. 驱动电机控制器

驱动电机控制器安装在前舱内，采用 CAN 通信控制，控制动力电池组到驱动电机之间能量的传输，同时采集电机位置信号和三相电流检测信号，精确地控制驱动电机运行。

驱动电机控制器是一个既能将动力电池中的直流电转换为交流电以驱动电机，同时又具备将车轮旋转的动能转换为电能（交流电转换为直流电）给动力电池充电的设备。

车辆制动或滑行阶段，驱动电机作为发电机应用，它可以完成将车轮旋转的动能到电能的转换，给动力电池充电。

DC/DC 集成在驱动电机控制器内部，其功能是将电池的高压电转换成低压电，给整车低压系统供电。

2. 加速踏板位置传感器

作为系统的安全保障之一，加速踏板位置传感器设计成双输出传感器。两个传感器的输出电压信号都随加速踏板的位置增加而增加。加速踏板位置传感器参数及曲线如图 2-14 所示。

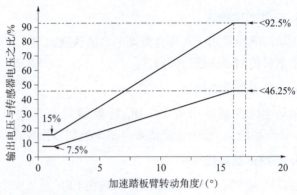

图 2-14 加速踏板位置传感器参数及曲线

项目	参数
电源电压	5 V±0.5 V
负载电阻	>300 kΩ
操作力	5~44 N
踏板臂角度	≤18°

3. 制动踏板开关

当驾驶员踩下制动踏板，表现制动或减速意图时，该开关将踏板位置信号转换成电压信号，通过硬线传递给 VCU。制动踏板开关内部有两组开关，一组为常闭开关，另一组为常开开关。VCU 通过两组开关输出电压的变化判断驾驶员的制动或减速意图。

制动踏板开关信号传递路线如图 2-15 所示。

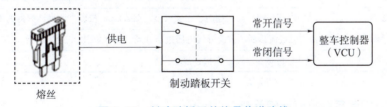

图 2-15 制动踏板开关信号传递路线

（二）电机控制系统工作原理

1. 驱动电机控制器结构

驱动电机控制器内部包含 1 个 DC/AC 逆变器和 1 个 DC/DC 直流转换器，逆变器由 IGBT、直流母线电容、驱动和控制电路板等组成，实现直流（可变的电压、电流）与交流（可变的电压、电流、频率）之间的转变。直流转换器由高低压功率器件、变压器、电感、驱动和控制电路板等组成，实现直流高压向直流低压的能量传递。驱动电机控制器还包含冷却器，通过冷却液给电子功率器件散热。

项目二 新能源汽车系统故障诊断

113

2. 转矩控制模式

电机控制系统控制驱动电机轴向四象限的转矩。由于没有转矩传感器,转矩指令(由整车控制器发送)被转换成为电流指令,并进行闭环控制。转矩控制模式只有在获得正确的初始偏移角度时才能被激活。

3. 静态模式

静态模式在驱动电机控制器处于被动状态(待机状态)或故障状态时被激活。

4. 主动放电模式

主动放电模式用于高压直流端电容的快速放电。主动放电指令来自整车控制器的指令或由驱动电机控制器内部故障触发。

5. DC/DC 直流转换

驱动电机控制器中的 DC/DC 转换器将高压直流端的高压转换成指定的直流低压(12 V 低压系统),低压设定值来自整车控制器指令。

6. 系统诊断功能

当故障发生时,软件根据故障级别使 PEU 进入安全状态或限制状态。

安全状态包括主动短路或 Freewheel 模式,限制状态包括四个级别的功率/转矩输出限制。

PEU 软件提供基于 ISO 14229 标准的诊断通信功能,如表 2-1 所示。

表 2-1 ISO 14229 标准诊断通信功能

诊断项目	诊断内容
传感器诊断	电流传感器、电压传感器、温度传感器、位置传感器等故障诊断
电机诊断	电流调节故障、电机性能检查、主动短路或空转条件不满足、转子偏移角诊断等
CAN 通信诊断	CAN 内存检测、总线超时、报文长度、Checksum 校验、收发计数器的诊断
硬件安全诊断	相电流过流诊断、直流母线电压过压诊断、高/低压供电故障诊断、处理器监控等
DC/DC 诊断	DC/DC 传感器以及工作状态诊断

(三) 电机控制系统故障诊断策略

1. 驱动电机控制器低压供电回路故障

1) 常见故障

驱动电机控制器低压供电回路常见故障有蓄电池电压过压故障、蓄电池电压欠压故障、低压端输出与蓄电池连接断开故障。

驱动电机控制器低压供电电路如图 2-16 所示。

2) 诊断策略

在进行诊断步骤之前,观察故障诊断仪的数据列表,分析各项数据的准确性,这样有助于快速排除故障。

(1) 检测蓄电池电压。

①操作起动开关使电源模式至 OFF 状态。

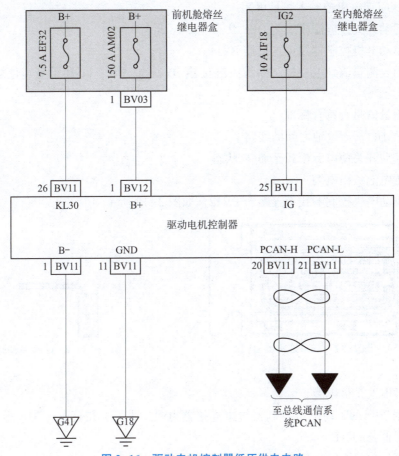

图2-16 驱动电机控制器低压供电电路

②用万用表测量蓄电池电压，标准电压值：11~14 V。

③确认测量值是否符合标准。

（2）检测驱动电机控制器熔丝 IF18、EF32 和蓄电池正极柱头熔丝是否熔断。

①操作起动开关使电源模式至 OFF 状态。

②拔下熔丝 EF32，检查熔丝是否熔断，熔丝额定容量：7.5 A。

③拔下熔丝 IF18，检查熔丝是否熔断，熔丝额定容量：10 A。

④拔下蓄电池正极柱头熔丝，检查熔丝是否熔断，熔丝额定容量：150 A。

（3）检测驱动电机控制器电源电压。

①操作起动开关使电源模式至 OFF 状态。

②断开驱动电机控制器线束连接器 BV11，如图 2-17 所示。

③操作起动开关使电源模式至 ON 状态。

④用万用表测量驱动电机控制器线束连接器 BV11 端子 25 和车身接地之间的电压值，标准电压值：11~14 V。

⑤用万用表测量驱动电机控制器线束连接器 BV11 端子 26 和车身接地之间的电压值，标准电压值：11~14 V。

⑥确认测量值是否符合标准。

（4）检测驱动电机控制器接地电阻。

①操作起动开关使电源模式至 OFF 状态。

②断开驱动电机控制器线束连接器 BV11。

③用万用表测量驱动电机控制器线束连接器 BV11 端子 1、11 和车身接地之间的电阻，标准电阻值：<1 Ω。

④确认测量值是否符合标准。

（5）检测 DC 与蓄电池之间的线路。

①操作起动开关使电源模式至 OFF 状态。

②断开蓄电池负极电缆。

③断开驱动电机控制器线束连接器 BV12，如图 2-18 所示。

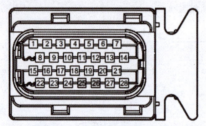

图 2-17　线束连接器 BV11

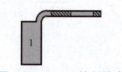

图 2-18　BV12 控制线束

④断开蓄电池正极电缆。

⑤用万用表测量驱动电机控制器线束连接器 BV12 端子 1 和蓄电池正极电缆之间的电阻，标准电阻值：<1 Ω。

⑥确认测量值是否符合标准。

（6）更换驱动电机控制器。

①操作起动开关使电源模式至 OFF 状态。

②断开蓄电池负极电缆。

③断开车载充电机处直流母线。

④更换驱动电机控制器。

⑤确认故障排除。

2. 驱动电机控制器高压供电回路故障诊断

1）常见故障

高压端过压检测。

2）诊断策略

通过数据流读出数值，通过对比 BMS 上报的母线电压与驱动电机控制器上报的母线电压，判断两者的电压相差是否过大，如果电压差值过大则更换 PEU。

3. 驱动电机控制器通信故障诊断

1）常见故障

驱动电机控制器通信主要有 CAN 帧超时故障、CAN 帧长度故障、CAN 帧 Checksum 故障、CAN 帧 Counter 故障等。

驱动电机控制器通信电路简图如图 2-19 所示。

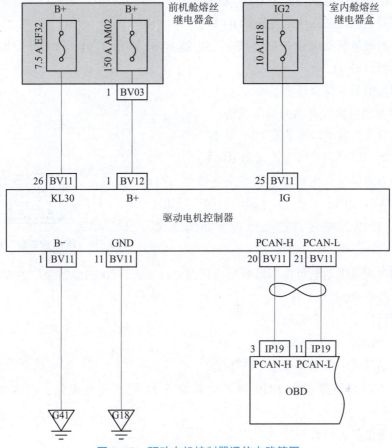

图 2-19　驱动电机控制器通信电路简图

2）诊断策略

（1）使用故障诊断仪读取故障码。

①操作起动开关使电源模式至 ON 状态。

②连接故障诊断仪，读取系统故障码。

③确认系统是否存在其他故障码。

（2）检测驱动电机控制器电源电压。

①操作起动开关使电源模式至 OFF 状态。

②断开驱动电机控制器线束连接器 BV11，如图 2-17 所示。

③操作起动开关使电源模式至 ON 状态。

④用万用表测量驱动电机控制器线束连接器 BV11 端子 25 和车身接地之间的电压值，标准电压值：11～14 V。

⑤用万用表测量驱动电机控制器线束连接器 BV11 端子 26 和车身接地之间的电压值，标准电压值：11～14 V。

⑥确认测量值是否符合标准。

（3）检测驱动电机控制器接地线束。

①操作起动开关使电源模式至 OFF 状态。

②断开驱动电机控制器线束连接器 BV11。

③用万用表测量驱动电机控制器线束连接器 BV11 端子 1、11 和车身接地之间的电阻值，标准电阻值：<1 Ω。

④确认测量值是否符合标准。

（4）检测驱动电机控制器的通信线路。

①操作起动开关使电源模式至 OFF 状态。

②断开驱动电机控制器线束连接器 BV11。

③用万用表测量驱动电机控制器线束连接器 BV11 端子 21 和诊断接口 IP19 端子 11 之间的电阻，标准电阻值：<1 Ω。IP19 诊断接口连接器端子如图 2-20 所示。

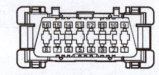

图 2-20　IP19 诊断接口连接器端子

④用万用表测量驱动电机控制器线束连接器 BV11 端子 20 和诊断接口 IP19 端子 3 之间的电阻值，标准电阻值：<1 Ω。

⑤确认测量值是否符合标准。

（5）进行 PCAN 网络完整性检查。

①操作起动开关使电源模式至 OFF 状态。

②用万用表测量诊断接口 IP19 端子 3 和端子 11 之间的电阻值，标准电阻值：55~67.5 Ω。

③确认测量值是否符合标准。

测量值不符合标准则判断故障在驱动电机控制器，需更换驱动电机控制器。

4. 驱动电机旋变信号故障诊断

1）常见故障

输入信号滤波故障、输入信号超过/低于电压阈值、驱动电机超速故障、信号失配错误、配置错误、锁相错误等。

驱动电机电路简图如图 2-21 所示。

2）诊断策略

（1）检测驱动电机的旋变正弦、旋变余弦、旋变励磁电阻值。

驱动电机的旋变正弦、旋变余弦、旋变励磁标准电阻值为：正弦，（13.5±1.5）Ω；余弦，（14.5±1.5）Ω；励磁，（9.5±1.5）Ω。

（2）检测驱动电机旋变信号屏蔽线路。

①操作起动开关使电源模式至 OFF 状态。

②断开车载充电机直流母线。

③操作起动开关使电源模式至 ON 状态。

④断开驱动电机控制器线束连接器 BV11。

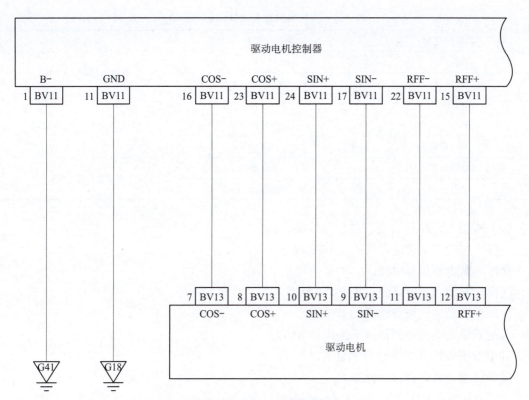

图 2-21　驱动电机电路简图

⑤用万用表测量驱动电机控制器线束连接器 BV11 的 1 号、11 号端子与车身接地之间的电阻值，标准电阻值：<1 Ω。

⑥确认测量值是否符合标准。

（3）检测驱动电机旋变余弦信号线路。

①操作起动开关使电源模式至 OFF 状态。

②断开蓄电池负极电缆。

③操作起动开关使电源模式至 ON 状态。

④断开驱动电机线束连接器 BV13，如图 2-22 所示。

⑤断开驱动电机控制器线束连接器 BV11。

⑥用万用表按表 2-2 进行测量。

⑦确认测量值是否符合标准。

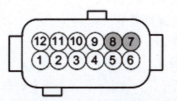

图 2-22　BV13 连接器端子

表 2-2　驱动电机旋变余弦信号电阻值

测量位置 A	测量位置 B	标准值
BV13-7	BV11-16	标准电阻值：<1 Ω
BV13-8	BV11-23	
BV13-7	BV13-8	标准电阻值：≥10 kΩ
BV13-7	车身接地	
BV13-8	车身接地	
BV13-7	车身接地	标准电压值：0 V
BV13-8	车身接地	

（4）检测驱动电机旋变正弦信号线路。

①操作起动开关使电源模式至 OFF 状态。

②断开蓄电池负极电缆。

③操作起动开关使电源模式至 ON 状态。

④断开驱动电机线束连接器 BV13。

⑤断开驱动电机控制器线束连接器 BV11。

⑥用万用表按表 2-3 进行测量。

⑦确认测量值是否符合标准。

表 2-3　驱动电机旋变正弦信号电阻值

测量位置 A	测量位置 B	标准值
BV13-9	BV11-17	标准电阻值：<1 Ω
BV13-10	BV11-24	
BV13-9	BV13-10	标准电阻值：≥10 kΩ
BV13-9	车身接地	
BV13-10	车身接地	
BV13-9	车身接地	标准电压值：0 V
BV13-10	车身接地	

（5）检测驱动电机旋变励磁信号线路。

①操作起动开关使电源模式至 OFF 状态。

②断开蓄电池负极电缆。

③操作起动开关使电源模式至 ON 状态。

④断开驱动电机线束连接器 BV13。

⑤断开驱动电机控制器线束连接器 BV11。

⑥用万用表按表 2-4 进行测量。

⑦确认测量值是否符合标准。

（6）更换驱动电机控制器。

①操作起动开关使电源模式至 OFF 状态。

②断开蓄电池负极电缆。

③断开车载充电机直流母线。

④更换驱动电机控制器。

⑤确认故障是否排除。

表 2-4　驱动电机旋变励磁信号电阻值

测量位置 A	测量位置 B	标准值
BV13-11	BV11-22	标准电阻值：<1 Ω
BV13-12	BV11-15	
BV13-11	BV13-12	标准电阻值：≥10 kΩ
BV13-11	车身接地	
BV13-12	车身接地	
BV13-11	车身接地	标准电压值：0 V
BV13-12	车身接地	

5. 驱动电机温度过高障诊断

1）常见故障

驱动电机温度过高故障有冷却水过温故障、定子温度最大值超过阈值、定子温度最小值小于阈值。

驱动电机温度传感器电路简图如图 2-23 所示。

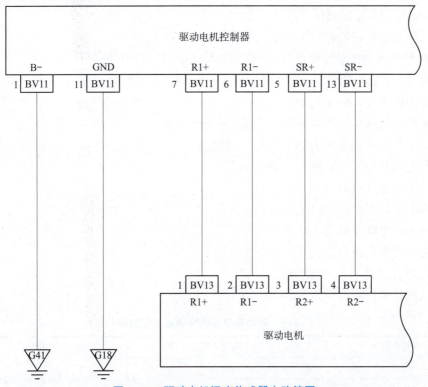

图 2-23　驱动电机温度传感器电路简图

2）诊断策略

（1）使用故障诊断仪读取故障码。

①操作起动开关使电源模式至 ON 状态。

②连接故障诊断仪，读取系统故障码。

③确认系统是否存在其他故障码。

（2）检查冷却液是否充足。

①打开机舱盖。

②检查管路有无弯曲、折叠、漏水现象。

③确认膨胀罐中的冷却液液位是否正常。冷却液液位应处于 MAX 与 MIN 之间。

（3）检查冷却水泵是否正常。

①操作起动开关使电源模式至 ON 状态。

②确认冷却水泵是否正常工作。冷却水泵能正常工作，即可判断正常；反之，则有故障。

（4）检测驱动电机信号屏蔽线路。

①操作起动开关使电源模式至 OFF 状态。

②断开蓄电池负极电缆。

③断开车载充电机处直流母线。

④操作起动开关使电源模式至 ON 状态。

⑤断开驱动电机控制器线束连接器 BV11。

⑥用万用表测量驱动电机控制器线束连接器 BV11 的 1 号、11 号端子与车身接地之间的电阻值，标准电阻值：<1 Ω。

⑦确认测量值是否符合标准。

（5）检测驱动电机温度传感器 1、驱动电机传感器 2 自身的阻值。

-40 ℃时，正常电阻值为（241±20）Ω；20 ℃时，正常电阻值为（13.6±0.8）Ω；85 ℃时，正常电阻值为（1.6±0.1）Ω。

注意：阻值随温度升高而降低，随温度降低而升高。

（6）检查驱动电机温度传感器 1 信号线路。

①操作起动开关使电源模式至 OFF 状态。

②断开蓄电池负极电缆。

③操作起动开关使电源模式至 ON 状态。

④断开驱动电机线束连接器 BV13。

⑤断开驱动电机控制器线束连接器 BV11。

⑥用万用表按表 2-5 进行测量。

⑦确认测量值是否符合标准。

表 2-5　驱动电机温度传感器 1 电阻值

测量位置 A	测量位置 B	标准值
BV13-1	BV11-7	标准电阻值：<1 Ω
BV13-2	BV11-6	

测量位置 A	测量位置 B	标准值
BV13-1	BV13-2	标准电阻值：≥10 kΩ
BV13-1	车身接地	
BV13-2	车身接地	
BV13-1	车身接地	标准电压值：0 V
BV13-2	车身接地	

（7）检查驱动电机温度传感器 2 信号线路。

①操作起动开关使电源模式至 OFF 状态。

②断开蓄电池负极电缆。

③操作起动开关使电源模式至 ON 状态。

④断开驱动电机线束连接器 BV13。

⑤断开驱动电机控制器线束连接器 BV11。

⑥用万用表按表 2-6 进行测量。

⑦确认测量值是否符标准。

表 2-6　驱动电机温度传感器 2 电阻值

测量位置 A	测量位置 B	标准值
BV13-3	BV11-5	标准电阻值：<1 Ω
BV13-4	BV11-13	
BV13-3	BV13-4	标准电阻值：≥10 kΩ
BV13-3	车身接地	
BV13-4	车身接地	
BV13-3	车身接地	标准电压值：0 V
BV13-4	车身接地	

（8）更换驱动电机控制器。

①操作起动开关使电源模式至 OFF 状态。

②断开蓄电池负极电缆。

③更换驱动电机控制器。

④确认故障排除。

6. 驱动电机三相线束故障诊断

1）常见故障

驱动电机三相线束常见故障有电流控制不合理故障。

驱动电机三相线束电路如图 2-24 所示。

2）诊断策略

（1）检测驱动电机三相线束是否相互短路故障。

①操作起动开关使电源模式至 OFF 状态。

②断开蓄电池负极电缆。

③断开驱动电机三相线束连接器 BV19。

④断开驱动电机控制器三相线束连接器 BV18。

⑤用万用表按表 2-7 进行测量。

⑥确认测量值是否符合标准。

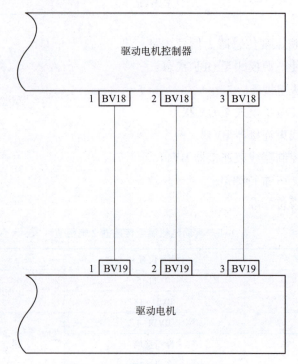

图 2-24　驱动电机三相线束电路

表 2-7　驱动电机三相线束电阻值

测量位置 A	测量位置 B	标准值
BV19-1	BV19-2	
BV19-1	BV19-3	标准电阻值：≥20 kΩ
BV19-2	BV19-3	

（2）检测驱动电机三相线束断路故障。

①操作起动开关使电源模式至 OFF 状态。

②断开蓄电池负极电缆。

③断开驱动电机三相线束连接器 BV19，如图 2-25 所示。

④断开驱动电机控制器三相线束连接器 BV18，如图 2-26 所示。

⑤用万用表按表 2-8 进行测量。

⑥确认测量值是否符合标准。

表 2-8　驱动电机三相线束断路测量值

测量位置 A	测量位置 B	标准值
BV19-1	BV18-1	
BV19-2	BV18-2	标准电阻值：<1 Ω
BV19-3	BV18-3	

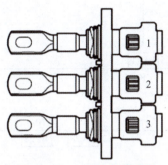 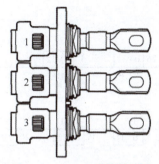

图 2-25　BV19 连接器端子　　　图 2-26　BV18 连接器端子

（3）检测驱动电机三相线对地短路故障。

①操作起动开关使电源模式至 OFF 状态。

②断开蓄电池负极电缆。

③断开驱动电机三相线束连接器 BV19。

④断开驱动电机控制器三相线束连接器 BV18。

⑤用万用表按表 2-9 进行测量。

⑥确认测量值是否符合标准。

表 2-9　驱动电机三相线对地短路电阻值

测量位置 A	测量位置 B	标准值
BV19-1	车身接地	
BV19-2	车身接地	标准电阻值：≥20 kΩ
BV19-3	车身接地	

7. 驱动电机控制器 DC/DC 故障诊断

驱动电机控制器 DC/DC 电路如图 2-27 所示。

（1）检测蓄电池电压。

①操作起动开关使电源模式至 OFF 状态。

②用万用表测量蓄电池电压，标准电压值：11~14 V。

③确认测量值是否符合标准。

项目二　新能源汽车系统故障诊断

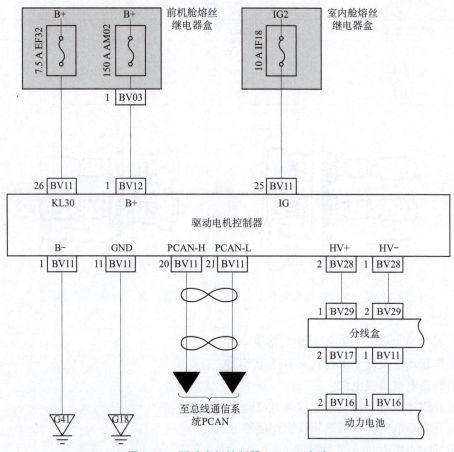

图 2-27 驱动电机控制器 DC/DC 电路

（2）检查驱动电机控制器熔丝 IF18、EF32 和蓄电池正极柱头熔丝是否熔断。

①操作起动开关使电源模式至 OFF 状态。

②拔下熔丝 EF32，检查熔丝是否熔断。熔丝额定容量：7.5 A。

③拔下熔丝 IF18，检查熔丝是否熔断。熔丝额定容量：10 A。

④拔下蓄电池正极柱头熔丝，检查熔丝是否熔断。熔丝额定容量：150 A。

（3）检测驱动电机控制器低压电源电压。

①操作起动开关使电源模式至 OFF 状态。

②断开驱动电机控制器线束连接器 BV11。

③操作起动开关使电源模式至 ON 状态。

④用万用表测量驱动电机控制器线束连接器 BV11 端子 25 和车身接地之间的电压，标准电压值：11~14 V。

⑤用万用表测量驱动电机控制器线束连接器 BV11 端子 26 和车身接地之间的电压，标准电压值：11~14 V。

⑥确认测量值是否符合标准。

（4）检测驱动电机控制器接地电阻。

①操作起动开关使电源模式至 OFF 状态。

②断开驱动电机控制器线束连接器 BV11。

③用万用表测量驱动电机控制器线束连接器 BV11 端子 1、端子 11 和车身接地之间的电阻值，标准电阻值：<1 Ω。

④确认测量值是否符合标准。

（5）检测分线盒线束。

①操作起动开关使电源模式至 OFF 状态。

②断开蓄电池负极电缆。

③断开驱动电机控制器高压线束连接器 BV28，如图 2-28 所示。

④断开直流母线线束连接器 BV29（分线盒侧），如图 2-29 所示。

⑤用万用表测量驱动电机控制器高压线束连接器 BV28 端子 1 和直流母线线束连接器 BV29 端子 1 之间的电阻值，标准电阻值：<1 Ω。

⑥用万用表测量驱动电机控制器高压线束连接器 BV28 端子 2 和直流母线线束连接器 BV29 端子 2 之间的电阻值，标准电阻值：<1 Ω。

⑦确认测量值是否符合标准。

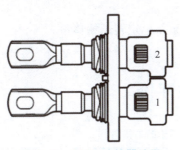

图 2-28　BV28 连接器端子

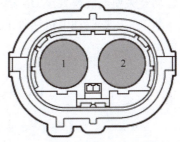

图 2-29　BV29 连接器端子

（6）检测 DC/DC 与蓄电池之间的线路。

①操作起动开关使电源模式至 OFF 状态。

②断开蓄电池负极电缆。

③断开驱动电机控制器线束连接器 BV12。

④断开蓄电池正极电缆。

⑤用万用表测量驱动电机控制器线束连接器 BV12 端子 1 和蓄电池正极电缆之间的电阻值，标准电阻值：<1 Ω。

⑥确认测量值是否符合标准。

（7）更换驱动电机控制器。

①操作起动开关使电源模式至 OFF 状态。

②断开蓄电池负极电缆。

③更换驱动电机控制器。

④确认故障排除。

8. 驱动电机转子偏移角故障诊断

1）常见故障

驱动电机转子偏移角故障包括初始位置标定处于加速阶段，加速至阈值频率的时间超过时间阈值；初始位置标定处于 Fw 阶段，标定停留时间超过时间阈值；offset 角不合理故障；offset 角状态无效故障。

2）诊断策略

（1）使用诊断仪读取故障码。

①操作起动开关使电源模式至 ON 状态。

②连接诊断仪读取故障码。

③检查车辆是否有其他故障码。

（2）使用诊断仪读取偏移角。

①操作起动开关使电源模式至 ON 状态。

②连接诊断仪读取驱动电机当前转子偏移角，标准值：41°±2°。

③检查偏移角是否在标准范围内。

（3）使用诊断仪标定偏移角。

①操作起动开关使电源模式至 ON 状态。

②连接诊断仪，根据驱动电机铭牌上的标准值重新标定转子偏移角。

③确认标定完成。

任务实施与评价

工单 1　驱动电机系统故障诊断与排除

学生姓名		班级		学号	
实训场地		日期		车型	
实训任务	汽车维修工小王，接待一辆吉利 EV450 汽车，整车驾驶无力，汽车最高车速只能到达 40 km/h，顾客很疑惑，于是将车送到店面进行维修。现在主管安排你对该车进行故障诊断，你能完成这个任务吗				
实训设备	实训项目	实训器材	说明	数量	
	高压驱动系统旋变传感器的检查及更换	车辆	吉利 EV450 汽车	1	
		故障诊断仪器	吉利专用诊断仪	1	
		绝缘工具	世达（含常用普通工具）	1	
		数字兆欧表	通用	2	
		数字万用表	通用	2	
		绝缘垫	通用	1	
		绝缘手套（双）	通用	2	
		护目镜	通用	2	
		安全帽	通用	2	
		危险警示牌	通用	1	

任务要求	能够对新能源汽车高压驱动系统旋变传感器进行检查及更换
相关信息	请阅读教材中该任务的"知识链接",完成以下内容。 （1）驱动电机控制器的组成及作用是什么？ _____ _____ _____ （2）驱动电机的结构及作用是什么？ _____ _____ _____ （3）如何进行吉利 EV450 汽车的驱动电机故障检查？ _____ _____ _____ _____
计划与决策	请根据任务要求,确定所需要的场地和物品,并对小组成员进行合理分工,制订详细的工作计划。 **一、人员分工** 小组编号：_____，组长：_____。 小组成员：_____ 我的任务：_____ **二、准备场地及物品** 检查并记录完成任务需要的场地、设备及工具。 1. 场地 检查工作场地是否清洁及存在安全隐患,如不正常,请汇报老师并及时处理。 记录：_____ 2. 车辆、充电桩、总成、工件 车辆：_____ 充电桩：_____ 总成：_____ 工件：_____ 3. 设备及工具 防护装备：_____ 设备及工具：_____ 4. 安全要求及注意事项 （1）实训汽车停在实训工位上,没有经过老师批准不准起动。经老师批准起动,首先应检查车轮的安全顶块是否放好,驻车制动是否拉好,排挡杆是否放在 P 挡（A/T）,车前有没有人。 （2）禁止触碰任何带安全警告标志的部件。 （3）实训期间禁止嬉戏打闹。 **三、制定工作方案** 根据任务,小组进行讨论,确定工作方案（流程/工序）,并记录。 _____ _____ _____ _____

项目二 新能源汽车系统故障诊断

续表

实施与检查	根据制订的计划实施，完成以下任务并记录。 本操作任务完成新能源汽车高压驱动系统驱动电机故障检测，包括以下内容： 旋变传感器的检查及更换。 操作记录：＿＿＿＿＿＿＿＿＿＿＿＿＿＿＿＿＿＿＿＿＿＿＿＿＿＿＿＿＿＿＿＿ ＿＿ ＿＿

根据任务完成情况，学生自我评分，老师或指定组长过程巡视/验收检查时，发现问题直接扣分。

评估	评估项目（分值）	自我评估	小组评估	老师评估
	相关信息（5）			
	计划与决策（5）			
	实施与检查（10）			
	合计（20）			
	总评			

⊛ 任务 2　新能源汽车空调系统故障诊断

任务目标

知识目标

1. 熟知新能源汽车故障诊断策略。

2. 熟知新能源汽车空调系统的工作原理。

能力目标

1. 会使用新能源汽车故障诊断设备。

2. 能进行新能源汽车空调系统故障诊断并排除故障。

素养目标

1. 具备产品质量控制意识。

2. 具有岗位意识、爱岗敬业精神。

3. 具有安全规范意识。

4. 培养学生认真严谨的学习作风，增强团队协作能力及创新意识。

任务描述

客户送修吉利几何 A 纯电动汽车到新能源汽车专修店维修，客户送修时反映汽车空调系统制冷不正常，维修技师需要检查哪些项目？

一、新能源汽车空调送风系统

（一）新能源汽车的暖风与空调系统和燃油汽车的暖风与空调系统有所不同

1. 空调压缩机驱动方式不同

新能源汽车空调制冷系统的制冷原理与传统燃油汽车基本相同，区别是压缩机驱动方式发生了变化。新能源汽车空调压缩机采用电驱动的方式，而燃油汽车绝大多数采用发动机传动带（皮带）驱动。图 2-30 所示为燃油汽车与新能源汽车的空调压缩机。

压缩机

电动
压缩机

（a）　　　　　　　　　　　　（b）

图 2-30　燃油汽车与新能源汽车的空调压缩机

（a）燃油汽车传动带驱动空调压缩机；（b）新能源汽车电动压缩机

2. 暖风实现形式不同

新能源汽车通常是利用电加热的方式来产生暖风。电加热的方式有两种：一种是通过加热冷却液，再经过循环为暖风散热器提供热量；另一种是直接加热经过蒸发器的空气实现暖风。图 2-31 所示为用于暖风加热的 PTC 加热器（热交换器）。

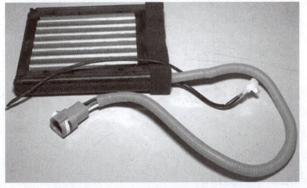

图 2-31　用于暖风加热的 PTC 加热器

3. 新能源汽车送风系统的组成

新能源汽车送风系统与燃油汽车基本相似，空气通过蒸发器和热交换器形成冷风或暖风和风速，根据驾驶员的需要输送到指定出风口。

新能源汽车送风系统的组成包括鼓风机、风道、风门和出风口等，如图 2-32 所示。

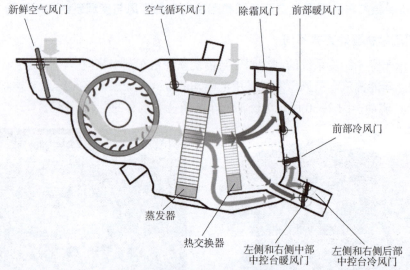

图 2-32　新能源汽车送风系统组成

4. 暖风与空调系统通风方式

为了健康和舒适，车内空气要符合一定的卫生标准。这就需要将一定量的新鲜空气送入车内，取代污浊的空气，称为通风。

汽车空调的通风方式一般有自然通风、强制通风两种，由车辆运动产生的气压将外部空气送入车内，称为自然气流通风。当车辆移动时，车辆外部气压分布如图 2-33 所示，在一些地方产生正压力，一些地方产生负压力，这样空气入口位于正压力处，排风口位于负压力处。

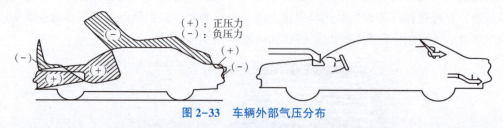

图 2-33　车辆外部气压分布

在强制通风系统中，使用鼓风机强制空气流过车子。进气口和排气口一般与自然通风的风口在相同位置。一般来说，这类通风系统与另一系统（如加热器或 A/C）一起使用，如图 2-34 所示。

新能源汽车空调送风系统的通风方式如图 2-35 所示。

5. 暖风与空调系统空气净化方式

车内的空气含有人们呼吸排出的二氧化碳、蒸发的汗液、吸烟以及从车外进入的灰尘、

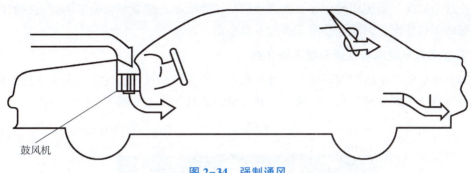

鼓风机

图 2-34　强制通风

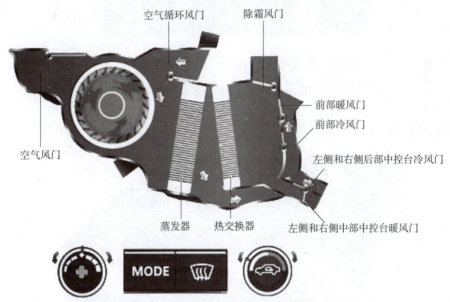

空气循环风门　　除霜风门

前部暖风门

前部冷风门

左侧和右侧后部中控台冷风门

空气风门

蒸发器　　热交换器

左侧和右侧中部中控台暖风门

MODE

图 2-35　新能源汽车空调送风系统的通风方式

花粉等污染物,这些污染物不利于驾驶员的身心健康,因此需要净化。车内空气净化器是一套能去除香烟烟雾、灰尘等,净化车内空气的装置。

　　车内空气净化器利用送风机电机吸入车内空气,并通过过滤器净化空气、吸收气味。另外,某些车型安装有烟雾传感器,它能检测香烟烟雾并自动地使送风机电机以"高速"运行。

　　空调滤清器一般安装在空调的进气口位置,如图 2-36 所示。一般有两种空调滤清器:一种只除去灰尘,另一种带有活性炭,有除臭功能。

　　当空调滤清器阻塞且经清洁无效时,会导致吸入空气困难,从而使空调效果变差。

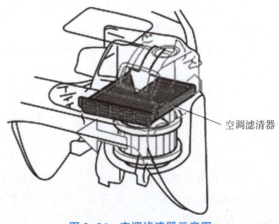

空调滤清器

图 2-36　空调滤清器示意图

为了防止这一情况，要定期检查和更换清洁的空调滤清器。检查或更换空调滤清器的时间取决于车型或运行情况，因此要参考车辆的维修手册。

6. 新能源汽车暖风与空调系统面板介绍

大多数纯电动汽车的空调暖风开关都集成在一个控制面板上，这样不仅节省仪表板的空间，而且有利于驾驶员进行自主切换。空调控制面板按钮功能如图 2-37 所示。

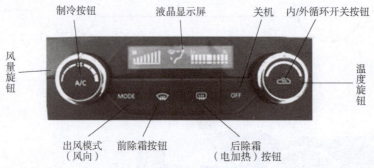

图 2-37　空调控制面板按钮功能

下面以荣威 E50 电动空调控制面板（图 2-38）为例，详细说明各开关按钮的功能。

图 2-38　荣威 E50 电动空调控制面板

1）液晶显示屏

液晶显示屏通常用于显示出风口的风向信息、鼓风机的风量大小信息、内外循环的开关信息、冷/热风交换翻板位置信息等。

（1）出风口的风向信息：指示车辆在当前驾驶模式下，车内送风风向，如面部、脚部等信息。

（2）鼓风机的风量大小信息：指示车辆当前空调系统送风风量的大小。

（3）内外循环的开关信息：指示车辆当前的空气循环路径。

（4）冷/热风交换翻板位置信息：指示车辆当前冷/热风翻板所处的位置。

2）空调开关（A/C）

荣威 E50 纯电动汽车不再采用空调机械按钮，而是采用触摸式按钮。按照液晶显示屏的提示信息，正确操作空调开关，可使空调系统正常运转。图 2-39 所示为荣威 E50 空调液晶显示屏起动按钮。

3）冷/热风交换翻板按钮（暖风开关）

正确操作冷/热风交换翻板按钮（图2-40），使翻板处在热风位置，为车内供暖。

起动按钮

图2-39　荣威E50空调液晶显示屏起动按钮

冷/热风交换翻板按钮

图2-40　荣威E50空调冷/热风交换翻板按钮

4）鼓风机风量调节按钮

正确调节鼓风机风量大小，根据驾驶员的意愿使送风量达到合适的状态。如图2-41所示，指示的"风扇"大小是鼓风机风量调节按钮。

正确调节空调出风口位置按钮（图2-42），根据驾驶员的意愿使送风位置达到合适的状态。

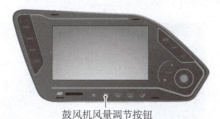

鼓风机风量调节按钮

图2-41　荣威E50空调风量调节按钮

图2-42　空调出风口位置按钮

5）内外循环开关按钮

正确操作内外循环开关按钮（图2-43），长时间使用内循环，车内空气不与外界交换，会导致车内空气不流通，使车内人员感觉不适，应及时打开外循环保持空气流通，营造一个良好的空气环境。

内外循环开关按钮

图2-43　空调内外循环开关按钮

（二）实践技能

1. 工作准备

（1）防护装备：常规实训着装。

（2）车辆、台架、总成：荣威E50或比亚迪e6等纯电动汽车。

（3）专用工具、设备：无。

2. 实施步骤

本实训以荣威 E50 为例介绍新能源汽车空调控制面板操作，其他车型请参照使用手册。新能源汽车空调系统操作界面，如图 2-44 所示。

（1）单击液晶显示屏起动按钮，如图 2-45 所示。

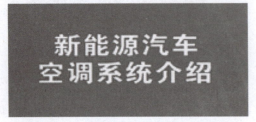 

图 2-44　新能源汽车空调系统操作界面　　　　图 2-45　单击液晶显示屏起动按钮

（2）单击 SRC 按钮，单击通风按钮进入空调系统操作界面，如图 2-46 所示。

（3）单击 A/C 开关，打开空调压缩机进入冷风模式，如图 2-47 所示。

图 2-46　单击通风按钮进入空调系统操作界面　　　　图 2-47　进入冷风模式

（4）打开冷/热风交换翻板按钮，使翻板处在热风位置，为车内供暖，可升高温度，如图 2-48 所示。

（5）调节鼓风机风量大小，根据驾驶员的意愿使送风量达到合适的状态，可增加、减小风量，如图 2-49 所示。

图 2-48　打开冷/热风交换翻板按钮　　　　图 2-49　调节鼓风机风量大小

（6）调节出风口位置按钮，根据驾驶员意愿使送风位置达到合适的状态。打开吹面、吹脚风道，如图 2-50 所示。

（7）切换内外循环模式，如图 2-51 所示。

图 2-50   调节出风口位置按钮

图 2-51   切换内外循环模式

（8）关闭空调系统，如图 2-52 所示。

（9）单击液晶显示屏开关，关闭液晶显示屏，如图 2-53 所示。

图 2-52   关闭空调系统

图 2-53   关闭液晶显示屏

二、新能源汽车暖风系统

（一）新能源汽车暖风系统的功能

汽车暖风系统将冷空气送入热交换器，吸收某种热源的热量，提高空气的温度，并将热空气送入车内。汽车暖风系统的作用如下：

（1）与蒸发器一起共同将空气调节到使人感到舒适的温度。

（2）在寒冷的冬季向车内供暖，提高车内空气的温度。

（3）当车窗结霜，影响驾驶员和乘客的视线，不利于行车安全时，可通过采暖装置吹出的热风除霜。

（二）新能源汽车暖风系统的组成

新能源汽车暖风系统由风机调速电阻、电子开关模块、风机、轮式换风器、PTC 加热器、温度传感器、出风风道、出风口等元件构成，电子开关模块包括场效应管（MOSFET）、光电耦合器等部件。PTC 加热器作为加热元件，通过动力蓄电池为其供电，由电子开关模块控制其通电发热，风机和轮式换风器实现暖风的输送及风向的改变。暖风热源采用 PTC 电阻加热器，安全可靠，能自行调节驾驶室内温度，如图 2-54 所示。

（三）新能源汽车暖风系统的加热方式

新能源汽车暖风系统与传统燃油汽车主要区别在于加热方式不同，以下介绍新能源汽车暖风的加热方式。

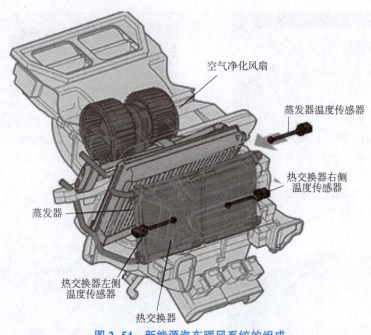

图 2-54　新能源汽车暖风系统的组成

1. PTC 加热器的加热方式

纯电动汽车没有传统燃油汽车的发动机，没有了热源，因此需要靠 PTC 加热器的热能来采暖。

PTC（Positive Temperature Coefficient）是正温度系数的英文缩写。

PTC 加热器利用 PTC 材料的热敏特性，制成热敏开关类产品。利用发热类 PTC 性能稳定、升温迅速、受电源电压波动影响小等特性制成的各种加热器产品，已成为金属电阻丝类发热材料最理想的替代产品。目前，已经大量应用于电动汽车暖风系统、电动汽车除霜机等。

PTC 加热器（图 2-55、图 2-56）采用 PTCR 热敏陶瓷元件，由若干单片组合后与波纹散热铝条经高温胶黏结而成，具有热阻小、换热效率高等显著优点。它的最大特点在于安全性，即遇风机故障堵转时，PTC 加热器因得不到充分散热，功率会自动急剧下降，此时加热器的表面温度维持限定温度（一般为 240 ℃ 左右），不致产生电热管类加热器表面的"发红"现象，从而排除了发生事故的隐患。

PTC 加热芯：由热敏元件与铝管组成，它利用鼓风机鼓动空气流经 PTC 电热元件强迫对流，以此为主要热交换方式，吹出暖风。

图 2-55　PTC 加热器

图 2-56　PTC 加热器外形

2. PTC 加热器的结构与参数（图 2-57）

（1）加热器：由 2 组电热阻丝并联组成，单独控制。

（2）温度传感器：检测加热器本体的温度，控制加热器导通和切断。

（3）熔断器：防止加热器失控发生火灾。

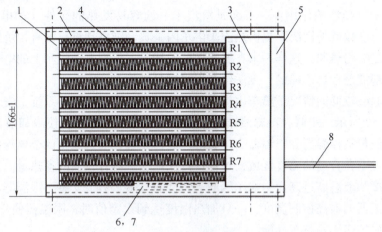

图 2-57　PTC 加热器的结构与参数

1—左基座；2—上基座；3—右基座；4—PTC 加热器；5, 7—盖板；6—熔断器底座；8—导线

3. PTC 加热器的控制原理

PTC 加热器的控制原理如图 2-58 所示（以北汽 EV 系列电动汽车为例）。

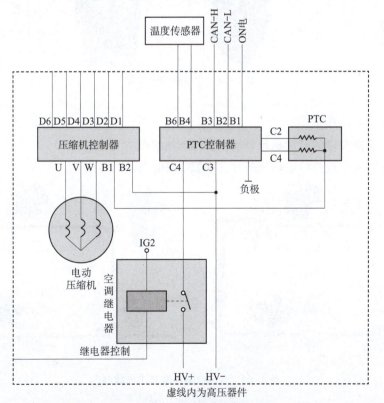

图 2-58　PTC 加热器的控制原理

起动开关打开后，空调继电器为压缩机控制器、PTC 控制器和 PTC 提供电源。PTC 控制器根据来自空调面板的暖风请求信号（CAN-H 和 CAN-L）以及温度传感器信号，控制 PTC 加热器工作。

4. 加热丝加热冷却液的方式

新能源汽车冷却液的作用：一方面是给汽车上的容易发热的元件（如电机等）散热，另一方面是在温度较低的情况下提供热能来供车内采暖。纯电动汽车没有传统燃油汽车的发动机，没有了足够的热源，这样一来在温度较低的情况下仅靠电动汽车上的电气元件工作的热量来加热冷却液是远远不够的，无法给车内提供足够的温度。

为保证在温度较低的情况下给车内提供足够的温度，冷却液循环系统上安装了一个加热装置，如图 2-59 所示，串联在冷却液循环系统中，来加热冷却液，使冷却液达到合适的温度。加热器一般包括控温器和限温器。控温器一般都设置在插入水中的金属管内，其最高控制温度一般都设定在合适的温度区域，这样就可保证加热器有较大的蓄热量。为了避免控温器失灵时加热冷却液温度过高而影响车辆的工作性能，热水器上安装了限温器，其限温值设定在略高于控温器的最高控制温度，一旦加热温度达到设定值时，限温器便立即切断电源，避免了因加热失控而影响整车性能。

图 2-59　冷却液加热装置

5. 加热装置的工作状态

（1）冷却液温度较低时加热丝导通，如图 2-60（a）所示。

（2）冷却液温度较高时加热丝断开，如图 2-60（b）所示。

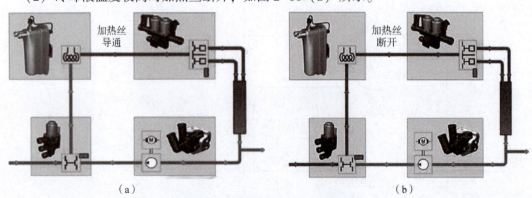

（a）　　　　　　　　　　　　　　（b）

图 2-60　冷却液加热装置工作状态

（a）加热丝导通；（b）加热丝断开

6. 暖风系统的热泵实现方式

暖风系统的另一种加热方式是热泵。如图 2-61 所示，空调系统的制冷/制热模式由四通换向阀转换，实线箭头表示制冷模式，虚线箭头表示制热模式。从原理上讲，该系统与普通的热泵空调并无区别，但是用于电动汽车上时，专门开发了双工作腔滑片压缩机、直流无刷电动机和逆变器控制系统。在热泵工况下，系统从融霜模式转为制热模式时，风道内换热器上的冷凝水将迅速蒸发。

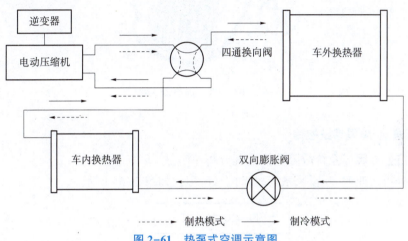

图 2-61　热泵式空调示意图

（四）新能源汽车暖风系统检修

以比亚迪 e6 纯电动汽车为例，介绍暖风系统检修方法，其他车型可以参考。

1. 比亚迪 e6 暖风系统的特点

比亚迪 e6 车型的空调系统采用机电一体化压缩机制冷及 PTC 制热模块采暖。与燃油车型的空调系统相比，主要的区别是电动压缩机及 PTC 制热。制热方面，燃油车型通过发动机冷却液温度的热量来制热，在发动机起动、暖机等冷却液温度较低的阶段制热效果不好。而比亚迪 e6 通过约 3 000 W 的 PTC 制热模块制热，制热效果好，同时可以调节制热量。

2. 比亚迪 e6 暖风系统原理

比亚迪 e6 暖风系统采用空调控制器驱动 PTC 加热器制热，通过鼓风机吹出的空气将 PTC 散发出的热量送到车内或风窗玻璃上，用以提高车内温度和除霜，如图 2-62 所示。PTC 加热器实物如图 2-63 所示。

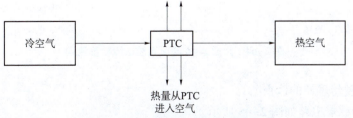

图 2-62　比亚迪 e6 暖风系统原理

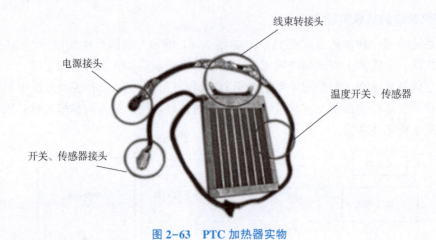

图 2-63　PTC 加热器实物

3. 比亚迪 e6 暖风系统检修

1）比亚迪 e6 暖风系统故障检修流程分析

阅读并分析比亚迪 e6 暖风系统故障检修流程，如图 2-64 所示。

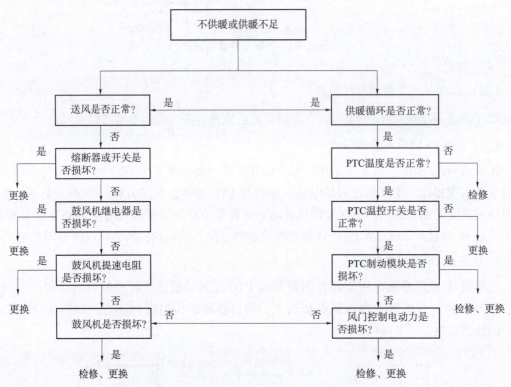

图 2-64　比亚迪 e6 暖风系统故障检修流程

2）PTC 温度传感器的检查

PTC 温度传感器电路如图 2-65 所示。

利用万用表检测 PTC 温度传感器端子的线束，其端子电阻如表 2-10 所示。

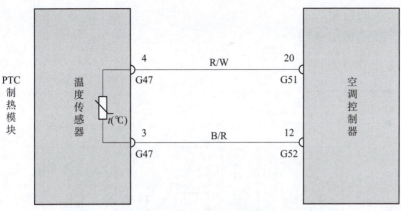

图 2-65　PTC 温度传感器电路

表 2-10　PTC 温度传感器端子电阻

端子	正常值	端子	正常值
G47-4—G51-20	<10 Ω	G47-4—车身搭铁	>10 kΩ
G47-3—G52-12	<1 Ω	G47-3—车身搭铁	>10 kΩ

3）PTC 制热模块的检查

PTC 制热模块电路如图 2-66 所示。

利用万用表检测 PTC 制热模块的电源、搭铁以及与各控制器之间的线路是否导通。

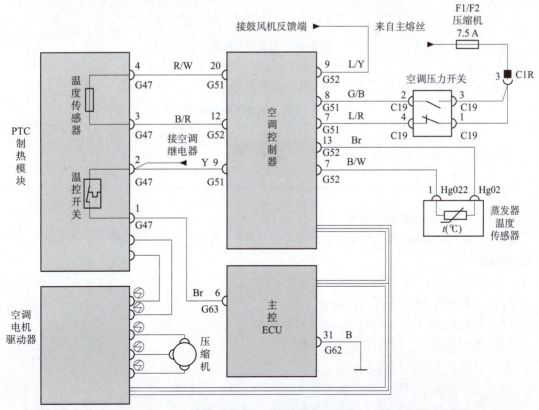

图 2-66　PTC 制热模块电路

4）温控开关的检查

温控开关电路如图 2-67 所示。

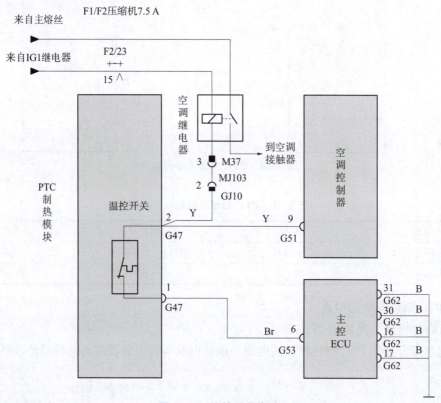

图 2-67　温控开关电路

利用万用表检测温控开关端子的线束，其电阻值如表 2-11 所示。

表 2-11　温控开关端子的电阻值

端子	条件	正常值
G47-4—G47-2	<80 ℃	<1 Ω
G47-1—G472-2	>85 ℃	>10 kΩ

5）PTC 加热芯的拆装及更换

以下是更换比亚迪 e6 PTC 加热芯的步骤，但并不是针对所有的车型，具体参照相应车型的维修资料。

（1）断掉电源，取下维修开关。

警告：参照高压中止程序执行！

（2）拆卸仪表板相关部件，以便接近加热芯。

（3）拆下加热芯，并且固定支架卡箍。

（4）从外壳上取出加热芯。

（5）按照维修手册的正确方法更换 PTC 加热芯，然后装复。

（6）恢复维修开关到通电位置，连接电源，起动车辆测试。

4. 实践技能

1）工作准备

（1）防护装备：绝缘防护装备。

（2）车辆、台架、总成：北汽新能源纯电动汽车、比亚迪 e6 或同类纯电动汽车。

（3）专用工具、设备：万用表。

（4）手工工具：绝缘组合工具。

（5）辅助材料：无。

2）实施步骤

根据实训室的车辆配置，对纯电动汽车暖风系统进行检修。掌握本次实训课所使用仪器及设备的使用方法，并强调实训中的安全注意事项。

警告：

（1）禁止未参加该车型系统知识培训的维修人员拆装。拆装更换部件时，请注意型号及加热功率，以免发生危险。在拆装过程中请小心防护 PTC 加热芯，避免损伤部件，造成不必要的损失。

（2）在进行高压相关操作前，维修人员必须穿戴好防护用品，戴好绝缘手套，穿好高压绝缘鞋。在戴绝缘手套前，必须要检查绝缘手套是否有破损，确保手套无绝缘失效。

3）新能源汽车 PTC 加热芯拆卸

（1）关闭起动开关，拔下钥匙。

警告：

正常情况下，在起动开关关闭后，高压系统还存在高压电，这是因为驱动电机控制器中高压电容的存在造成的，需要等待一段时间，高压电容中的电才能被完全释放。

（2）打开前机舱，铺设翼子板护垫。

（3）断开低压蓄电池负极，用绝缘胶带包裹负极防止虚接。

（4）检查绝缘手套是否破损，戴上绝缘手套，断开 PTC 高压插头。

（5）将万用表旋至直流电压挡，通过测量 12 V 低压蓄电池电压的方式核实数字万用表。

（6）将万用表旋至直流电压挡，用万用表检测 PTC 高压线束端子之间电压和端子对地之间电压。

（7）分别拆下主驾驶、副驾驶的副仪表板子母扣，取下副仪表板前挡板总成，如图 2-68 所示。

（8）断开加速踏板上方的 PTC 总成高压线束，如图 2-69 所示。

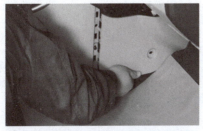
图 2-68　取下副仪表板前挡板总成

图 2-69　断开加速踏板上方的 PTC 总成高压线束

（9）断开安全气囊模块左侧的 PTC 负极搭铁，如图 2-70 所示。

（10）在 PTC 高压线束插口端固定牵引导线。

（11）拆下暖风蒸发器总成的 PTC 盖板固定螺钉，取下 PTC 盖板。

（12）从暖风蒸发器抽出 PTC 总成及 PTC 高压线束。

（13）断开 PTC 温度传感器插头，如图 2-71 所示。

图 2-70　断开安全气囊模块左侧的 PTC 负极搭铁　　图 2-71　断开 PTC 温度传感器插头

（14）断开高压线束牵引卡子，取出 PTC 总成及 PTC 高压线束，如图 2-72 所示。

2）新能源汽车 PTC 加热芯的检测

（1）将万用表旋至欧姆挡，校正万用表。

（2）将端子针延长线接入温控开关端子，如图 2-73 所示。

图 2-72　取出 PTC 总成及 PTC 高压线束　　　图 2-73　将端子针延长线接入温控开关端子

（3）测试温控开关端子间电阻，如图 2-74 所示。温控开关端子间电阻规格（图 2-75）：

提示：
当最低温度低于 80 ℃时，电阻值应小于 1 Ω。
当最高温度高于 85 ℃时，电阻值应大于 10 kΩ。

图 2-74　测试温控开关端子间电阻　　　　图 2-75　温控开关端子间电阻规格

（4）拔出端子针延长线。

（5）测量 PTC 加热芯端子之间的电阻（图 2-76），规格如下：

①将表笔连接蓝色和白色端子，应为 1 000～1 100 Ω。

②将表笔连接红色和白色端子，应为 330～370 Ω。

③将表笔连接红色和蓝色端子，应为 600～700 Ω。

（6）关闭万用表。

3）新能源汽车 PTC 加热芯的安装

新能源汽车 PTC 加热芯的安装步骤如下：

（1）将 PTC 高压线束插头固定在牵引线上，如图 2-77 所示。

图 2-76　PTC 加热芯端子之间的电阻

图 2-77　将 PTC 高压线束插头固定在牵引线上

（2）将 PTC 总成插入暖风蒸发器内，如图 2-78 所示。

（3）缓慢拖动前机舱侧导线，将 PTC 高压线束插头从副驾驶室拖到主驾驶室，如图 2-79 所示。

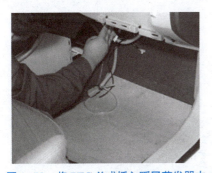

图 2-78　将 PTC 总成插入暖风蒸发器内

图 2-79　将 PTC 高压线束插头从副驾驶室拖到主驾驶室

（4）松开 PTC 高压线束的牵引线。

（5）安装 PTC 负极搭铁线。

（6）将 PTC 盖板固定到暖风蒸发器上，如图 2-80 所示。

（7）安装 PTC 温度传感器插头。

（8）安装副驾驶仪表板前挡板总成，并扣上子母扣。

（9）安装 PTC 插头。

（10）安装主驾驶仪表板前挡板总成，并扣上子母扣。

（11）安装 PTC 高压线束插头。

图 2-80　将 PTC 盖板固定到暖风蒸发器上

（12）安装蓄电池负极线。

（13）打开起动开关，开启暖风测试温度。

（14）用手感受出风口温度。

（15）关闭暖风系统。

（16）关闭起动开关，收起翼子板护垫。

（17）关闭前机舱盖。

三、新能源汽车空调制冷系统检修

（一）新能源汽车空调制冷系统

1. 新能源汽车空调制冷系统的组成

新能源汽车空调制冷系统的组成如图 2-81 所示。

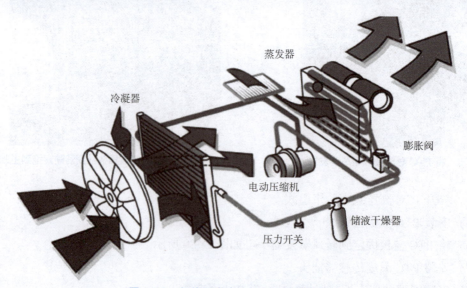

图 2-81　新能源汽车空调制冷系统的组成

下面以比亚迪 e6 为例，介绍空调制冷系统的组成。

比亚迪电动空调制冷系统的组成与传统燃油车型相似，主要由空调系统总成 HVAC（空调箱体)、空调管路、电动压缩机、冷凝器、空调控制面板及相关传感器、空调驱动器等组成。其中空调驱动器与 DC/DC 转换器布置于同一壳体中,位于前舱左侧。PTC 取代了暖风芯体,不在 HVAC 总成中。比亚迪 e6 空调制冷系统及送风系统的组成如图 2-82 所示。

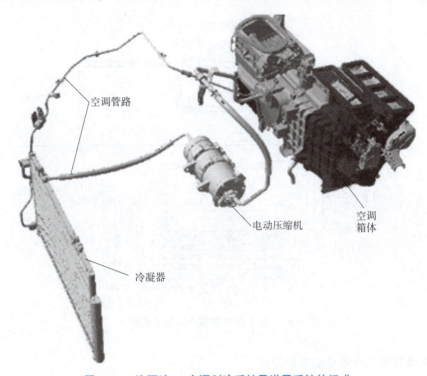

图 2-82　比亚迪 e6 空调制冷系统及送风系统的组成

2. 新能源汽车空调制冷系统的工作参数

新能源汽车空调制冷系统的主要工作参数如下:低压一般为 0.25~0.3 MPa,高压一般为 1.3~1.5 MPa。平衡压力一般为 0.6 MPa 左右,因受环境温度及加注量影响,不可作为主要依据,仅为参考数值,如图 2-83 所示。

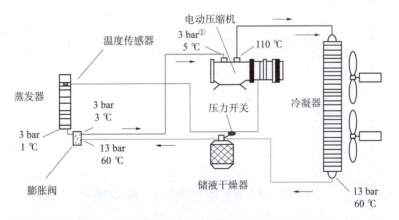

图 2-83　新能源汽车空调制冷系统的工作参数

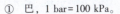

① 巴,1 bar=100 kPa。

3. 新能源汽车制冷剂的工作特性

新能源汽车制冷剂的工作特性与传统燃油汽车相同：高压液态散热，低压气态吸热，如图2-84所示。

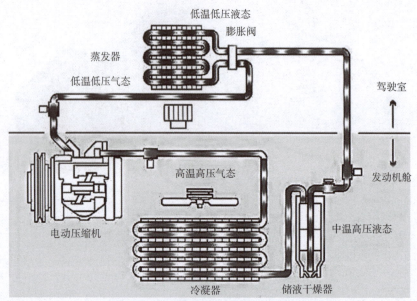

图2-84　新能源汽车制冷剂的工作特性

4. 新能源汽车制冷系统的控制原理

新能源汽车制冷系统的控制原理如图2-85所示（以北汽EV系列电动汽车为例）。

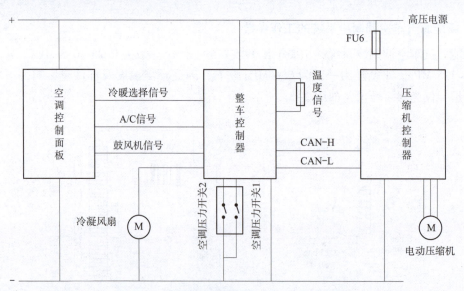

图2-85　北汽新能源汽车制冷系统的控制原理

空调控制面板根据驾驶员的操作需求，发送A/C信号、冷暖选择信号、鼓风机信号到整车控制器，整车控制器同时接收空调压力开关、温度信号，通过CAN传输系统指令压缩机控制器驱动电动压缩机工作，同时整车控制器也控制冷凝风扇运转。

比亚迪 e6 电动空调系统控制框图如图 2-86 所示。

空调控制器接收空调面板开关、各种相关传感器、制冷剂压力开关信号，直接控制鼓风机及各风门电机动作，同时通过 CAN 信号，指令空调驱动器驱动电动压缩机和 PTC 加热器，指令主控 ECU 控制风扇动作。

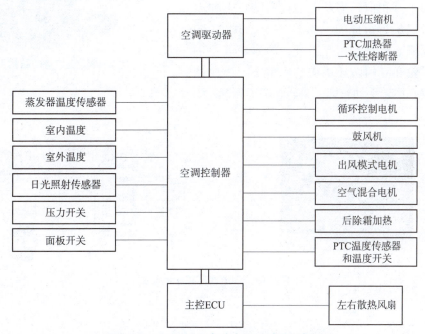

图 2-86　比亚迪 e6 电动空调系统控制框图

5. 新能源汽车空调系统检修

下面以比亚迪 e6 为例，介绍空调系统的组成部件与检修方法，其他车型可以参考。

比亚迪 e6 车型的空调系统采用机电一体化压缩机制冷及 PTC 制热模块采暖。与传统燃油汽车的空调系统相比，主要的区别是电动压缩机及 PTC 制热。传统燃油汽车上，制冷压缩机靠皮带轮，通过发动机曲轴带动转动。其转速只能被动地通过发动机转速来调节，空调系统无法主动对压缩机转速进行调节。而比亚迪 e6 空调系统的压缩机为电动压缩机，其驱动靠高压电驱动，转速可以由控制系统主动调节，调节范围在 0~4 000 r/min。这样保证了良好的制冷效果，同时也节省了电能。下面主要介绍新能源汽车的电动压缩机。

1）比亚迪 e6 电动压缩机的作用

电动压缩机是汽车空调制冷装置的心脏，其作用是将低压低温的气态制冷剂压缩成高压高温的气态制冷剂，并推动制冷剂在系统中循环流动。比亚迪 e6 电动压缩机如图 2-87 所示。

2）比亚迪 e6 电动压缩机的结构

比亚迪 e6 采用的电动涡流式压缩机属于第 3 代压缩机。电动压缩机采用螺旋式的压缩盘，其结构

图 2-87　比亚迪 e6 电动压缩机

如图 2-88 所示。

涡流式压缩机根据结构不同，主要分为动静式压缩机和双公转式压缩机两种。目前动静式压缩机应用最为普遍，它的工作部件主要包括动涡轮（旋转涡管）与静涡轮（固定涡管）。动、静涡轮的结构十分相似，都是由端板和端板上伸出的渐开线形涡旋齿组成的，如图 2-89、图 2-90 所示。两者偏心配置且相互错开，静涡轮静止不动，而动涡轮在专门防转机构的约束下，由曲柄轴带动做偏心回转平动，即无自转，只有公转。

图 2-88　压缩盘的结构

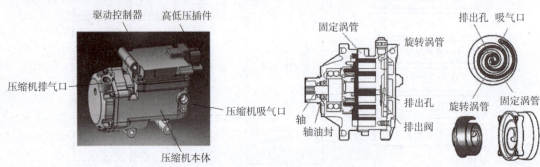

图 2-89　涡流式压缩机的结构

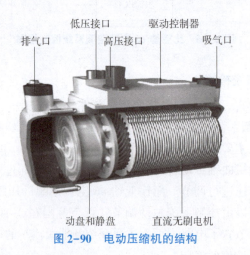

图 2-90　电动压缩机的结构

3）比亚迪 e6 电动压缩机的工作过程

比亚迪 e6 电动压缩机的工作过程如图 2-91 所示。

涡流式压缩机的工作过程和工作原理分别如图 2-92、图 2-93 所示，吸气口设在固定涡旋轮外侧，由于曲柄的转动，气体由边缘吸入，并被封闭在月牙形容积内，随着接触线沿涡旋面向中心推进，月牙形容积逐渐缩小而压缩气体。高压气体则通过固定涡旋盘上的轴向中心孔排出。图 2-92（a）所示为正好吸完气的位置，图 2-92（b）所示为涡旋外围为吸气过程，中间为压缩过程，中心处为排气过程。图 2-92（c）、图 2-92（d）所示为连续而同时

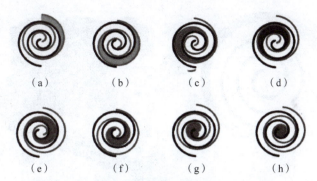

图 2-91 比亚迪 e6 电动压缩的工作过程

（a）吸气；（b）吸气终止；（c）压缩；（d）、（e）再压缩；（f）压缩终了；（g）、（h）排气

进行着吸气和压缩过程。在曲轴的每一转中，都形成一个新的吸气容积，所以上述过程不断重复，按顺序完成。

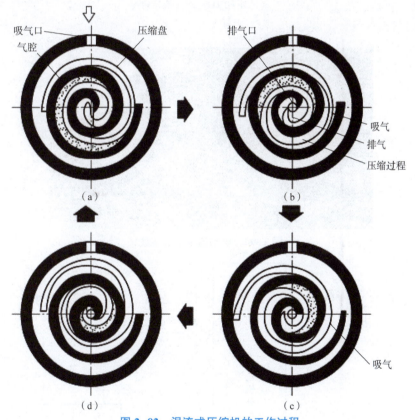

图 2-92 涡流式压缩机的工作过程

4）比亚迪 e6 电动压缩机的电路

电动压缩机的接线如图 2-94 所示，其电路如图 2-95 所示。

5）比亚迪 e6 电动压缩机的工作参数

比亚迪 e6 电动压缩机的工作参数如下：

工作电压：320 V；制冷剂型号和加注量：R134a，550 g；电动压缩机油型号和加注量：POE68，120 mL。

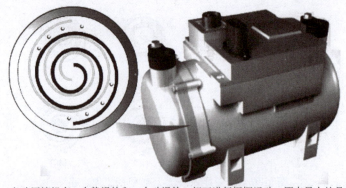

电动压缩机有一个静涡轮和一个动涡轮,相互进行振摆运动,原来最大的月牙形容积被压缩成小容积,形成高压,再从涡旋中心的排气口排出。

进气　　　　　　　　　　压缩　　　　　　　　　排气

图 2-93　涡流式压缩机的工作原理

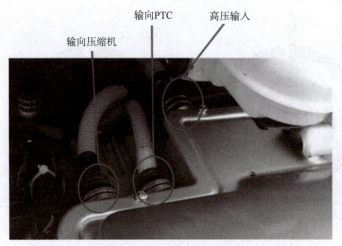

图 2-94　电动压缩机的接线

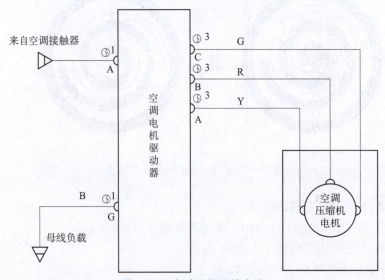

图 2-95　电动压缩机的电路

6）比亚迪 e6 电动压缩机故障诊断

电动压缩机的故障一般采用检查系统压力进行诊断。

（1）压力测量。

满足下列条件后读取歧管压力表压力。

测试条件：

①起动车辆。

②鼓风机转速控制开关置于最大（"HI"）位置。

③温度调节旋钮置于制冷（"COOL"）位置。

④空调开关打开。

⑤车门全开。

⑥起动开关置于可使电动压缩机运转的位置。

系统正常压力读数如表 2-12 所示。

表 2-12　系统正常压力读数

压力	读数
低压压力	0.15~0.25 MPa
高压压力	1.37~1.57 MPa

系统仪表压力指示如图 2-96、图 2-97 所示。

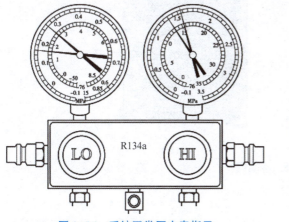

图 2-96　系统正常压力表指示

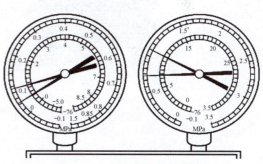

图 2-97　系统故障压力表指示

导致汽车空调制冷不足的故障原因很多，在诊断时应熟练掌握制冷系统的工作原理，利用系统的高、低压压力，并配合各部位的温度变化，根据不同元件故障的特征不同，进行确认与排除。

系统压力故障时压力表读数如表 2-13 所示。

表 2-13　系统压力故障时压力表读数

压力	读数	可能原因	诊断	纠正措施
低压压力	高	电动压缩机内部泄漏	压缩能力过低，阀门损坏引起泄漏或零件可能断裂	更换电动压缩机
高压压力	低			

（2）比亚迪 e6 空调电动压缩机不转的原因。

空调制冷请求信号发送的条件有：

①A/C 按键有效。

②空调系统压力非高压、非低压。

③电动压缩机起停时间间隔大于或等于 10 s。

④蒸发器温度大于或等于 4 ℃。

⑤鼓风机运转。

在满足空调制冷的条件下，如果电动压缩机不运转，则检查电动压缩机电路及本体。

6. 空调制冷系统其他组成部件

新能源汽车空调制冷系统其他部件与传统燃油汽车基本一致，以下简要介绍这些部件的作用及结构原理。

1）冷凝器

冷凝器如图 2-98 所示。冷凝器的作用是对电动压缩机排出的高温高压制冷剂蒸气进行冷却，使之凝结成高温高压液体。制冷剂蒸气放出的热量排到大气中。

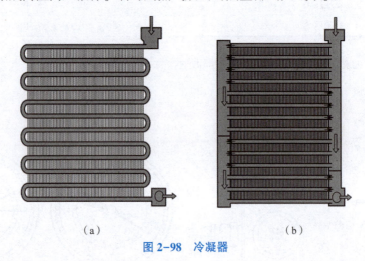

（a）　　　　　　　　　　　　　　　（b）

图 2-98　冷凝器

2）储液干燥器

储液干燥器如图 2-99 所示。储液干燥器的作用：一是储存制冷剂，接收从冷凝器来的液体并加以储存，根据蒸发器的需要提供所需的制冷剂量；二是将系统中经常出现的杂质和其他脏物，如锈蚀、污垢、金属微粒等过滤掉，这些杂质不仅会损伤电动压缩机轴承，而且还会堵塞过滤网和膨胀阀；三是吸收系统中的湿气，汽车空调系统中要求湿气越少越好，因为湿气会造成"冰塞"并腐蚀系统管道等，使制冷系统不能正常工作。

3）膨胀阀

膨胀阀如图 2-100 所示。膨胀阀的作用是节流降压，使从冷凝器过来的高温高压液体制冷剂节流降压成为容易蒸发的低温低压雾状制冷剂进入蒸发器，即分开了制冷剂的高压侧和低压侧。

自动调节制冷剂流量，根据制冷负荷的改变和电动压缩机转速的变化，自动调节制冷剂进入蒸发器的流量以满足制冷循环的需要。

图 2-99 储液干燥器

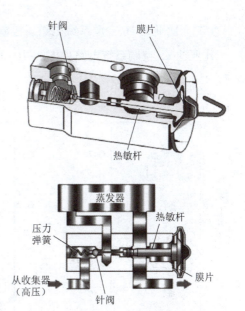

图 2-100 膨胀阀

4）蒸发器

蒸发器如图 2-101 所示。蒸发器作为汽车空调制冷系统中的另一个热交换器，其作用与冷凝器相反，它是将经过节流降压后的液态制冷剂在蒸发器内沸腾汽化，吸收蒸发器表面周围空气的热量而使之降温，鼓风机将冷风吹到车内达到降温的目的。

5）压力开关

压力开关如图 2-102 所示。压力开关的作用是检测制冷系统内部压力，保护制冷系统。

新能源汽车空调系统采用三位开关，即低压、中压、高压。压力低于 0.18 MPa，低压开关断开。压力高于 3.14 MPa，高压开关断开，电动压缩机停止工作。压力高于 1.5 MPa，中压开关闭合，冷凝风扇高速旋转。

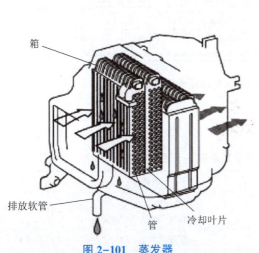

图 2-101 蒸发器

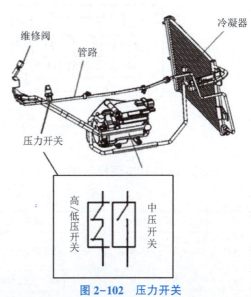

图 2-102 压力开关

（二）比亚迪 e6 空调系统电路、控制器端子及检修数据

比亚迪 e6 空调系统电路如图 2-103 所示。

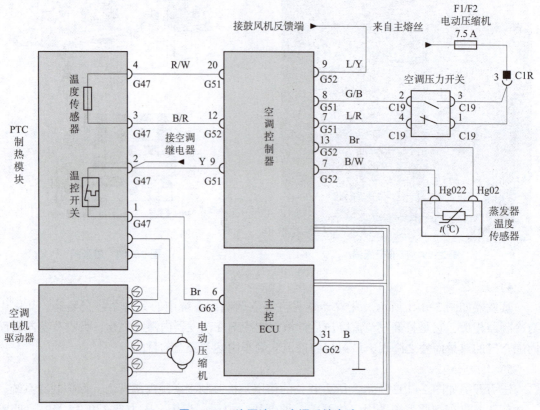

图 2-103　比亚迪 e6 空调系统电路

比亚迪 e6 电动空调控制器端子示意图如图 2-104 所示。

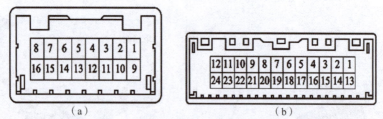

（a）　　　　　　　　　　　（b）

图 2-104　比亚迪 e6 电动空调控制器端子示意图
（a）G52；（b）G51

比亚迪 e6 电动空调控制器端子定义如表 2-14 所示。

表 2-14　比亚迪 e6 电动空调控制器端子定义

端子	线色	端子描述	条件	正常值
G51-7—车身地	R	高/低压开关信号输入端	0.196 MPa≤ 冷媒压力≤3.14 MPa	11~14 V
G51-8—车身地	R	中压开关信号输入端	冷媒压力≥1.47 MPa	11~14 V
G51-24—车身地	B/Y-B	ON 挡电源输入端	电源挡位置于 ON 挡	11~14 V

端子	线色	端子描述	条件	正常值
G51-23—车身地	B/Y-B	ON 挡电源输入端	电源挡位置于 ON 挡	11~14 V
G51-17—车身地	B	搭铁	始终	<1 Ω
G51-18—车身地	B	搭铁	始终	<1 Ω
G51-22—车身地	B	搭铁	始终	<1 Ω
G51-13—车身地	Lg/R	循环电机内循环端	将内外循环模式调至内循环	电压信号
G51-14—车身地	G/W	循环电机外循环端	将内外循环模式调至外循环	
G52-9—车身地	L/Y	鼓风机反馈端	开空调	反馈信号
G51-4—车身地	L/B	鼓风机速度调整端	开空调	速度信号
G51-20—车身地	R/W	PTC 温度传感器接地	始终	<1 Ω
G52-12—车身地	B/R	PTC 温度传感器输入端	开空调（制热模式）	温度信号
G51-9—车身地	Y	空调继电器吸合信号	开空调	<1 Ω
G52-5—车身地	B/W	室内温度传感器接地	始终	<1 Ω
G52-15—G52-5	Sb-B/W	室内温度传感器输入端		
G51-19—车身地	B/W	日光照射传感器接地	始终	<1 Ω
G52-14—G51-19	O-B/W	日光照射传感器输入端	开空调	光照信号
G52-6—车身地	B	室外温度传感器接地	始终	<1 Ω
G52-16—G52-6	P-B	室外温度传感器输入端	开空调	温度信号
G52-7—车身地	B/W	蒸发器温度传感器接地	始终	<1 Ω
G52-13—G52-7	Br-B/W	蒸发器温度传感器输入端	开空调	温度信号
G51-2—G51-1	Y/G-W/L	出风模式风门控制电机电源输入端	开空调，调节出风模式	11~14 V
G51-11—车身地	R/L	出风模式风门位置反馈端	开空调，调节出风模式	风门位置信号
G51-1—6G51-15	G-P/L	用户侧空气混合电机电源输入端	开空调，调节出风温度	11~14 V
G52-10—车身地	P/B	冷暖风门位置反馈端	开空调，调节出风温度	风门位置信号
G52-8—车身地	R/Y	冷暖风门电机及模式电机高电位端	开空调	约 5 V

1. 比亚迪 e6 空调控制器 CAN 的检测

（1）拔下主控 ECU G63、G72 连接器。

（2）拔下空调控制器 G52 连接器。

（3）测量线束端连接器各端子间电阻，如表 2-15 所示。

表 2-15　空调控制器端子接线规格

端子	正常值
G52-2—G15-3	<1 Ω
G52-3—G15-1	<1 Ω
G52-2—G63-9	<1 Ω
G52-3—G63-1	<1 Ω
G52-2—G72-24	<1 Ω
G52-3—G72-12	<1 Ω

项目二　新能源汽车系统故障诊断

2. 比亚迪 e6 空调系统的故障现象对照

比亚迪 e6 空调系统的故障现象对照如表 2–16 所示。

表 2–16　比亚迪 e6 空调系统的故障现象对照

故障症状	可能发生故障部位
制冷系统工作不正常（实际温度与设定温度有偏差，风速挡位异常）	1. 各传感器
	2. 前调速模块
	3. AC 鼓风机
	4. 空调控制面板总成
	5. 线束和连接器
出风模式调节不正常	1. 前出风模式风门控制电机
	2. 空调控制器
	3. 线束和连接器
主驾侧冷暖调节不正常	1. 主驾侧空气混合控制电机
	2. 空调控制器
	3. 线束和连接器
乘员侧冷暖调节不正常	1. 乘员侧空气混合控制电机
	2. 空调控制器
	3. 线束和连接器
内外循环调节不正常	1. 循环控制电机
	2. 空调控制器
	3. 线束连接器
空调系统所有功能失效	1. 高压配电
	2. 空调电机驱动器
	3. 空调控制器电源电路
	4. 空调控制器
	5. CAN 传输系统
	6. 线束和连接器
仅制冷系统失效（鼓风机工作正常）	1. 电动压缩机
	2. 空调电机驱动器
	3. 压力开关
鼓风机不工作	1. 鼓风机电路
	2. 空调控制器
后除霜失效	1. 后除霜电路
	2. 主控 ECU
	3. 线束和连接器
仅暖风系统失效	1. PTC 制热模块
	2. 空调电机驱动器

(三) 新能源汽车空调系统检修——实践技能

1. 工作准备

（1）防护装备：绝缘防护装备。

（2）车辆、台架、总成：北汽 EV160、比亚迪 e6 或同类纯电动汽车。

（3）专用工具、设备：歧管压力表、电子检漏仪、真空泵、制冷剂回收加注机。

（4）手工工具：绝缘组合拆装工具、手电筒。

（5）辅助材料：干净抹布、压缩机油、制冷剂。

2. 实施步骤

根据实训室的车辆配置，对纯电动汽车空调系统进行检修。掌握本次实训课所使用仪器及设备的使用方法，并强调实训中的安全注意事项。

警告：

（1）禁止未参加该车型高压系统知识培训的维修人员安装高压系统，包括电力电子箱、高压配电单元、高压线束、电动压缩机、交流充电口及交流充电线束、快速充电口、电加热器、慢充充电机。

（2）在维修拆卸过程中，切勿随意更换原厂电动压缩机的零件及商标，以便保修时鉴定辨认。同时，为了汽车空调能有更好的效果和保证更长的使用寿命，必须使用原厂指定的制冷剂。

（3）在进行高压相关操作前，维修人员必须穿戴好防护用品，戴好绝缘手套，穿好高压绝缘鞋。在戴绝缘手套前，必须检查绝缘手套是否有破损的地方，确保手套无绝缘失效。

3. 北汽 EV160 电动压缩机的拆卸

北汽 EV160 电动压缩机的拆卸步骤如下：

（1）铺设三件套。

（2）关闭起动开关，拔出钥匙。

警告：

正常情况下，在起动开关关闭后，高压系统还存在高压电，这是因为驱动电机控制器中高压电容的存在造成的，需要经过一段时间，高压电容中的电才能被完全释放。

（3）打开前机舱盖，铺设翼子板护垫。

（4）断开低压蓄电池负极线，用绝缘胶带包裹，防止虚接发生危险。

（5）检查绝缘手套是否有破损。

（6）断开 PDU 端压缩机高压线束插头，如图 2-105 所示。

（7）通过测量低压蓄电池电压的方式核实数字万用表，如图 2-106 所示。

（8）测试电动压缩机高压线束端子搭铁电压。

（9）佩戴护目镜，防止制冷剂、冷冻油喷溅到眼中，如图 2-107 所示。

（10）拧开空调高压管加注口保护盖。

（11）拧开空调低压管加注口保护盖。

（12）安装制冷剂回收加注机的高压管，并拧开阀门，如图 2-108 所示。

图 2-105　断开 PDU 端压缩机高压线束插头

图 2-106　核实数字万用表

图 2-107　佩戴护目镜

（13）安装制冷剂回收加注机的低压管，并拧开阀门，如图 2-108 所示。

（14）打开制冷剂回收加注机开关。

（15）单击"回收制冷剂"按钮。

图 2-108　拧开制冷剂回收加注机低、高压管阀门

（16）根据车型输入制冷剂回收量（克数），开始回收。

（17）回收完成后，关闭制冷剂回收加注机高、低压管阀门。

（18）取下高压管。

（19）取下低压管。

（20）安装空调高压管加注口保护盖。

（21）安装空调低压管加注口保护盖。

（22）举升车辆，拆下前机舱下护板。

（23）断开电动压缩机低压线束插头。

（24）断开电动压缩机高压线束插头，如图 2-109 所示。

图 2-109　断开电动压缩机高压线束插头

（25）松开吸入管固定螺钉，拔出电动压缩机高压管，如图 2-110 所示。

（26）包裹高压管管口，防止进入灰尘、水等异物，如图 2-111 所示。

图 2-110　拔出电动压缩机高压管

图 2-111　包裹高压管管口

（27）松开排出管固定螺钉，拔出电动压缩机低压管，如图 2-112 所示。

（28）包裹低压管管口，如图 2-113 所示。

（29）松开电动压缩机的 3 个固定螺栓，取下电动压缩机总成。

图 2-112　拔出电动压缩机低压管

图 2-113　包裹低压管管口

4. 北汽 EV160 电动压缩机的安装

（1）安装电动压缩机，拧紧 3 个固定螺栓。

（2）拆开电动压缩机高压管密封膜。

（3）高压管密封圈涂抹润滑油。

（4）安装高压管。

（5）紧固吸入口螺栓。

（6）拆开排出口封堵。

（7）安装低压管。

（8）紧固排出口固定螺栓。

（9）安装电动压缩机高压线束插头。

（10）安装电动压缩机低压线束插头。

（11）安装低压蓄电池负极线。

（12）拧开空调高压加注口保护盖。

（13）拧开空调低压加注口保护盖。

（14）安装制冷剂回收加注机高压管，并拧开阀门。

（15）安装制冷剂回收加注机低压管，并拧开阀门。

（16）打开制冷剂回收加注机开关。

（17）单击"抽真空"按钮，并确认开始工作。

（18）抽真空完毕，下一步开始保压工作。

注意：

在保压过程中，应仔细观察压力表指针的变化，观察是否有泄漏。如果有泄漏，应查明泄漏原因并解决；如果没有发现泄漏，可以进行下一步操作。

（19）保压完成后，开始下一步注油工作。

（20）注油完成后退回主页面。

（21）拧开制冷剂回收加注机高、低压管总阀门。

（22）选择加注制冷剂，并根据实际车辆加注要求输入制冷剂加注量。

（23）制冷剂加注完成。

（24）关闭制冷剂回收加注机高压管阀门，并取下制冷剂回收加注机高压管。

（25）关闭制冷剂回收加注机低压管阀门，并取下制冷剂回收加注机低压管。

（26）安装空调高压管加注口保护盖。

（27）安装空调低压管加注口保护盖。

（28）开始进行管路清理，回收加注机高压管、低压管的残余制冷剂、冷冻油。

（29）清理完毕后确认退出清理页面。

（30）关闭制冷剂回收加注机高压管、低压管总阀门。

（31）关闭制冷剂回收加注机。

（32）打开起动开关。

（33）打开空调系统液晶显示屏。

（34）单击 A/C 开启空调系统。

（35）调整吹风大小。

（36）调整温度高低。

（37）关闭空调系统。

（38）关闭起动开关。

（39）安装前机舱下护板。

（40）降下车辆。

（41）收起翼子板护垫。

（42）放下前机舱盖。

5. 新能源汽车空调制冷剂加注

警告：

（1）禁止非专业人员操作，操作人员必须熟悉汽车空调制冷系统，并了解高压设备的危险性。

（2）禁止向加满的储液干燥器里加注或添加制冷剂，只能使用经过许可的再加注容器。制冷剂可能导致人身伤害，必须佩戴防护用品，包括护目镜。断开管路时应小心操作。

（3）在适当的压力下，空气和制冷剂的混合气体具有可燃性，这些可燃性气体具有潜在危险，可能造成人员受伤或财产损失。

制冷剂加注操作步骤如下：

（1）佩戴好护目镜。

（2）拧开空调高压管加注口保护盖。

（3）拧开空调低压管加注口保护盖。

（4）安装制冷剂回收加注机的高压管，拧开高压管阀门。

（5）安装制冷剂回收加注机的低压管，拧开低压管阀门。

（6）打开制冷剂回收加注机开关，选择回收制冷剂。

（7）根据车型选择制冷剂回收量（克数），如图 2-114 所示。

注意：

具体回收的制冷剂根据实际车辆而定，本实验车回收制冷剂为 0.425 kg。

图 2-114　根据车型选择制冷剂回收量（克数）

（8）单击"确认"按钮回收制冷剂。

（9）回收完毕后，单击"抽真空"按钮，默认为 15 min。

（10）抽真空完毕之后，单击"下一步"按钮开始保压过程，保压过程默认为 1 min。

注意：

在保压过程中，应仔细观察压力表指针的变化，观察是否有泄漏。如果有泄漏，应查明泄漏原因并解决；如果没有发现泄漏，可以进行下一步操作。

（11）保压完成后，单击"确认"按钮。

（12）注油完成后退出注油页面。

（13）拧开制冷剂回收加注机高、低压管总阀门。

（14）单击"加注制冷剂"按钮，输入制冷剂加注量。

（15）制冷剂加注完成。

（16）关闭制冷剂回收加注机高压管阀门，拔下高压管。

（17）关闭制冷剂回收加注机低压管阀门，拔下低压管。

（18）安装空调高压管加注口保护盖。

（19）安装空调低压管加注口保护盖。

（20）单击"下一步"按钮。

（21）再次确认高、低压管已经从汽车上移下，之后回收加注机高、低压管路中的残余制冷剂、冷冻油，默认清理时间为 2 min。

（22）单击"确认"按钮清理完成。

（23）关闭制冷剂回收加注机高、低压管总阀门。

（24）关闭制冷剂回收加注机开关。

6. 北汽 EV160 制冷系统的基本检查

警告：

在检查电风扇时，应确保关闭起动开关，拔出钥匙，避免发生危险；在检查散热器时，应当心用力过猛，以免损害其散热效果。

（1）检查软管是否有渗漏。

（2）检查冷却液液位是否正常，如图 2-115 所示。

（3）检查大功率风扇和风扇壳有无损坏。

（4）起动电风扇，检查电风扇的工作情况。

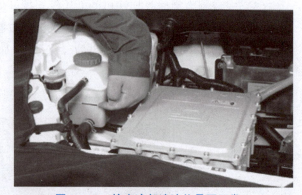

图 2-115　检查冷却液液位是否正常

（5）检查冷凝器散热片（不得弄弯、损坏或堵塞），必要时用专业散热片梳梳直或清洗散热片，如图 2-116 所示。

（6）检查空调系统压力，如图 2-117 所示。

①打开汽车空调高低压加注口保护盖。

②安装制冷剂回收加注机高压管，并拧开阀门。

③安装制冷剂回收加注机低压管，并拧开阀门。

④观察制冷剂回收加注机高、低压阀门仪表压力，判断是否正常。

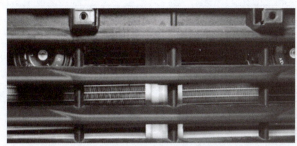
图 2-116　检查冷凝器散热片

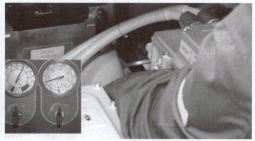
图 2-117　检查空调系统压力

任务实施与评价

工单 2　新能源汽车空调系统故障诊断与排除

学生姓名		班级		学号	
实训场地		日期		车型	
实训任务	汽车维修工小王，接待一辆吉利 EV450 汽车，空调不制冷，顾客感觉很疑惑，于是把车开到维修店进行维修。现在主管安排你对该车进行故障诊断，你能完成这个任务吗				

实训设备	实训项目	实训器材	说明	数量
实训设备	空调系统检查诊断	车辆	吉利 EV450 汽车	1
		故障诊断仪器	吉利专用解码器	1
		绝缘工具	世达（含常用普通工具）	1
		数字兆欧表	通用	2
		数字万用表	通用	2
		绝缘垫	通用	1
		空调诊断仪	通用	1
		空调检漏仪	通用	1
		空调制冷剂回收加注机	通用	1
		制冷剂及冷冻油	R134a	1
		绝缘手套（双）	通用	2
		护目镜	通用	2
		安全帽	通用	2
		危险警示牌	通用	1
		耐磨手套（双）	通用	2
任务要求	能够对空调系统故障进行诊断、检查及排除			

相关信息	请阅读教材中该任务的"知识链接"，完成以下内容。 （1）空调系统的作用及组成。 _____ _____ _____ （2）空调不制冷故障原因有哪些？ _____ _____ _____ （3）如何进行吉利 EV450 汽车的空调不制冷故障检查？ _____ _____ _____ _____
计划与决策	请根据任务要求，确定所需要的场地和物品，并对小组成员进行合理分工，制订详细的工作计划。 **一、人员分工** 小组编号：_____，组长：_____。 小组成员：_____ 我的任务：_____ **二、准备场地及物品** 检查并记录完成任务需要的场地、设备及工具。 1. 场地 检查工作场地是否清洁及存在安全隐患，如不正常，请汇报老师并及时处理。 记录：_____ 2. 车辆、充电桩、总成、工件 车辆：_____ 充电桩：_____ 总成：_____ 工件：_____ 3. 设备及工具 防护装备：_____ 设备及工具：_____ 4. 安全要求及注意事项 （1）实训汽车停在实训工位上，没有经过老师批准不准起动。经老师批准起动，首先应检查车轮的安全顶块是否放好，驻车制动是否拉好，排挡杆是否放在 P 挡（A/T），车前有没有人。 （2）禁止触碰任何带安全警告标志的部件。 （3）实训期间禁止嬉戏打闹。 **三、制定工作方案** 根据任务，小组进行讨论，确定工作方案（流程/工序），并记录。 _____ _____ _____
实施与检查	根据制订的计划实施，完成以下任务并记录。 本操作任务完成空调系统故障诊断、检查及更换，包括以下内容： 空调系统压力、泄漏检查，制冷剂加注。 操作记录：_____ _____ _____

评估	根据任务完成情况，学生自我评分，老师或指定组长过程巡视/验收检查时，发现问题直接扣分。			
	评估项目（分值）	自我评估	小组评估	老师评估
	相关信息（5）			
	计划与决策（5）			
	实施与检查（10）			
	合计（20）			
	总评			

❄ 任务 3 新能源汽车网关控制娱乐系统故障诊断

 任务目标

知识目标

1. 熟知新能源汽车故障诊断策略。
2. 熟知新能源汽车网关控制原理。

能力目标

1. 会使用新能源汽车故障诊断设备。
2. 能进行新能源汽车网关控制娱乐系统故障诊断并排除故障。

素养目标

1. 具备产品质量控制意识。
2. 具有岗位意识、爱岗敬业精神。
3. 具有安全规范意识。
4. 培养学生认真严谨的学习作风，增强团队协作能力及创新意识。

 任务描述

客户送修吉利几何 A 纯电动汽车到新能源汽车专修店维修，客户送修时反映汽车仪表不亮，维修技师需要检查哪些项目？

 知识链接

一、驱动电机控制模块

（一）驱动电机控制系统的组成与工作原理

1. 组成

驱动电机控制系统由动力总成（驱动电机）、高压配电设备、驱动电机控制器（MCU）、高/低压线束和相关传感器等组成，如图 2-118 所示。

驱动电机控制系统是纯电动汽车三大核心部件之一，是车辆行驶的主要执行机构，其特

项目二 新能源汽车系统故障诊断

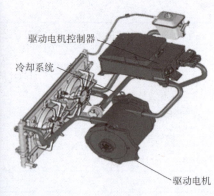

图 2-118　驱动电机控制系统组成

性决定了车辆的主要性能指标，直接影响车辆动力性、经济性和舒适性。

采用三相交流永磁电机（DM）、驱动电机控制器（MCU）可调整输出电流和电机转速，驱动电机和驱动电机控制器采用水冷方式防止温度过高。

整车控制器（VCU）根据驾驶员意图发出各种指令，驱动电机控制器响应并反馈，实时调整驱动电机输出。

2. 驱动电机控制器主要功能

（1）怠速控制（爬行）。

（2）控制电机正转（前进）。

（3）控制电机反转（倒车）。

（4）能量回收（交流转换直流）。

（5）驻坡（防溜车）。

驱动电机控制器另一个重要功能是通信和保护，实时进行状态和故障检测，保护驱动电机控制系统和故障反馈。

3. 驱动电机控制器构造

驱动电机控制器主要由接口电路、控制主板、IGBT 模块（驱动）、超级电容、放电电阻、电流感应器、壳体水道等组成，如图 2-119 所示。

4. 控制主板的功能

（1）与整车控制器通信。

（2）监测直流母线电流。

（a）

图 2-119　驱动电机控制器结构

图 2-119　驱动电机控制器结构（续）

（3）控制 IGBT 模块。

（4）监控高压线束连接情况（2014 年前生产车辆无此功能）。

（5）反馈 IGBT 模块温度。

（6）旋变传感器励磁供电。

（7）旋变传感器信号分析。

（8）信息反馈功能。

5. IGBT 模块的功能

（1）信号反馈给驱动电机控制器控制主板。

（2）监测直流母线电压。

（3）直流转换交流及变频。

（4）监测相电流的大小。

（5）监测 IGBT 模块温度。

（6）三相整流功能。

6. 超级电容和放电电阻的功能

（1）超级电容，接通高压电路时给电容充电，在驱动电机起动时保持电压稳定。

（2）放电电阻，断开高压电路时，通过电阻给电容放电。

（3）放电电路故障，会报放电超时导致高压断电功能。

（二）驱动电机控制系统工作条件

（1）高压电源输入正常（绝缘性能大于 20 MΩ）。

（2）低压 12 V 电源供电正常（电压范围为 9~16 V）。

（3）与整车控制器通信正常。

（4）电容放电正常。

（5）旋变传感器信号正常。

（6）三相交流输出电路正常。

（7）驱动电机及驱动电机控制器温度正常。

（8）开盖保持开关信号正常。

（三）驱动电机控制系统各部件工作原理

1. 驱动电机工作原理

驱动电机控制器采用三相两电平电压源型逆变器。

整车控制器（VCU）发出指令，通过 CAN 总线传输到驱动电机控制器主板，控制器主板经过逻辑换算和确定旋变传感器的转子位置，再发信号至驱动 IGBT 模块，又称智能功率模块。IGBT（绝缘栅双极型晶体管）输出三相交流电使驱动电机旋转。

驱动电机控制器主板对所有的输入信号进行处理，并将驱动电机控制系统运行状态的信息通过 CAN2.0 网络反馈给整车控制器。驱动电机控制器内含故障诊断电路，当诊断出异常时，它会激活一个故障码，同时存储该故障码和数据或发送给整车控制器。其工作原理如图 2-120 所示。

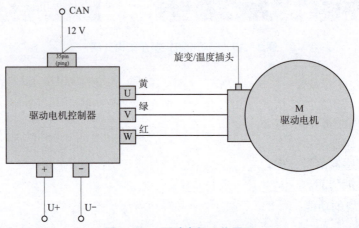

图 2-120　驱动电机工作原理

2. IGBT 模块工作原理

IGBT 模块根据驱动电机控制器主板的指令，将输入的直流电逆变成电压、频率可调的三相交流电，供给配套的三相交流永磁同步电机使用。

在能量回收工况将发电机输入的交流电，经过整流转换成直流电给动力电池充电。其工作原理如图 2-121 所示。

驱动电机控制系统电路如图 2-122 所示。

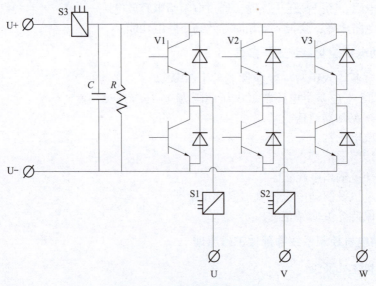

图 2-121　IGBT 模块工作原理

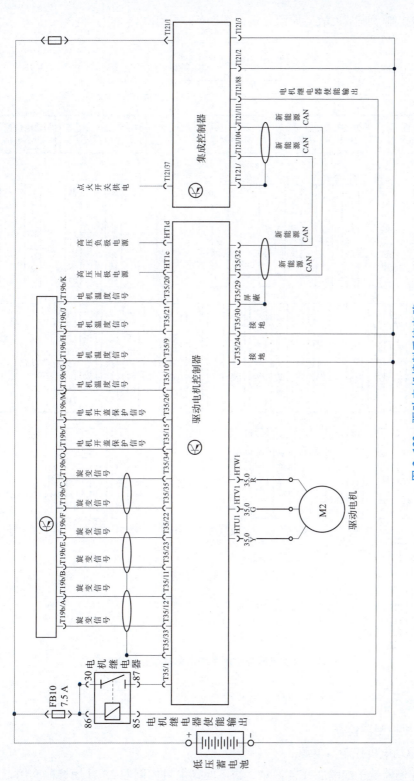

图 2-122 驱动电机控制系统电路

（四）驱动电机与控制系统常见故障原因分析

驱动电机与控制系统常见故障原因分析如图 2-123 所示。

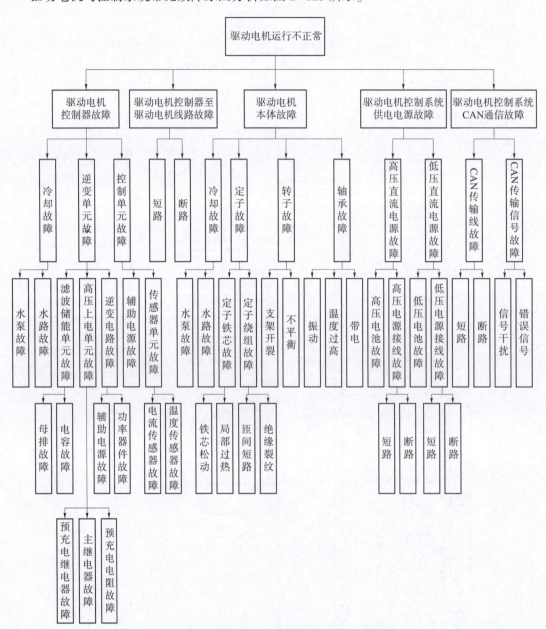

图 2-123　驱动电机与控制系统常见故障原因分析

1. 电路故障分析

1）驱动电机控制器检查

（1）检查驱动电机控制器电源。

驱动电机控制器端子如图 2-124 所示。拔下驱动电机控制器 35 针插接器，用万用表直流电压挡测量 35 针插接器 1 号端子与 24 号端子之间应该有 12 V 蓄电池电压；如无电压则检查熔丝 FB10 是否烧坏，如正常，则检查 UEC J3/A10 与 35 针插接器 1 号端子线路是否导通，检查 24 号端子与车身搭铁之间是否导通。

（2）检查 CAN 线。

拔下驱动电机控制器 35 针插接器，用万用表欧姆挡测量 35 针插接器 31 号端子与 VCU 插接器 104 号端子之间是否导通；35 针插接器 32 号端子与 VCU 插接器 111 号端子之间是否导通。

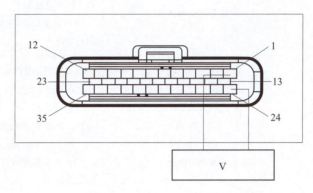

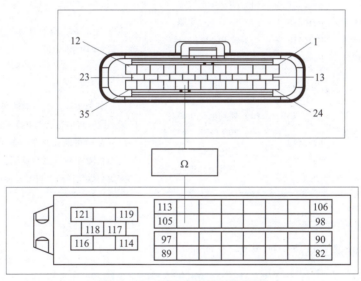

图 2-124　驱动电机控制器端子

注意：在检修过程中，当整车仪表报出驱动电机故障（一般情况不会显示具体故障，只是简单报出"驱动电机故障""驱动电机过热"或者"驱动电机冷却液过热""超速"等），请使用 PCAN 或者故障诊断仪读取由驱动电机控制器报出的具体故障，并进行相应处理，其间如果需要进一步支持，请联系驱动电机厂家服务人员。

2）故障分类

目前共有 28 种故障，当报出驱动电机故障时，请按照故障策略文档提示进行排查，也可以按照下面介绍对一些常见故障进行处理。

3）故障码含义

故障码含义及原因如表 2-17 所示。

表 2-17　故障码含义及原因（示例）

序号	故障名称	故障码	可能的原因	售后处理方法
1	MCU 直流母线过压故障	P114017	（1）驱动电机控制系统突然大功率充电。 （2）发电状态下高压回路非正常断开	（1）若其他节点也上报直流母线过压故障，则优先排查其他子系统和高压供电回路可能存在的问题。 （2）否则将 SD 卡数据反馈给电机工程师进行分析，如果故障期间母线电压确实超过上限阈值，则不需要派工。 （3）如果故障期间母线电压未超过上限阈值，则需要派工
2	MCU 直流母线欠压故障	P114016	（1）驱动电机控制系统突然大功率放电。 （2）电池 SOC 低。 （3）电动状态下高压回路非正常断开	（1）若其他节点也上报直流母线欠压故障，则优先排查其他子系统和高压供电回路可能存在的问题。 （2）否则将 SD 卡数据反馈给电机工程师进行分析，如果故障期间母线电压确实超过下限阈值，则不需要派工。 （3）如果故障期间母线电压未超过下限阈值，则需要派工
3	MCU ICBT 驱动电路过流故障（U/V/W）	P116016 P116116 P116216	（1）驱动电源欠压。 （2）驱动电机短路。 （3）转子位置信号异常。 （4）相电流信号异常。 （5）软件失控	检查 MCU 软、硬件版本，若软、硬件版本正确，则立即更换 MCU
4	MCU 相电流过流故障	P113519	（1）驱动电机短路。 （2）转子位置信号异常。 （3）相电流信号异常。 （4）负载突然变化	（1）如果重新上电，车辆恢复正常，则不需要派工。同时将信息反馈机电机工程师。 （2）故障可能在线路、驱动电机或其他部件，需使用故障诊断仪进行诊断，如不能排除故障，则需要数据反馈给电机工程师进行分析

2. 常见故障

驱动电机控制器常见故障如表 2-18 所示。

表 2-18　驱动电机控制器常见故障

序号	故障名称	故障码	故障可能原因	解决方法
1	MCU 直流母线过压故障	P114017	（1）驱动电机控制系统突然大功率充电； （2）高压回路非正常断开	分析整车数据，如果总线电压报文与实际电压不相符，则需要检查高压供电回路、高压主继电器、高压插接器有无异常
2	MCU 相电流过流故障	P113119 P113519 P113619 P113719	（1）负载突然变化、旋变信号故障等导致电流畸变，如电池或主继电器频繁通断	检查高压回路
			（2）驱动电机控制器损坏（硬件故障）	更换驱动电机控制器
			（3）控制器采集电压与实际电压不一致	标定电压，更新控制器程序

序号	故障名称	故障码	故障可能原因	解决方法
3	驱动电机超速故障	P0A4400	（1）整车负载突然降低，电机扭矩控制失效	如重新上电不复现，不用处理
			（2）驱动电机低压信号线插头连接松动或者退针	检查信号线插头
			（3）驱动电机控制器损坏（硬件故障）	更换驱动控制器
4	驱动电机过温故障	P0A2F98	（1）驱动电机低压信号线插头连接松动或者退针	检查信号线插头
			（2）冷却系统工作异常	检查冷却液是否充足，水泵是否正常工作，冷却管路是否堵塞或气阻
			（3）驱动电机本体损坏（长时间过载运行）	更换驱动电机
5	MCU IGBT 过温故障	P117F98 P117098 P117198 P117298	（1）驱动电机低压信号线插头连接松动或者退针	检查信号线插头
			（2）冷却系统工作异常	检查冷却液是否充足，水泵是否正常工作，冷却管路是否堵塞或气阻
			（3）驱动电机本体损坏（长时间过载运行）	更换驱动电机
6	MCU 低压电源欠压故障	U300316	12 V 蓄电池电压过低，或者由于35 pin线束原因，驱动电机控制器低压接口电压过低	检查蓄电池电压，给蓄电池充电；检查控制器低压接口，测量35 pin 插件 24 号端子和 1 号端子电压是否低于 9 V
7	与 VCU 通信丢失故障	U010087	（1）未收到整车控制器信号；（2）网络干扰严重；（3）线束问题	检查 35 pin 线束连接是否正常，检查 CAN 网络是否 BUS OFF，或者更换驱动电机控制器
8	驱动电机控制系统高压暴露故障	P0A0A94	（1）MCU 电源模块硬件损坏；（2）软件与硬件不匹配；（3）网络上有部件报出高低压互锁故障	更新程序或更换控制器
9	驱动电机（噪声）异响		（1）电磁噪声（高频较尖锐）；（2）机械噪声，可能是来自减速器、悬置、驱动电机本体（轴承）	（1）电磁噪声属正常；（2）排查确定驱动电机本体损坏，更换驱动电机

（五）维修故障案例分析

故障现象：比亚迪 e6 车辆挂挡不走车，OK 灯正常点亮，挡位正常显示，仪表显示"请检查动力系统"。

1. 故障原因分析

可能的部件或线路如下：

（1）驱动电机及相关线路故障。

（2）VTOG 故障及相关线路故障。

（3）电池管理器故障。

（4）高压配电箱及相关线路故障。

（5）仪表配电盒及线路故障。

2. 检修过程

（1）用 ED400 读取系统 VTOG 故障码：P1B0000（驱动 IPM 故障）、P1B0A00（驱动电机缺相故障）。

（2）清除故障码重新读取 P1B0A00（驱动电机缺相故障）。

（3）根据缺相故障提示，测量驱动电机三相阻值，A、B、C 三相任意两相之间的阻值为 0.2 Ω，正常；正常值为 0.3 Ω 以内。

（4）观察高压电池管理器数据流，放电主接触器已正常吸合，母线电压已到驱动电机控制器，说明电池包和高压配电箱的工作正常。

（5）检查驱动电机三相之间电阻正常，问题集中到驱动电机控制器（双向逆变器）。

3. 故障排除

更换驱动电机控制器，试车验证故障现象消失，再次读取故障码已无故障码。

二、挡位控制模块相关故障码及数据流诊断分析策略

1. 电子换挡器

电子换挡器如图 2-125 所示。电子换挡器的作用是采集当前挡位信息，输出换挡位置信号，输出驾驶模式、能量回收模式和电量显示请求信号。

电子换挡器总成通过动力高速 CAN 总线与外部其他电控单元交换信息，主要的数据交换对象是整车控制单元（VCU）。R、N、D 挡位信息通过读取电子

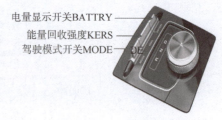

电量显示开关 BATTRY
能量回收强度 KERS
驾驶模式开关 MODE

图 2-125　电子换挡器

换挡器总成内的挡位位置传感器的信号获得，而 P 挡的位置信号可通过按压换挡旋钮开关触发；驾驶模式、能量回收模式、电量显示的信息则是通过对应的模式位置开关获得。

2. 电子换挡器结构

1）换挡旋钮开关

换挡旋钮有 5 个位置，其中中间位置为机械固定位置；其余 4 个位置均为非稳态位置，即换挡旋钮一经释放后立即回位到机械固定位置。按下换挡旋钮开关，在满足特定要求后可一键进入 P 挡。

P 挡：驻车挡。在该位置，通过与 EPB 交互来实现驻车，防止车辆滑动。但换挡机构无释放 EPB 的功能。

通过以下方式，可以进入 P 挡：在非 P 挡下且车速小于 2 km/h 时，按下换挡旋钮可一键进入 P 挡。在非 P 挡下且车速小于 2 km/h，关闭起动开关，车辆将会自动挂入 P 挡。

在非 P 挡下且车速小于 2 km/h，没有踩下制动踏板，松开驾驶员侧安全带且打开驾驶员侧车门的情况下，车辆将会自动挂入 P 挡。

R 挡：倒挡。操纵旋钮开关获得，只有当车辆完全静止时选择。从 N 挡切换至 R 挡时，需要踩下制动踏板。

N挡：空挡。操纵旋钮开关获得，无转矩传递给车轮。

D挡：行驶挡。操纵旋钮开关获得，汽车在直行时需要的挡位。

2）驾驶模式开关（MODE）

驾驶员通过驾驶模式开关来根据需要手动选择三种驾驶模式：经济驾驶模式、常规驾驶模式、运动驾驶模式。驾驶模式开关为非循环式开关，驾驶员向"前""后"拨动开关可以实现模式转换，通过仪表可以查看当前选择的驾驶模式。

3）能量回收模式开关（KERS）

驾驶员通过能量回收模式开关来根据需要手动选择三种模式："强""中""轻"。能量回收模式开关为非循环式开关，向"前"方向拨动开关来切换至较强的能量回收模式，向"后"方向拨动开关来切换至较轻的能量回收模式。通过仪表可以查看当前选择的能量回收模式。

4）电量显示模式开关（BATTERY）

驾驶员通过电量显示开关，手动向"前"方向拨动开关在娱乐系统显示屏上调出电池电量显示页面。

3. 电子换挡器控制原理

电子换挡器控制原理如图2-126所示。

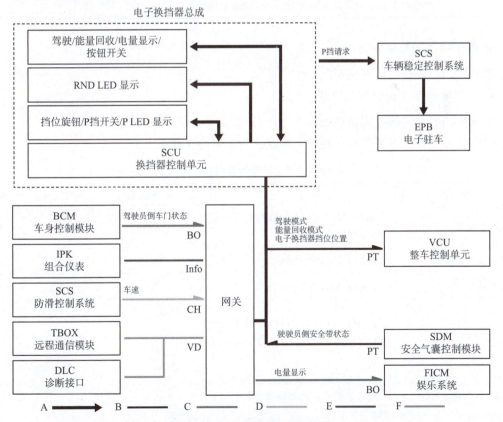

图2-126　电子换挡器控制原理

A—硬线；B—动力调速CAN线；C—车身高速CAN线；D—底盘高速CAN线；

E—信息高速CAN线；F—诊断高速CAN线

4. 电子换挡器工作原理

SCU 电路板上感应挡位信息的芯片内封装有一个霍尔旋转角度位置传感器。当操作换挡旋钮开关时，芯片内的传感器可以感应换挡旋钮开关的角度位置，将挡位信号以 PWM 形式输出给 SCU，从而判断出 R、N、D 位置，如表 2-19 所示。

表 2-19　电子换挡器挡位

挡位切换	切换条件	功能说明
P→N	踩制动踏板，车速<2 km/h	驻车挡切换空挡
N→D	NA	空挡切换前进挡
N→R	踩制动踏板	空挡切换倒挡
D→N	NA	前进挡切换空挡
R→N	NA	倒挡切换空挡
R→D	NA	倒挡切换前进挡
N/R/D→P	车速<2 km/h，按下换挡旋钮开关； 车速<2 km/h，关闭起动开关； 车速<2 km/h，没有踩下制动踏板，松开驾驶员侧安全带且打开驾驶员侧车门	非 P 挡切换 P 挡

5. 电子换挡器数据通信电路

电子换挡器数据通信电路如图 2-127 所示。

6. 电子换挡器实时数据流信息

电子换挡器实时数据流信息如表 2-20 所示。

除特殊注明外，以下参数的特定工况默认为车辆静止并上电。

表 2-20　电子换挡器实时数据流信息

参数名称	定义	参数取值范围	特定工况值	单位
蓄电池电压	此信号来源于车辆 12 V 蓄电池，表示控制模块常电供电电压	8~16	13.5	V
P 挡按钮位置 1	此参数显示 P 挡按钮位置 1	0~5	1.7	V
P 挡按钮位置 2	此参数显示 P 挡按钮位置 2	0~5	3.3	V
换挡杆位置	此信号来源于换挡杆位置传感器，当换挡杆切至不同挡位时数值会有对应变化	—驻车挡 —倒挡 —空挡 —前进挡		
换挡杆位置指示灯（P 挡）	此参数显示换挡杆位置指示灯（P 挡）	—开 —关		
换挡杆位置指示灯（R 挡）	此参数显示换挡杆位置指示灯（R 挡）	—开 —关		

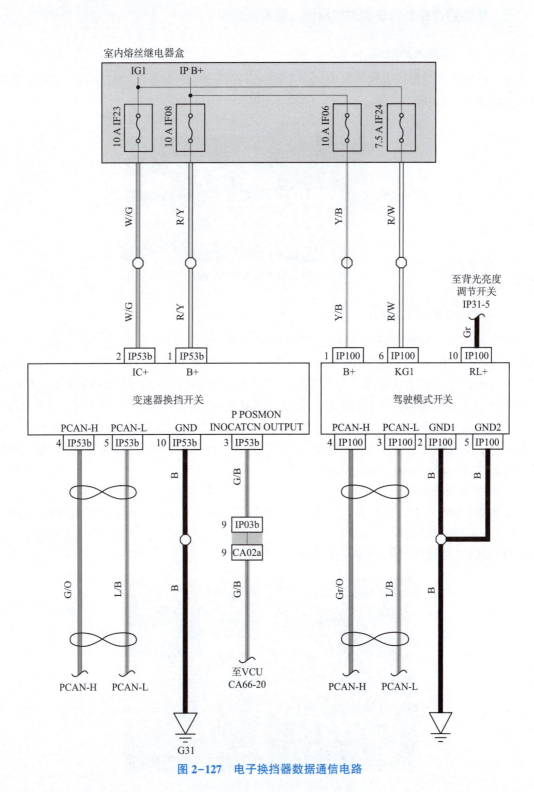

图 2-127 电子换挡器数据通信电路

三、电池管理控制模块相关故障码与数据流分析

(一) 动力电池系统结构

动力电池主要由电池壳体、电池组、主控盒、高压盒、电池低压管理系统、主继电器等组成，如图 2-128 所示。

图 2-128　动力电池系统结构

1. 电池管理系统 (BMS)

BMS 的作用：BMS 不仅要保证电池能安全可靠的使用，而且要充分发挥电池的能力和延长使用寿命，作为电池和整车控制器与驾驶员沟通的桥梁，通过控制接触器控制动力电池组的充放电，并向 VCU 上报动力电池系统的基本参数及故障信息，如图 2-129 所示。

BMS 具备的功能：BMS 通过电压、电流及温度检测等功能实现对动力电池系统的过压、欠压、过流、过高温和过低温保护、继电器控制、SOC 估算、充放电管理、加热或保温、均衡控制、故障报警及处理、与其他控制器通信等功能；此外，电池管理系统还具有高压回路绝缘检测功能，以及为动力电池系统加热功能。

BMS 的组成：按性质分为硬件和软件，按功能分为数据采集单元和控制单元。

BMS 的硬件：主板、从板及高压盒，还包括采集电压线、电流、温度等数据的电子器件。

BMS 的软件：监测电池的电压、电流、SOC 值、绝缘电阻值、温度值，通过与 VCU、充电机的通信，控制动力电池系统的充放电。

图 2-129　电池管理系统 (BMS)

2. 电池组

由一个或多个单体电芯并联再串联成一个组合，称为电池组；把每个电池组串联起来形成动力电池总成，如图 2-130 所示。

例如，3P91S 由 3 个单体电芯并联组成一个组合，再由 91 个电池组串联成动力电池总成。

3. 主控盒

主控盒是一个连接外部通信和内部通信的平台，如图 2-131 所示。主要功能有：①接收电池管理系统反馈的实时温度和单体电压（并计算最大值和最小值）；②接收高压盒反馈的总电压和电流情况；③与整车控制器通信；④与充电机或快充桩通信；⑤控制正、负主继电器；⑥控制电池加热；⑦唤醒应答；⑧控制充/放电电流。

4. 高压盒

高压盒是"监控"动力电池的总电压和充电、放电电流及绝缘性能，如图 2-132 所示。主要功能有：①监控动力电池的总电压；②监控动力电池的总电流；③检测高压系统绝缘性能；④监控高压连接情况；⑤将以上项目监控到的数据反馈给主控盒。

图 2-130　电池组

图 2-131　主控盒

图 2-132　高压盒

5. 电池低压管理系统

电池低压管理系统是"监控"动力电池的单体电压、电池组的温度，主要功能有：①监控每个单体电压反馈给主控盒；②监控每个电池组的温度反馈给主控盒；③检测高压系统绝缘性能；④监测电量（SOC）值；⑤将以上项目监控到的数据反馈给主控盒。

动力电池内部结构原理框图如图 2-133 所示。

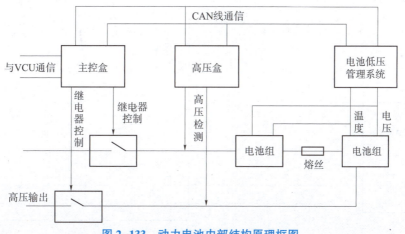
图 2-133　动力电池内部结构原理框图

6. BMS 控制系统

BMS 控制系统如图 2-134 所示。

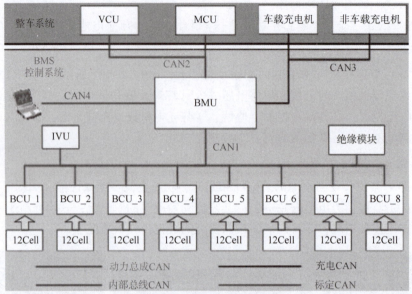

图 2-134　BMS 控制系统

7. 低压系统工作原理

低压系统工作原理如图 2-135 所示。

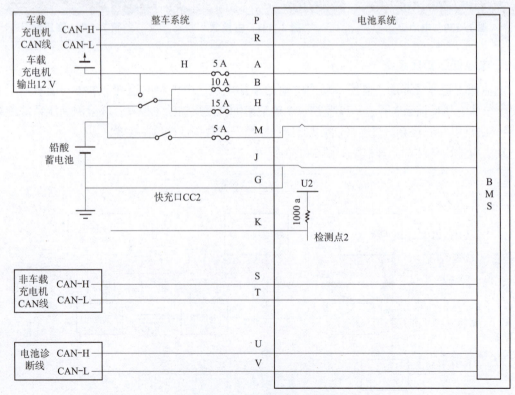

图 2-135　低压系统工作原理

8. 高压系统工作原理

高压系统工作原理如图 2-136 所示。

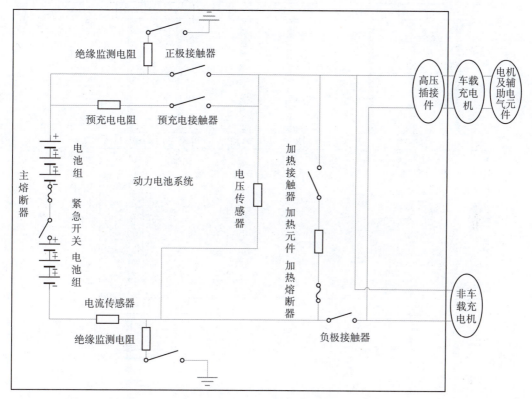

图 2-136　高压系统工作原理

9. 电池管理系统电路

电池管理系统电路如图 2-137 所示。

（二）动力电池管理控制模块故障诊断分析

动力电池管理控制模块故障分为一级故障、二级故障及三级故障。

一级故障（非常严重）：动力电池上报该故障一段时间后会造成整车出现安全事故，如起火、爆炸、触电等，动力电池在正常工作下不会上报该故障，BMS 一旦上报该故障表明动力电池处于严重滥用状态。

二级故障（严重）：动力电池上报该故障会造成整车进入跛行、暂时停止能量回馈、停止充电，动力电池正常工作下不会上报该故障，BMS 一旦上报该故障表明动力电池某些硬件出现故障或动力电池处于非正常工作状态。

三级故障（轻微）：动力电池上报该故障对整车无影响或不同程度地造成整车进入限功率行驶状态，动力电池正常工作状态可能上报该故障，BMS 一旦上报该故障表明动力电池处于极限环境温度下或单体电池一致性出现一定劣化等。

注意：其他控制器响应动力电池二级故障的延时时间建议少于 60 s，否则会引发动力电池上报一级故障。

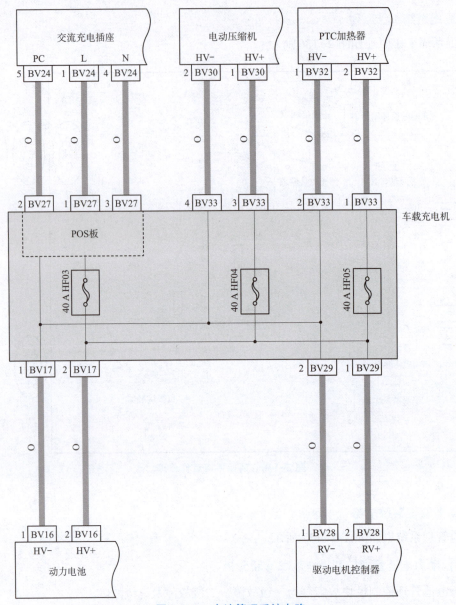

图 2-137　电池管理系统电路

1. 一级故障

一级故障如表 2-21 所示。

表 2-21　一级故障

故障名称	故障码		对整车的影响
单体电压过压	P0004	P118822	行车模式：电池放电电流降为 0，断开高压，无法行车；
电池外部短路（放电过流）	P0006	P118111	车载充电：请求停止充电/停止加热，主正、主负继电器
温度过高	P0007	POA7E22	断开；
电池内部短路	P0014	P118312	直流快充：BMS 发送终止充电，主正、主负继电器断开

2. 二级故障

二级故障如表 2-22 所示。

表 2-22　二级故障

故障名称	故障码	对整车影响
单体电压欠压	P0269	行车模式：限功率至放电电流 25 A
BMS 内部通信故障	P0279	行车模式：限功率至放电电流 25 A，"最大允许充电电流"调整为 0；
BMS 硬件故障	P0284	充电模式：发送请求停止充电，如果上报故障后 2 s 内未收到响应，BMS 主动断开高压继电器或加热继电器
BMS 与车载充电机通信故障	P0283	车载充电模式：请求停止充电或请求停止加热，如果上报故障后 2 s 内未收到响应，BMS 主动断开高压继电器或加热继电器
温度过高	P0258	行车模式：限功率至放电电流 25 A，"最大允许充电电流"调整为 0
绝缘电阻过低	P0276	行车模式：限功率至放电电流 25 A，"最大允许充电电流"调整为 0；充电模式：发送请求停止充电，如果上报故障后 2 s 内未收到响应，BMS 主动断开高压继电器或加热继电器
加热元件故障	P0281-1	充电模式：请求停止加热，如果上报故障后 2 s 内未收到响应，BMS 主动断开加热继电器

3. 三级故障

三级故障如表 2-23 所示。

表 2-23　三级故障

故障名称	故障码	对整车影响	恢复条件
温度过高故障	P1043	行车模式：放电功率降为当前状态的 50%	
绝缘电阻过低	P1047	上报不处理	
电压不均衡	P1046	行车模式：放电功率降为当前状态的 40%	重新上电
单体电压欠压	P1040		
温度不均衡	P1045	上报不处理	
放电过流	P1042	行车模式：放电功率降为当前状态的 50%	

4. 电池低压控制插件端子定义

电池低压控制插件端子定义如图 2-138 所示。

5. BMS 检查

1）BMS 电源电路检查

（1）拔下 BMS 插接器，测量 B 与 G 端子，H 与 J 端子之间应该有 12 V 蓄电池电压；BMS 插接器端子如图 2-139 所示。

（2）如无电压则检查前机舱熔丝盒 FB14、FB13 熔丝是否烧坏，如熔丝正常则检测 BMS 插接器 B 端子与前机舱熔丝盒 FB14、FB13 之间电路是否导通。

（3）如正极电路正常则检查 BMS 插接器 G 与 J 端子与车身搭铁是否导通，不导通则检修负极电路。

端子	功能描述
A	未使用
B	BMS供电正极
C	BMS唤醒
D	未使用
E	未使用
F	总负继电器控制
G	BMS供电负极
H	BMS供电正极
J	BMS供电负极
K	未使用
L	BMS供电正极
M	未使用
N	新能源CAN屏蔽
P	新能源CAN-H
R	新能源CAN-L
S	快充CAN-H
T	快充CAN-L
U	IN-CAN-H
V	IN-CAN-L
W	动力电池CAN屏蔽
X	未使用

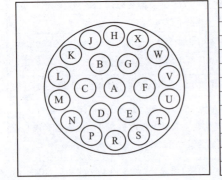

图 2-138 电池低压控制插件端子定义

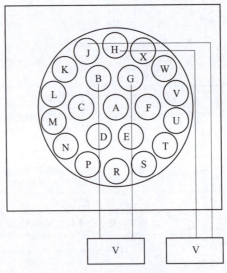

图 2-139 BMS 插接器端子

2）BMS 唤醒信号检查

（1）拔下 BMS 插接器，打开起动开关置于 ON 位置，BMS 插接器 C 端子与车身搭铁之间应该有 12 V 电压，如图 2-140 所示。

（2）如无电压，则检测 BMS 插接器 C 端子与 VCU 81 端子电路是否导通或插接器是否退针，如电路正常，则 VCU 故障，更换 VCU。

3）CAN 线通路检查

拔下 BMS 插接器，如图 2-141 所示。测量 P 端子与 VCU 111、R 端子与 VCU 104 端子之间应该导通，如不导通则检查插接器是否退针或线束故障。

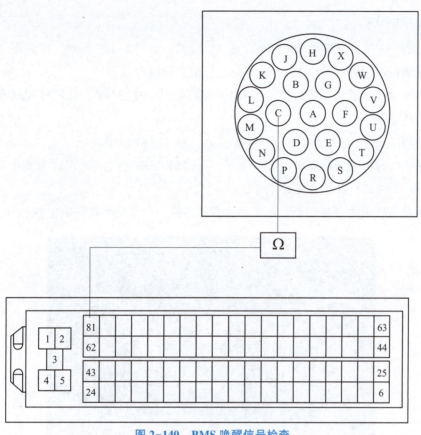

图 2-140　BMS 唤醒信号检查

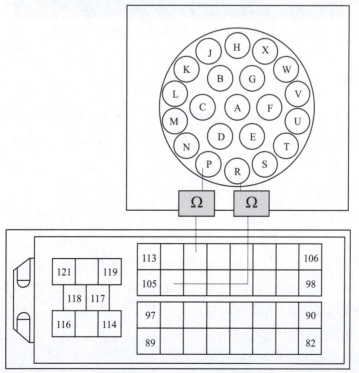

图 2-141　CAN 线通路检查

6. 故障案例分析

故障现象：比亚迪唐车辆 SOC78%，无 EV 模式。如图 2-142 所示，仪表报"请检查动力系统"，BMS 存在故障码：P1A3D00（负极接触器回检故障）。

（1）因车辆提示动力系统故障，且 BMS 存在故障码 P1A3D00。首先对 BMS 负极接触器电源、控制电路进行检查。

（2）检查 BMS 负极接触器 F 端子电源供给正常（k161 母端）。

（3）进一步排查发现高压电池采样端子——k161 公端（公端可理解为插头端子，母端为插座端子，下同）F 端子出现退针现象。

（4）更换高压电池采样端子，如无单独部件更换，则须更换高压电池包总成。

图 2-142　仪表板显示故障

四、车身控制模块相关故障码及数据流诊断分析策略

BCM（Body Controller Module）即车身控制模块，能够实现内外灯光控制、洗涤刮水逻辑控制及自动功能、中央门锁控制、喇叭、除霜等。该系统还具有电源管理、高低电压保护、延时断电、系统休眠等功能。

1. 车身控制模块结构

BCM 包括低功率模式的微处理器、电可擦除只读存储器（EEPROM）、CAN、LIN 收发机和电源。BCM 具有离散的输入和输出端子，控制车身大部分功能。它通过高速 CAN 总线与其他主要电气系统交互作用，通过 LIN 总线与次要的电气系统交互作用。BCM 的电源模式主控模块（PMM）功能是为大部分车辆电气部件供电。其内部结构如图 2-143 所示。

车身控制模块控制框图如图 2-144 所示。

数据线网络拓扑结构如图 2-145 所示。

车身控制器系统组成如图 2-146 所示。

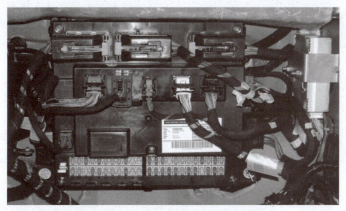

图 2-143　车身控制模块内部结构

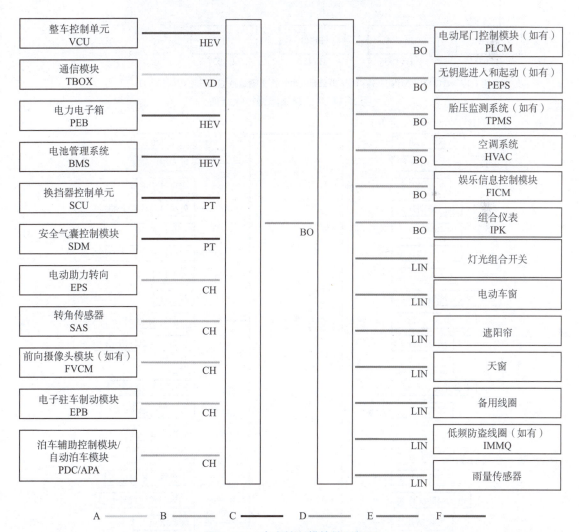

图 2-144　车身控制模块控制框图

A—诊断高速 CAN 线；B—底盘高速 CAN 线；C—动力高速 CAN 线；

D—车身高速 CAN 线；E—LIN 线；F—混动高速 CAN 线

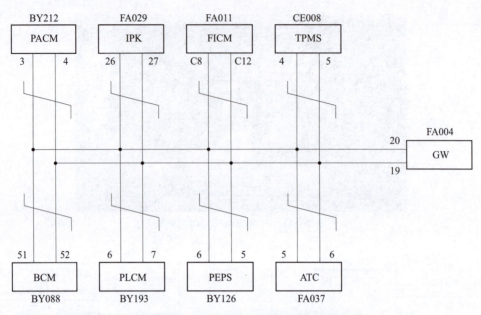

终端电阻：位于GW与BCM内，各有1个120 Ω的电阻，实车测量数据线总电阻为57.8 Ω。

图 2-145　数据线网络拓扑结构

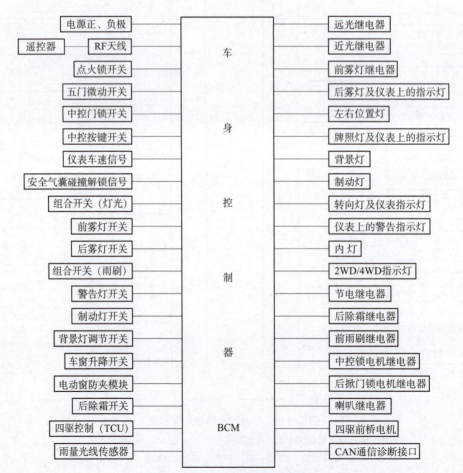

图 2-146　车身控制器系统组成

192

BCM 监控所有信息的输入和输出，如果检测到故障，相应的故障码将存储在故障记录中。BCM 能检测到短路和开路，以及错误的 CAN 和 LIN 总线信号。检测到故障后，BCM 将关闭相应功能。在故障消除后，相应功能将在下次功能请求时被激活，如图 2-147 所示。

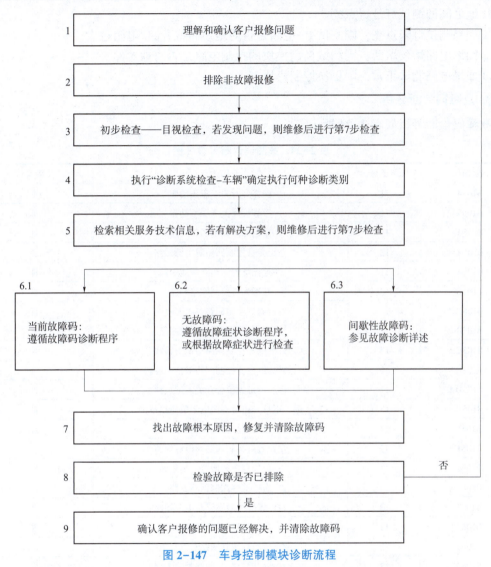

图 2-147　车身控制模块诊断流程

2. 车身高速 CAN 网络完整性检查

（1）在诊断前先要确认其他模块通信之间不存在故障码。如果有故障码，先要对其进行诊断。

（2）将起动开关置于 OFF 位置，断开蓄电池负极接线。

（3）按以下条件，测试诊断接口端子 CAN-H（6）和 CAN-L（14）之间的电阻值：

①在所有连接器连接状态下测量电阻值是否为（60±5）Ω。

②在 GW 或 BCM 中分离 1 个控制模块的状态下测量电阻值是否为（120±5）Ω。

③在 GW 和 BCM 的连接器都分离的状态下测量电阻值是否为无穷大。

（4）如果上述电阻值不符合标准值，则断开不能通信的控制模块上的线束连接器。

（5）测试每个控制模块的接地电路端子和接地之间的电阻是否小于 10 Ω。如果超出规定范围，则测试接地电路是否开路/电阻过大。

（6）连接蓄电池负极接线，将起动开关置于 ON 位置，确认每个控制模块的 B+电路端子和接地之间的测试灯是否点亮。

①如果测试灯未点亮，则测试 B+电路是否对地短路或开路/电阻过大。

②如果电路熔丝熔断，则测试控制模块的控制电路是否对地短路。

③如果电路测试正常，则更换控制模块。

3. 故障码诊断分析

故障码诊断等级如表 2-24 所示。

表 2-24 故障码诊断等级（例）

故障码	端子号	描述	故障等级
B1054	71	前雾灯开关卡滞不动作	Ⅲ
B1055	71	后雾灯开关卡滞不动作	Ⅲ
B105A	13	左近光灯控制回路开路	Ⅲ
B105A	12	左近光灯控制回路对电源短路	Ⅲ
B105A	11	左近光灯控制回路对地短路	Ⅲ
B105B	13	右近光灯控制回路开路	Ⅲ
B105B	12	右近光灯控制回路对电源短路	Ⅲ
B105B	11	右近光灯控制回路对地短路	Ⅲ
B105C	14	远光灯继电器控制回路对地短路或开路	Ⅲ
B105C	12	远光灯继电器控制回路对电源短路	Ⅲ
B105D	11	远、近灯光组合开关对地短路	Ⅲ
B105D	1E	远、近灯光组合开关电阻值超出范围	Ⅲ
B1061	13	左位置灯控制回路开路	Ⅲ
B1061	12	左位置灯控制回路对电源短路	Ⅲ
B1061	11	左位置灯控制回路对地短路	Ⅲ
B1062	13	右位置灯控制回路开路	Ⅲ
B1062	12	右位置灯控制回路对电源短路	Ⅲ
B1062	11	右位置灯控制回路对地短路	Ⅲ
B1063	12	室外照明灯控制回路对电源短路	Ⅲ
B1063	11	室外照明灯控制回路对地短路	Ⅲ
B1063	13	室外照明灯控制回路开路	Ⅲ
B1066	73	制动踏板开关卡滞	Ⅲ
B1067	16	自动灯光传感器信号电压低于阈值	Ⅲ
B1067	17	自动灯光传感器信号电压高于阈值	Ⅲ
B1071	1E	转向灯组合开关电阻值超出范围	Ⅲ
B1071	11	转向灯组合开关对地短路	Ⅲ
B1074	12	左后位置灯控制回路开路	Ⅲ
B1074	11	左后位置灯控制回路对电源短路	Ⅲ
B1074	13	左后位置灯控制回路对地短路	Ⅲ

故障码	端子号	描述	故障等级
B1075	13	右后位置灯控制回路开路	Ⅲ
B1075	12	右后位置灯控制回路对电源短路	Ⅲ
B1075	11	右后位置灯控制回路对地短路	Ⅲ
B1077	11	主灯光开关对地短路	Ⅲ
B1077	15	主灯光开关对电源短路或开路	Ⅲ
B1077	1C	主灯光开关电阻超出范围	Ⅲ

4. 实时数据流读取

实时数据流读取要求：连接好解码器，打开起动开关，进入解码器诊断程序，选择车身控制模块，读取数据流，即可读得相关实时数据流。相关实时数据流如表 2-25 所示。

表 2-25　相关实时数据流

项目	数值	单位
PEPS 运行/1 起动挡输出错误	否	
PEPS 备用点火开关模式激活	否	
车辆锁止 LED 灯点亮	关闭	
安全状态 LED 灯点亮	关闭	
公共锁继电器状态	断开	
行李厢打开电机继电器	断开	
其他门锁解锁继电器	断开	
驾驶员门锁解锁继电器	断开	
远程座椅加热	否	
车辆远程起动	否	
雨刮器延时电位器开关电压	1.42	V
转向灯开关电压	3.14	V
远光灯开关电压	3.14	V
发动机罩开关电压	1.28	V
自动灯请求信号电压	0.36	V
起动开关信号电压	1	V
起停按钮信号电压	1.74	V
车顶灯 PWM 占空比	0	%
起动/运行挡指示灯 PWM 占空比	92	%
钥匙锁电磁阀控制 PWM 占空比	0	%
电源风险等级	无电源风险	
无钥匙进入起/停按钮故障信息请求	无故障	
PEPS 备用起动开关状态	运行	
起动开关状态	运行	
系统电压模式	正常	
后电动车窗禁用开关状态	后车窗禁用激活	
天窗开关位置状态	关闭	

续表

项目	数值	单位
雨量灯光传感器灵敏度		
外后视镜折叠请求	禁止折叠	
外后视镜记忆控制请求	无	
外后视镜记忆存储地址	无	
远程起动-动力总成起动中止原因	换挡杆未在驻车挡禁止起动	
远程起动-动力总成运行中止原因	换挡杆未在驻车挡	
远程座椅加热失败原因	座椅加热系统故障	
左前座椅加热等级		
右前座椅加热等级		

5. 车身控制模块更换

（1）注意事项：

①由于 BCM 的更换涉及多个复杂的步骤和专业知识，只能由专业维修人员进行操作。

②在操作过程中务必遵守安全规范，确保自身和他人的安全。

（2）更换步骤：

①安装车外、车内三件套。

②用绝缘工具断开蓄电池负极电缆。

③戴绝缘手套，断开高压母线，等待 5 min。

④验电，确认高压下电完成。

⑤根据维修手册拆装步骤，拆卸相关饰板，找到 BCM。

⑥断开 BCM 与其他部件之间的连接线，注意标记每个接线的位置，以便后续安装时能够正确连接。

⑦使用绝缘工具拆卸 BCM 的固定螺栓，再取出 BCM。

⑧安装新的 BCM，装好固定螺栓。

⑨根据之前的标记，将新的 BCM 与其他部件之间的连接线正确连接。

⑩戴好绝缘手套，连接高压母线，安装蓄电池负极电缆。

（3）更换 BCM 后，必须执行以下操作：

①将故障诊断仪连接至车辆并访问 SIPS。

②选择编程与编码—BCM—更换，并按屏幕上的说明进行操作。

更换操作中已包括了刷新、配置、设置（防盗匹配、钥匙的添加及将 BCM 的电源模式调整为正常模式）。

如果在更换过程中提示失败，请根据界面提示执行。如果仅提示 BCM 电源模式失败，则使用 VDS 重新执行该诊断例程。

五、仪表板控制模块电路故障诊断分析策略

1. 仪表板控制简述

目前，汽车仪表正在经历由模拟电路电子式仪表向全数字化仪表的转型时期，汽车仪表正在向着数字化、智能化的方向高速发展。

纯电动汽车上的电气设备较多，普通的数字仪表已远远不能满足纯电动汽车电气设备的需求。车载液晶数字仪表的应用为纯电动汽车电气设备信息的采集及控制提供了一种新思路。

传统的仪表盘设计都集中在驾驶员一侧，如时速表、转速表、水温表、油量表以及一些报警系统，如驻车制动、油量、水温、发动机、ABS、安全气囊等都是如此，行车信息的分享性很差。如今，仪表中置与中控台集成设计，提高了行车信息的共享性。

保时捷 918 Spyde 混动超跑将仪表与中控台集成，科技感十足，提高了行车信息的共享性，如图 2-148 所示。

奔驰 S400L 混动汽车将虚拟指针表盘置于液晶仪表上，突显时尚感与科技感的同时，显示效果也更加清晰，如图 2-149 所示。

图 2-148　保时捷 918 Spyde 混动超跑仪表

图 2-149　奔驰 S400L 混动汽车仪表

组合仪表系统框图如图 2-150 所示。

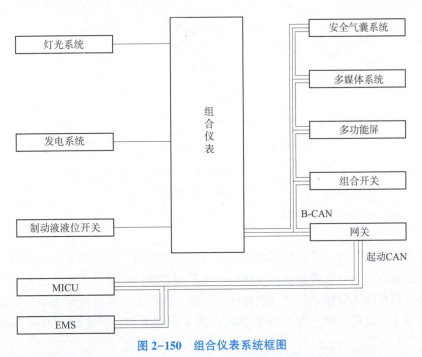

图 2-150　组合仪表系统框图

组合仪表信息传输路径如表 2-26 所示。

表 2-26　组合仪表信息传输路径

发送节点	接收节点	信息	传输类型
BCM	组合仪表	左前门状态； 右前门状态； 左后门状态； 右后门状态； 驾驶员安全带开关信号； 整车状态； 行李厢信号； 智能钥匙系统警告灯信号； 蜂鸣器控制信号	CAN
SRS	组合仪表	故障指示灯驱动信号	CAN
组合开关	组合仪表	远光灯开关信号； 前雾灯开关信号； 后雾灯开关信号； 小灯开关信号	CAN
组合仪表	多功能屏	调光挡位置信号	CAN
	多媒体系统	驻车制动开关信号	CAN
网关	组合仪表	(MIL) 排放故障信号； 冷却液温度； 车速信号； EBD 故障信号； ABS 故障信号； 车速信号； Service 报警灯； 挡位信号； ESP	CAN
发电系统	组合仪表	充电系统灯	硬线
灯光系统	组合仪表	左转向信号指示灯； 右转向信号指示灯	硬线
组合仪表	室内灯系统	背光驱动信号	硬线

　　组合仪表的照明是通过背后的可调节发光二极管实现的，这种照明方式可照亮仪表使其达到必需的能见度。组合仪表的每一个指示灯也是通过专门的发光二极管点亮的。每一个发光二极管都采用整体式焊接到组合仪表壳体背后的电路板上。连接电路将组合仪表连接到整车的电气系统上，这些连接电路被集成在汽车线束内按不同位置走线，并按许多不同方式固定。

2. 组合仪表故障诊断

故障诊断流程如图 2-151 所示。

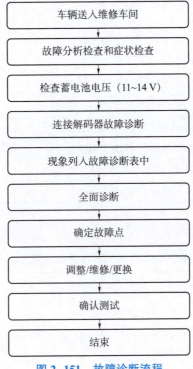

```
车辆送入维修车间
      ↓
故障分析检查和症状检查
      ↓
检查蓄电池电压（11~14 V）
      ↓
连接解码器故障诊断
      ↓
现象列入故障诊断表中
      ↓
全面诊断
      ↓
确定故障点
      ↓
调整/维修/更换
      ↓
确认测试
      ↓
结束
```

图 2-151　故障诊断流程

诊断故障码如表 2-27 所示。

表 2-27　诊断故障码

故障码	检测项目	故障部位
B2342	仪表内部故障	组合仪表
B2343	时钟运行故障	组合仪表
U1101	仪表与组合开关通信中断	组合仪表 组合开关 网关
U1103	仪表与 SRS 通信中断	组合仪表 SRS 网关
U0146	仪表与网关通信中断	组合仪表 网关
U0140	仪表与 BCM 通信中断	组合仪表 网关 BCM

199

续表

故障码	检测项目	故障部位
B2344	燃油表输入装置开路故障	组合仪表 线束或连接器
B2345	燃油表输入装置短路故障	组合仪表 线束或连接器
B243D	信息切换按键输入装置短路故障	组合仪表 线束或连接器
B234A	CAN 总线接收到冷却液温度信号错误	网关
B234B	CAN 总线接收到车速信号错误	网关
B234C	CAN 总线接收到转速信号错误	网关
B2A22	车外温度传感器断路	线束或连接器
B2A23	车外温度传感器短路	线束或连接器

故障症状诊断如表 2-28 所示。

表 2-28　故障症状诊断表（节选）

症状	可疑部位
整个仪表不工作	电源电路
	组合仪表
长短里程调节失效	组合仪表/线束/开关
仪表背光调节不起作用	组合仪表/线束/开关
整车背光不可调节	组合仪表
	线束
	其他模块
车速表异常	轮速传感器
	ABS
	网关
	组合仪表
	CAN 通信
仪表转向指示灯不亮	组合开关
	组合仪表
	线束或连接器
远光灯指示灯不亮	CAN 通信
	组合开关
	组合仪表
驻车制动指示灯异常	驻车制动开关
	组合仪表
	线束或连接器

症状	可疑部位
安全系统指示灯异常	BCM
	组合仪表
	CAN 通信
驾驶员座椅安全带指示灯异常	主驾安全带锁扣开关
	BCM
	组合仪表
	CAN 通信
	线束或连接器
安全气囊故障指示灯异常	SRS 系统
	组合仪表
	CAN 通信
车门和行李厢开启指示灯异常	BCM
	组合仪表
	CAN 通信
后雾灯指示灯异常	组合开关
	组合仪表
	CAN 通信
前雾灯指示灯异常	组合开关
	组合仪表
	CAN 通信
防抱死制动装置指示灯异常	CAN 通信
	ABS 系统故障
	组合仪表
智能钥匙系统钥匙位置指示灯异常	KEY ECU
	BCM
	CAN 通信
	组合仪表

3. 故障案例

一辆荣威 550，打开起动开关，整个仪表都不工作。

（1）询问客户故障出现时间及状态。

（2）分析故障，查询维修手册，仪表电路如图 2-152 所示。

（3）检查。

①检查 F2/F23、F2/F13 熔丝，电阻值均小于 1 Ω，说明熔丝都正常。

②检查线束：

断开组合仪表 G01 连接器。

检查线束各连接器端子。

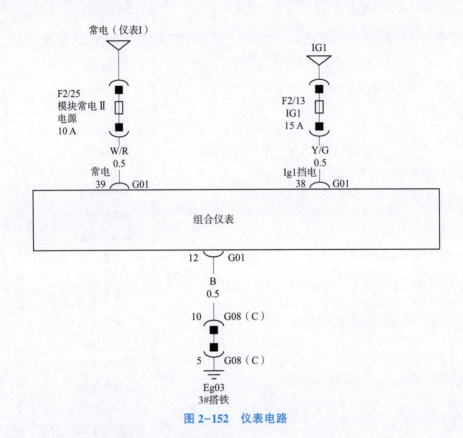

图 2-152　仪表电路

a. 检查 G01-38—车身搭铁，电压为 11~14 V，正常；

检查 G01-39—车身搭铁，电压为 11~14 V，正常。

b. 检查 G01-11—车身搭铁，电阻正常值小于 1 Ω；

检查 G01-12—车身搭铁，电阻正常值小于 1 Ω；

测量出电压、电阻均正常，即可判断故障在组合仪表。

（4）更换组合仪表后正常。

任务实施与评价

工单 3　　新能源汽车网关控制娱乐系统故障诊断

学生姓名		班级		学号	
实训场地		日期		车型	
实训任务	汽车维修工小王，接待一辆吉利 EV450 汽车，车辆挂挡不走车，OK 灯正常点亮，挡位正常显示，仪表显示"请检查动力系统"；于是把车拖到维修店进行维修。现在主管安排你对该车进行故障诊断，你能完成这个任务吗				
实训设备		实训项目	实训器材	说明	数量
	动力电池系统检查诊断	车辆	吉利 EV450 汽车	1
		故障诊断仪器	吉利专用解码器	1

		绝缘工具	世达（含常用普通工具）	1
实训设备	动力电池系统检查诊断	数字兆欧表	通用	2
		数字万用表	通用	2
		绝缘垫	通用	1
		绝缘手套（双）	通用	2
		护目镜	通用	2
		安全帽	通用	2
		危险警示牌	通用	1
		耐磨手套（双）	通用	2
任务要求	能够对网关控制娱乐系统故障进行诊断、检查及排除			
相关信息	请阅读教材中该任务的"知识链接"，完成以下内容。 （1）绘制电机与控制系统网络图。 _____ _____ （2）分析电机与控制系统网络图原理。 _____ _____ （3）如何进行吉利 EV450 车辆挂挡不走车，OK 灯正常点亮，挡位正常显示，仪表显示"请检查动力系统"故障诊断检查？ _____ _____			
计划与决策	请根据任务要求，确定所需要的场地和物品，并对小组成员进行合理分工，制订详细的工作计划。 **一、人员分工** 小组编号：_____，组长：_____。 小组成员：_____ 我的任务：_____ **二、准备场地及物品** 检查并记录完成任务需要的场地、设备及工具。 1. 场地 检查工作场地是否清洁及存在安全隐患，如不正常，请汇报老师并及时处理。 记录：_____ 2. 车辆、充电桩、总成、工件 车辆：_____ 充电桩：_____ 总成：_____ 工件：_____ 3. 设备及工具 防护装备：_____ 设备及工具：_____ 4. 安全要求及注意事项 （1）实训汽车停在实训工位上，没有经过老师批准不准起动。经老师批准起动，首先应检查车轮的安全顶块是否放好，驻车制动是否拉好，排挡杆是否放在 P 挡（A/T），车前有没有人。 （2）禁止触碰任何带安全警告标志的部件。 （3）实训期间禁止嬉戏打闹。 **三、制定工作方案** 根据任务，小组进行讨论，确定工作方案（流程/工序），并记录。 _____ _____			

项目二 新能源汽车系统故障诊断

续表

实施与检查	根据制订的计划实施，完成以下任务并记录。 本操作任务完成网关控制娱乐系统故障诊断、检查及排除，包括以下内容： 网关控制系统故障码及数据流读取、相关数据检查。 操作记录： 			
评估	根据任务完成情况，学生自我评分，老师或指定组长过程巡视/验收检查时，发现问题直接扣分。			
	评估项目（分值）	自我评估	小组评估	老师评估
	相关信息（5）			
	计划与决策（5）			
	实施与检查（10）			
	合计（20）			
	总评			

❄ 任务 4　新能源汽车制动系统故障诊断

任务目标

知识目标

1. 熟知新能源汽车故障诊断策略。

2. 熟知新能源汽车制动工作原理。

能力目标

1. 会使用新能源汽车故障诊断设备。

2. 能进行新能源汽车制动系统故障诊断并排除故障。

素养目标

1. 具备产品质量控制意识。

2. 具有岗位意识、爱岗敬业精神。

3. 具有安全规范意识。

4. 培养学生认真严谨的学习作风，增强团队协作能力及创新意识。

任务描述

汽车维修工小王，接待一辆吉利 EV450 汽车，踩制动踏板时制动故障灯亮，车辆行驶中踩制动踏板以后偶尔报出了故障，仪表显示制动故障灯亮、整车故障灯亮，停车后仪表故障灯熄灭。现在主管安排你对该车进行故障诊断，你能完成这个任务吗？

知识链接

一、新能源汽车制动系统简述

制动系统是汽车上的主动安全系统装置。制动系统是汽车上用以使外界（主要是路面）在汽车某些部分（主要是车轮）施加一定的力，从而对其进行一定程度的强制制动的一系列专门装置。制动系统的作用是使行驶中的汽车按照驾驶员的要求进行强制减速甚至停车；使已停驶的汽车在各种道路条件下（包括在坡道上）稳定驻车；使下坡行驶的汽车速度保持稳定。

（一）制动系统结构

驱动系统主要由供能装置、控制装置、传动装置及制动器几部分组成。

（1）供能装置：包括供给、调节制动所需能量以及改善传动介质状态的各种部件。

（2）控制装置：产生制动动作和控制制动效果的各种部件，如制动踏板。

（3）传动装置：包括将制动能量传输到制动器的各个部件，如制动主缸、轮缸。

（4）制动器：产生阻碍车辆运动或运动趋势的部件。

（二）新能源汽车制动系统结构与原理

新能源汽车制动系统与传统燃油汽车制动系统的区别不大，主要不同是新能源汽车在传统燃油汽车液压制动系统基础上增加了电动真空助力系统，以及采用制动能量回收模式，如图 2-153 所示。以下介绍纯电动汽车与混合动力汽车制动系统，着重介绍与传统燃油汽车制动系统不同的结构。

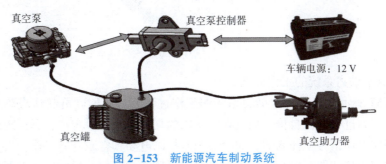

图 2-153　新能源汽车制动系统

1. 制动系统各部件

1）真空泵

真空泵是指利用机械、物理、化学或物理化学的方法对被抽容器进行抽气而获得真空的器件或设备。通俗来讲，真空泵是用各种方法在某一封闭空间中改善、产生和维持真空的装置。汽车上通常采用如图 2-154 所示的电动真空泵。

2）真空罐

真空罐用于储存真空，通过真空压力传感器感知真空度并把信号发送给真空泵控制器，如图 2-155 所示。

图 2-154 电动真空泵　　　　图 2-155 真空罐（电线插头位置为真空压力传感器）

3）真空泵控制器

真空泵控制器是电动真空系统的核心部件。真空泵控制器根据真空罐真空压力传感器发送的信号控制真空泵工作，如图 2-156 所示。

图 2-156 真空泵控制器

4）电动真空助力系统的工作原理

如图 2-157 所示，电动真空助力系统的工作过程为：当驾驶员起动汽车时，车辆电源接通，控制器开始进行系统自检，如果真空罐内的真空度小于设定值，真空罐内的真空压力传感器输出相应电压信号至控制器，此时控制器控制电动真空泵开始工作，当真空度达到设定值后，真空压力传感器输出相应电压信号至控制器，此时控制器控制真空泵停止工作。当真空罐内的真空度因制动消耗，真空度小于设定值时，电动真空泵再次开始工作，如此循环。

2. 制动能量回收系统

1）制动能量回收系统结构

制动能量回收系统简图如图 2-158 所示。

2）制动能量回收系统工作原理

新能源汽车的再生制动是利用电机的可逆性原理，如图 2-159 所示。减速或者滑行时由车轮拖动电机发电并产生反向制动力矩，其本质是电机转子的转动频率超过电机的电源频率，电机工作于发电状态，将机械能转化为电能并通过逆变器的反向续流二极管给电池充

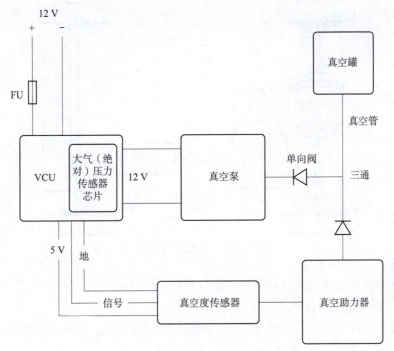

图 2-157　电动真空助力系统的工作过程

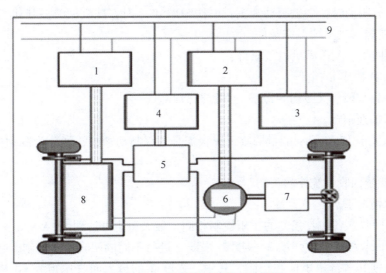

图 2-158　制动能量回收系统简图

1—电池管理系统；2—驱动电机控制器；3—整车控制器；4—制动控制器；
5—ABS 液压控制单元；6—驱动电机；7—变速器；8—高压电池；9—数据总线

电。在行驶工况变化比较频繁的路段，采用制动能量回收可增加续驶里程约 20%。

电动汽车再生制动关键技术：提高制动安全性、提高制动能量回收率、各工况下制动控制策略。

（1）提高制动安全性。

制动意图识别：减速、紧急制动；主从动轴制动力的分配问题；再生制动系统与 ABS

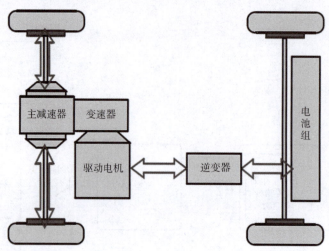

图 2-159　制动能量回收工作

等系统的匹配；再生制动与机械制动的过渡与补偿。

（2）提高制动能量回收率。

提高电源系统峰值功率；合理分配再生制动与摩擦制动力；更有效的控制算法。

（3）各工况下制动控制策略。

紧急制动时：以机械摩擦制动为主，电气制动辅助；减速停车时：电气制动减速，摩擦制动停车；下坡制动时：再生制动为主；电池 SOC>0.8 时：纯机械摩擦制动。

3）制动能量回收系统工作条件

制动能量回收工况需满足以下条件：

（1）挡位 D 挡或 E 挡。

（2）无高压故障、无零扭矩故障、无跛行故障。

（3）未踩加速踏板。

（4）车速大于 10 km/h；能量回收工况根据是否踩制动踏板，区分为制动能量回收和滑行能量回收。

4）制动能量回收系统控制策略

（1）正常情况下。

制动能量回收在各回收强度的扭矩控制相同，最大扭矩可达到 85 N·m。

滑行能量回收根据回收强度 3/强度 2/强度 1 进行不同的回收扭矩控制，在 D 挡和 E 挡的同一回收强度其滑行扭矩控制相同，其中，强度 3 的最大回收扭矩为 60 N·m；强度 2 的最大回收扭矩为 45 N·m；强度 1 的最大回收扭矩为 30 N·m。

（2）制动系统故障处理。

如行车过程中发生真空泵故障，需在以上扭矩控制的基础上进行 1.3 倍回收扭矩的施加，保证车辆快速进入故障控制状态。

（3）其他影响回收的因素。

能量回收扭矩需考虑电池的充电能力，根据电池允许的最大回收功率（来自 CAN 报文实时通信）进行回收扭矩的限制。

能量回收扭矩需考虑驱动电机的发电能力，根据驱动电机允许最大发电扭矩（来自

CAN 报文实时通信）进行回收扭矩的限制。

MCU/IGBT/驱动电机本体温度过温故障时，限制能量回收扭矩为 0；在 MCU/IGBT/驱动电机本体温度处于过温故障阈值前 10 ℃直至过温故障时刻，进行回收扭矩的线性限制，直至能量回收扭矩为 0。

ABS 介入工作时，限制能量回收扭矩为 0；MCU 母线电压大于 440 V 时，限制能量回收扭矩为 0。

BMS 有单体电压过压和总电压过压故障时，限制能量回收扭矩为 0；以上所有的限制因素取能量回收扭矩的最小值。

二、新能源汽车制动系统故障诊断

1. 电动真空助力系统接线方式和端子定义

图 2-160 所示为真空泵控制器端子示意图，表 2-29 所示为真空泵控制器端子的定义。

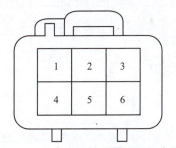

图 2-160　真空泵控制器端子示意图

表 2-29　真空泵控制器端子的定义

端子号	功能	线束走向
1	12 V 正极输入	前机舱低压电器盒（30 A 熔丝）
2	12 V 正极输出	负极搭铁
3	触点 1	真空罐压力开关
4	触点 2	真空罐压力开关
5	12 V 正极输入	电动真空泵输入正极
6	12 V 正极输出	电动真空泵输入负极

2. 电路简图

电动真空助力系统电路如图 2-161 所示。12 V 直流常电接通后，真空泵控制器发送信号让真空泵开始工作，真空罐压力达到 55 kPa 以上时，真空罐压力传感器闭合，发出高电平信号到真空泵控制器和 VCU，真空泵控制器的时间模块延时 10 s，真空泵停止工作。等真空度下降到 -55 kPa 以下，真空罐压力传感器断开，发出低电平信号给真空泵控制器和 VCU，真空泵控制器收到信号后，控制真空泵再次开始工作，如此循环。

3. 电动真空助力系统检查与诊断

电动真空助力系统的检查与诊断步骤如表 2-30 所示。

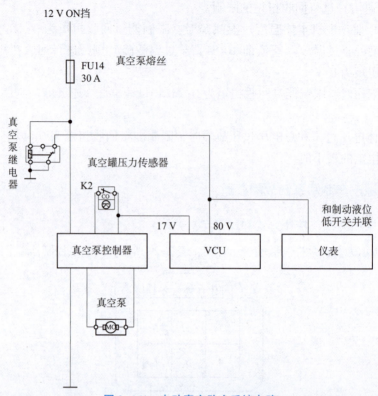

图 2-161　电动真空助力系统电路

表 2-30　电动真空助力系统的检查与诊断步骤

序号	检查步骤	检查结果及操作方法		
1	检查熔丝是否熔断	正常：进行下一步	不正常：熔丝熔断	更换熔丝
2	检查电动真空泵是否损坏	正常：进行下一步	电路有故障或电动真空泵损坏	检修电路或更换电动真空泵
3	检查真空罐是否漏气	正常：进行下一步	真空罐漏气	更换真空罐
4	正确检修操作后检查故障是否出现	正常：诊断结束	故障未消失	从其他症状查找故障源

4. 新能源汽车制动系统故障码

新能源汽车制动系统故障码含义如表 2-31 所示。

表 2-31　新能源汽车制动系统故障码含义

序号	故障码	含义
1	C0031	左前轮速传感器线路故障——信号故障
2	C0032	左前轮速传感器线路故障
3	C0034	右前轮速传感器线路故障——信号故障
4	C0035	右前轮速传感器线路故障

序号	故障码	含义
5	C0037	左后轮速传感器线路故障——信号故障
6	C0038	左后轮速传感器线路故障
7	C003A	右后轮速传感器线路故障——信号故障
8	C003B	右后轮速传感器线路故障
9	C0010	左前 ABS 进油口电磁阀或者 1 号电机线路故障
10	C0011	左前 ABS 出油口电磁阀或者 2 号电机线路故障
11	C0014	右前 ABS 进油口电磁阀或者 1 号电机线路故障
12	C0015	右前 ABS 出油口电磁阀或者 2 号电机线路故障
13	C0018	左后 ABS 进油口电磁阀或者 1 号电机线路故障
14	C0019	左后 ABS 出油口电磁阀或者 2 号电机线路故障

5. 故障案例

故障现象：E150EV 踩制动踏板时制动故障灯亮，车辆行驶中踩制动踏板以后偶尔报出故障，仪表显示制动故障灯亮、整车故障灯亮，停车后仪表故障灯熄灭，如图 2-162 所示。

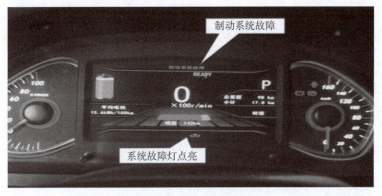

图 2-162　仪表故障显示

（1）诊断思路：用诊断仪读取信息，检查与制动系统相关的部件和电路。

（2）故障诊断与排除：试车过程中此故障再现，用诊断仪读出故障码 P0784（制动系统真空泵压力故障），打开起动开关，持续踩制动踏板，真空泵开始工作，可以排除电路和控制器的故障。怀疑是真空度传感器故障或真空罐、真空管路系统漏气，通过用真空表检测真空度，在真空泵工作约 15 s 时，真空度在 50 kPa，关闭起动开关持续 20 min，真空表显示真空度依然是 50 kPa，此现象说明真空系统无漏气现象。新能源汽车电动真空泵设计标准，在正常大气压力下真空度最大强度为 70 kPa。通过检测真空度的数据可以确定为真空泵达不到设计标准的真空强度，更换真空泵后故障排除。

（3）故障分析：踩制动踏板时故障灯点亮，停车后仪表故障灯熄灭。通过查阅资料真空度的正常值在 50~70 kPa，当真空度小于 50 kPa 时真空泵起动。

6. 制动系统常见故障检测方法及步骤

（1）连接电源后电动真空泵不转故障检测方法及步骤。

电动真空泵不转故障检测方法及步骤如表2-32所示。

表2-32　电动真空泵不转故障检测方法及步骤

序号	检查步骤	检查结果		
0	初步检查	正常	有故障	操作方法
	熔丝是否熔断	进行第1步	熔丝熔断	更换熔丝
1	检查蓄电池	正常	有故障	操作方法
	蓄电池是否亏电	进行第2步	蓄电池亏电	补充电量
2	检查控制器线路	正常	有故障	操作方法
	检查控制器线路是否正常	进行第3步	控制器线路短路/断路	维修或更换线路
3	检查电动真空泵线路	正常	有故障	操作方法
	检查电动真空泵线路是否正常	进行第4步	电动真空泵电路线路短路/断路	维修或更换线路
4	检查电动真空泵	正常	有故障	操作方法
	检查电动真空泵是否正常	进行第5步	电动真空泵损坏	更换电动真空泵
5	检查真空泵控制器	正常	有故障	操作方法
	检查真空泵控制器是否正常	进行第6步	真空泵控制器损坏	更换真空泵控制器
6	检查操作	正常	有故障	操作方法
	正确检修操作后，检查故障是否出现	诊断结束	故障未消失	从其他症状查找故障原因

（2）接通电源后，真空度抽至上限设定值电机不停转故障检测方法及步骤。

真空度抽至上限设定值电机不停转故障检测方法及步骤如表2-33所示。

表2-33　真空度抽至上限设定值电机不停转故障检测方法及步骤

序号	检查步骤	检查结果		
0	初步检查	正常	有故障	操作方法
	检查传感器是否正常	进行第1步	传感器损坏	更换传感器
1	检查电动真空泵	正常	有故障	操作方法
	检查电动真空泵是否正常	进行第2步	电动真空泵损坏	更换电动真空泵
2	检查真空泵控制器	正常	有故障	操作方法
	检查真空泵控制器是否正常	进行第3步	真空泵控制器损坏	更换真空泵控制器
3	检查操作	正常	有故障	操作方法
	正确检修操作后，检查故障是否出现	诊断结束	故障未消失	从其他症状查找故障原因

（3）电动真空泵不能正常开启和关闭故障检测方法及步骤。

电动真空泵不能正常开启和关闭故障检测方法及步骤如表2-34所示。

表 2-34　电动真空泵不能正常开启和关闭故障检测方法及步骤

序号	检查步骤	检查结果		
0	初步检查	正常	有故障	操作方法
	熔丝是否熔断	进行第 1 步	熔丝熔断	更换熔丝
1	检查蓄电池	正常	有故障	操作方法
	蓄电池是否亏电	进行第 2 步	蓄电池亏电	补充电量
2	检查控制器线路	正常	有故障	操作方法
	检查控制器线路是否正常	进行第 3 步	控制器线路短路/断路	维修或更换线路
3	检查电动真空泵线路	正常	有故障	操作方法
	检查电动真空泵线路是否正常	进行第 4 步	电动真空泵电路线路短路/断路	维修或更换线路
4	检查传感器	正常	有故障	操作方法
	检查传感器是否正常	进行第 5 步	传感器损坏	更换传感器
5	检查真空管	正常	有故障	操作方法
	检查真空管路密封性	进行第 6 步	真空管路有损坏	更换真空管路
6	检查电动真空泵	正常	有故障	操作方法
	检查电动真空泵是否正常	进行第 7 步	电动真空泵损坏	更换电动真空泵
7	检查真空泵控制器	正常	有故障	操作方法
	检查真空泵控制器是否正常	进行第 8 步	真空泵控制器损坏	更换真空泵控制器
8	检查操作	正常	有故障	操作方法
	正确检修操作后，检查故障是否出现	诊断结束	故障未消失	从其他症状查找故障原因

任务实施与评价

工单 4　新能源汽车制动系统故障诊断

学生姓名		班级		学号	
实训场地		日期		车型	
实训任务	汽车维修工小王，接待一辆吉利 EV450 汽车，踩制动踏板时制动故障灯亮，车辆行驶中踩制动踏板以后偶尔报出故障，仪表显示制动故障灯亮、整车故障灯亮，停车后仪表故障灯熄灭。现在主管安排你对该车进行故障诊断，你能完成这个任务吗				
实训设备		实训项目	实训器材	说明	数量
	动力电池系统检查诊断	车辆	吉利 EV450 汽车	1
		故障诊断仪器	吉利专用解码器	1
		绝缘工具	世达（含常用普通工具）	1
		数字兆欧表	通用	2
		数字万用表	通用	2
		绝缘垫	通用	1
		绝缘手套（双）	通用	2
		护目镜	通用	2
		安全帽	通用	2
		危险警示牌	通用	1
		耐磨手套（双）	通用	2

任务要求	能够对制动系统故障进行诊断及检查、排除
相关信息	请阅读教材中该任务的"知识链接"，完成以下内容。 （1）新能源汽车制动系统结构。 　 　 　 （2）新能源汽车制动工作原理。 　 　 　 （3）如何进行吉利 EV450 汽车踩制动踏板时制动故障灯亮，车辆行驶中踩制动踏板以后偶尔报出故障，仪表显示制动故障灯亮、整车故障灯亮，停车后仪表故障灯熄灭的故障诊断检查？ 　 　
计划与决策	请根据任务要求，确定所需要的场地和物品，并对小组成员进行合理分工，制订详细的工作计划。 **一、人员分工** 小组编号：＿＿＿＿＿＿，组长：＿＿＿＿＿＿。 小组成员：＿＿＿＿＿＿ 我的任务：＿＿＿＿＿＿ **二、准备场地及物品** 检查并记录完成任务需要的场地、设备及工具。 1. 场地 检查工作场地是否清洁及存在安全隐患，如不正常，请汇报老师并及时处理。 记录：＿＿＿＿＿＿ 2. 车辆、充电桩、总成、工件 车辆：＿＿＿＿＿＿ 充电桩：＿＿＿＿＿＿ 总成：＿＿＿＿＿＿ 工件：＿＿＿＿＿＿ 3. 设备及工具 防护装备：＿＿＿＿＿＿ 设备及工具：＿＿＿＿＿＿ 4. 安全要求及注意事项 （1）实训汽车停在实训工位上，没有经过老师批准不准起动。经老师批准起动，首先应检查车轮的安全顶块是否放好，驻车制动是否拉好，排挡杆是否放在 P 挡（A/T），车前有没有人。 （2）禁止触碰任何带安全警告标志的部件。 （3）实训期间禁止嬉戏打闹。 **三、制定工作方案** 根据任务，小组进行讨论，确定工作方案（流程/工序），并记录。 　 　 　

实施与检查	根据制订的计划实施，完成以下任务并记录。 本操作任务完成的制动系统故障进行诊断、检查及排除，包括以下内容： 制动系统故障码及数据流读取、相关数据检查。 操作记录：_____ _____ _____

评估	根据任务完成情况，学生自我评分，老师或指定组长过程巡视/验收检查时，发现问题直接扣分。			
	评估项目（分值）	自我评估	小组评估	老师评估
	相关信息（5）			
	计划与决策（5）			
	实施与检查（10）			
	合计（20）			
	总评			

项 目 小 结

通过本项目学习，掌握以下知识和技能：

1. 新能源汽车动力驱动系统的故障诊断

新能源汽车故障诊断注意事项；新能源汽车驱动电机故障诊断；新能源汽车动力电池故障诊断；驱动电机控制系统故障诊断。

2. 新能源汽车空调系统工作不正常故障

新能源汽车空调送风系统；新能源汽车暖风系统；新能源汽车空调系统检修。

3. 新能源汽车网关控制娱乐系统故障诊断

驱动电机控制模块；挡位控制模块相关故障码及数据流诊断分析策略；电池管理控制模块相关故障码与数据流分析；车身控制模块相关故障码及数据流诊断分析策略；车身控制模块故障诊断流程；仪表板控制模块电路故障诊断分析策略；组合仪表故障诊断。

4. 新能源汽车制动系统故障诊断

新能源汽车制动系统结构与原理；新能源汽车制动系统故障诊断。

项目二 新能源汽车系统故障诊断

215

项目三
新能源汽车整车故障诊断

本项目主要围绕新能源汽车整车充电系统、低压系统、高压系统工作不正常及车辆不能行驶等故障分析故障原因，建立故障诊断策略，初步建立故障诊断及排除的能力。

✳ 任务1　新能源汽车充电系统故障诊断（交流充电）

知识目标

1. 熟知家用供电插座及供电要求。

2. 了解充电桩连接确认，充电电缆功率识别，正确测量 PE-CC 静态电阻、S3 开关状态。

3. 理解充电连接确认，正确判断 CP 端口静态状态。

4. 了解充电枪连接后 CC、CP 信号识别和转换过程。

5. 熟悉车载充电装置中充电电缆，供电引导数据读取。

6. 了解随车充电电缆充电及充电指示灯状态。

能力目标

1. 会使用新能源汽车故障诊断设备。

2. 熟悉故障诊断流程，建立故障诊断策略。

3. 具备新能源汽车充电系统故障诊断能力，会诊断并排除充电系统故障。

素养目标

1. 具备产品质量控制意识。

2. 具有岗位意识、爱岗敬业精神。

3. 培养学生认真严谨的学习作风，增强团队协作能力及创新意识。

4. 具有高压安全意识及环保意识。

维修技师小李对来店保养的车辆进行检查时，发现该车插入交流充电枪后仪表没有任何反应，需要检查和维修哪些项目？

一、新能源汽车充电系统简述

新能源汽车充电方式有交流充电和直流充电两种方式。

交流充电：通过交流充电桩、壁挂式充电盒以及便携式充电枪接入交流充电口，通过高压电控总成中的 VTOG 或 OBC 将交流电转换为直流高压电，再经过高压电控总成中的高压配电箱给动力电池充电。

直流充电：通过直流充电柜将直流高压电接入直流充电口，通过高压电控总成的升降压模块升压后，再经过高压电控总成中的高压配电箱，或直接经过高压电控总成中的高压配电箱给动力电池充电。

（一）家用充电

1. 家用供电插座要求

家用交流供电系统采用 TT、TN-C-S 和 TN-S 三种系统，都有专用的 PE 线（接地线），如图 3-1 所示。原则上家用供电都是 TN-S，即三相五线制。线路有单独的 PE 线（接地），而且该线在电源侧与中性线 N 连接在一起。

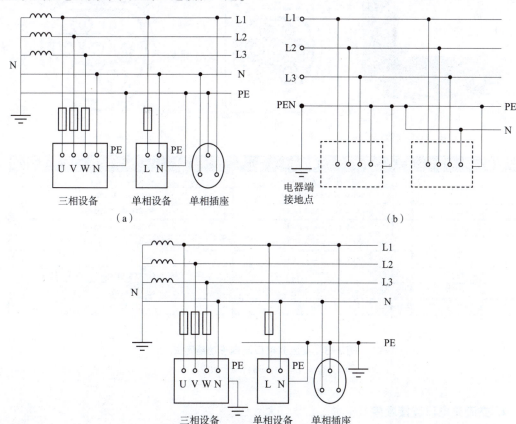

图 3-1　家用充电电路图

（a）TN-S 系统；（b）TN-C-S 系统；（c）TT 系统

项目三　新能源汽车整车故障诊断

217

2. 家用充电插座安装要求及供电容量

家用充电插座结构如图 3-2 所示，需要检查 PE 接地电阻，接地电阻测试仪要求接地电阻<4 Ω。需要测试 PE 端与 N 线（中性线）连接导通性。导线截面积≥2.5 mm²。测试中需要对 N 线（中性线）进行严格确认。供电端应安装 32 A 漏电开关。

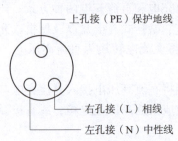

图 3-2　家用充电插座结构

3. 交流充电口定义

交流充电口有统一的定义标准，如图 3-3 所示。

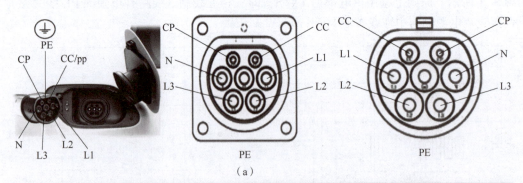

（a）

端子编号/标志	额定电压和额定电流	功能定义
1 -（L1）	250 V 10 A / 16 A / 32 A	交流电源（单相）
	440 V 16 A / 32 A / 63 A	交流电源（三相）
2 -（L2）	440 V 16 A / 32 A / 63 A	交流电源（三相）
3 -（L3）	440 V 16 A / 32 A / 63 A	交流电源（三相）
4 -（N）	250 V 10 A / 16 A / 32 A	中性线（单相）
	440 V 16 A / 32 A / 63 A	中性线（三相）
5 -（PE）	-	保护接地，连接供电设备地线和车辆电平台
6 -（CC）	0～30 V 2 A	充电连接确认
7 -（CP）	0～30 V 2 A	控制引导

（b）

图 3-3　交流充电口及端子功能定义

（a）交流充电口；（b）端子功能定义

4. 交流充电口连接顺序

交流充电接口连接顺序如图 3-4 所示。

充电连接过程为：

（1）首先接通保护接地触点（PE）。

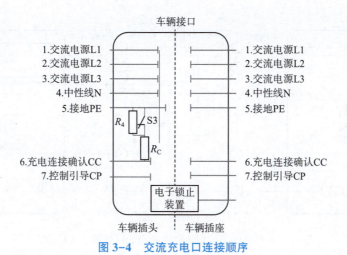

图 3-4　交流充电口连接顺序

（2）交流电源、中性线（零线）L1/L2/L3/N 连接。

（3）充电连接确认、控制引导 CC/CP 连接。

在断电过程中，首先断开控制引导和连接确认触点，最后断开接地保护触点。

（二）充电过程连接

1. 充电电缆与供电装置（充电桩）的连接确认 CC-PE

如图 3-5 所示，供电控制装置上的检测点 4 通过充电电缆连接后电缆内部将 CC-PE 接通，将检测点 4 的信号连接到接地，判断充电电缆与供电设备连接。

对于该点故障判断主要需要根据充电连接方式进行，只有充电电缆与供电装置是可以分离的连接方式，即标准中 B 连接方式需要检查充电电缆 CC-PE 导通性，连接方式 C 不需要。

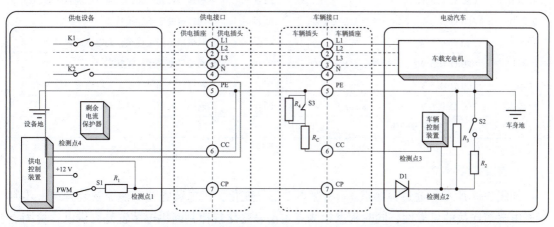

图 3-5　充电电缆与供电装置（充电桩）的连接确认

2. 充电电缆与车辆充电插座的连接确认 CC-PE

如图 3-6 所示，检测点 3 用于判断充电电缆与车辆充电插座的连接，可以判断以下内容：

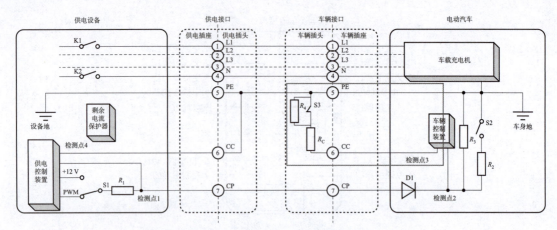

图 3-6 充电电缆与车辆充电插座的连接确认 CC-PE

（1）（R_4+R_C）连接的可靠性（S3 闭合）；

（2）充电电缆是否与车辆充电插座连接、未连接、半连接、连接完成。

（3）车辆充电装置通过判断整个系统（包含充电电缆）CC-PE 之间的连接电阻判断充电电缆容量、电缆连接可靠性。该数据可以通过车载充电装置数据流读取，如表 3-1 所示。

表 3-1　充电电缆与车辆充电插座的连接状况

状态	R_C	R_4	S3	车辆接口连接状态及额定电流
状态 A	—	—	—	车辆接口未完全连接
状态 B	—	—	断开	机械锁止装置处于解锁状态
状态 C	1.5 kΩ/0.5 W[a]	—	闭合	车辆接口已完全连接，充电电缆容量为 10 A
状态 C′	1.5 kΩ/0.5 W[a]	1.8 kΩ/0.5 W[b]	断开	车辆接口处于半连接状态
状态 D	680 Ω/0.5 W[a]	—	闭合	车辆接口已完全连接，充电电缆容量为 16 A
状态 D′	680 Ω/0.5 W[a]	2.7 kΩ/0.5 W[b]	断开	车辆接口处于半连接状态
状态 E	220 Ω/0.5 W[a]	—	闭合	车辆接口已完全连接，充电电缆容量为 32 A
状态 E′	220 Ω/0.5 W[a]	3.3 kΩ/0.5 W[b]	断开	车辆接口处于半连接状态
状态 F	100 Ω/0.5 W[a]	—	闭合	车辆接口已完全连接，充电电缆容量为 63 A
状态 F′	100 Ω/0.5 W[a]	1.8 kΩ/0.5 W[b]	断开	车辆接口处于半连接状态
a、b 电阻 R_C、R_4 的精度为±3%				

3. 充电引导 CP

如图 3-7 所示，通过检测点 1、检测点 2 信号变化，供电装置和车辆控制装置进一步判断充电电缆连接的可靠性，同时根据检测点 1 信号变化规律判断供电装置是否供电，检测点 2 信号变化规律为车载充电装置识别供电装置最大供电电流。

4. 充电引导 CP（供电设备含充电电缆静态检测）

如图 3-8 所示，在交流供电状态下，充电电缆未与车辆充电插座连接时，供电装置内部开关 S1 位于 12 V，充电电缆侧 CP-PE 应为 12 V 信号。

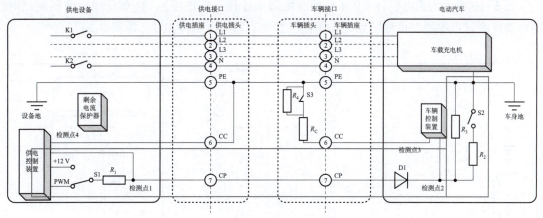

图 3-7　充电引导 CP

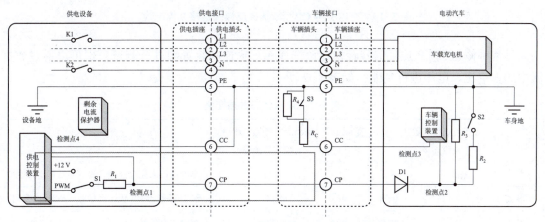

图 3-8　充电引导 CP（供电设备含充电电缆静态检测）

5. 充电引导 CP（车辆插座端未连接充电电缆）

如图 3-9 所示，车辆充电插座端 CP 与 PE 车辆接地点是一个单向导通信号（CP 正、PE 负电阻约为 2.7 kΩ+D 正向电阻）。

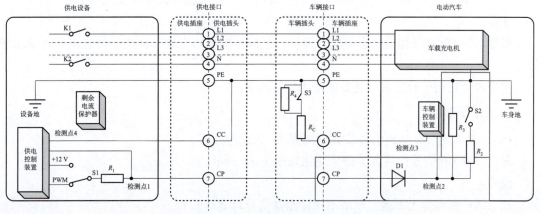

图 3-9　充电引导 CP（车辆插座端未连接充电电缆）

图 3-10 所示为充电引导 CP（车辆插座端未连接充电电缆），整车在线示波器测试时，根据选择测试点不同、信号初始状态不同、振幅有差异（检测点 1、检测点 2）。

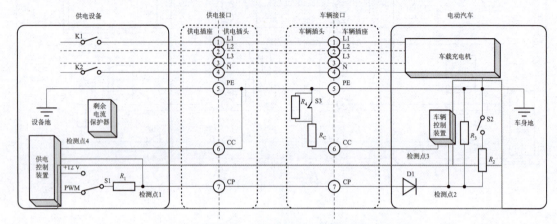

图 3-10　充电引导 CP（车辆插座端未连接充电电缆）

日常维修检查 CP 连接信号转换应该选择在车辆控制装置端进行测试，也可以通过数据流中的占空比、电压进行判断，如表 3-2 所示。

表 3-2　连接状态数据变化

充电过程状态	充电连接装置是否连接	S2	车辆是否可以充电	检测点 1 峰值电压/V（稳定后测量）	说明
状态 1	否	断开	否	12	车辆接口未完全连接，检测点 2 的电压为 0
状态 2	是	断开	否	9	S1 切换置于 PWM 连接状态，R_3 被检测到
状态 3	是	闭合	可	6	车载充电机及供电设备处于正常工作状态

（1）充电电缆未连接检测点 1，端口针脚 CP 的电压为 12 V 信号。

（2）供电装置识别到充电电缆与车辆连接，检测点 1 电压发生变化 9 V，S1 状态切换 PWM。

（3）车载充电装置检测到检测点 2 信号变化，S2 闭合信号振幅降低到 6 V。

注意：

车型不同 CP 信号初始状态可能有差异，但信号振幅的变化都是用于确定不同连接功能状态。

信号占空比用于确定供电装置的最大供电电流。

6. 大众车型说明

1）充电引导 CP（CP 信号变化检测点 1，大众车型）

充电引导 CP 信号检测点 1 信号变化如图 3-11 所示。

说明：

状态 A：识别为无车辆，车型不同检测点信号可能有差异。

状态 B：车辆已被识别。

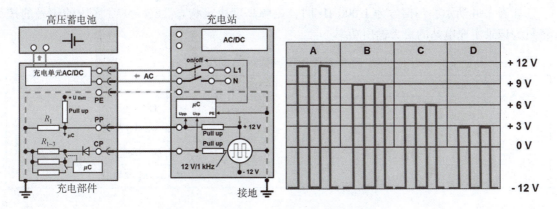

图 3-11　充电引导 CP 信号检测点 1 信号变化

状态 C：车辆提出充电要求，充电站的闭路开关已被关闭，AC 接口充电开始。

如表 3-3 所示，当信号为 1 000 Hz 时，振幅高度决定状态。8%~97%区段的信号的按键行为记录了充电站的最大输出功率。

表 3-3　CP 信号检测点 1 状态

CP 信号的 PWM 调制	
状态 A	开路 $=\infty$
状态 B	$R_1 = 2\ 700\ \Omega$
状态 C	$R_1 + R_2 = 880\ \Omega$
状态 D	$R_1 + R_2 + R_3 = 240\ \Omega$

2）充电引导 CP（CP 信号变化检测点 2，大众车型）

充电引导 CP 信号检测点 2 信号变化如图 3-12 所示。

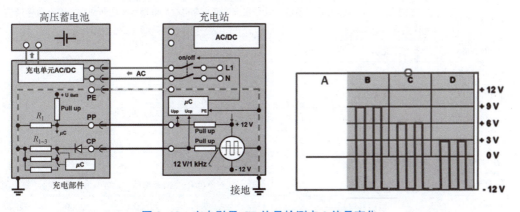

图 3-12　充电引导 CP 信号检测点 2 信号变化

状态 A：识别为无车辆，车型不同检测点信号可能有差异。

状态 B：车辆已被识别。

状态 C：车辆提出充电要求，充电站的闭路开关已被关闭，AC 接口充电开始。

如表 3-4 所示，当信号为 1 000 Hz 时，振幅高度决定状态。8%~97%区段的信号的按键行为记录了充电站的最大输出功率。

表 3-4　CP 信号检测点 2 状态表

CP 信号的 PWM 调制	
状态 A	开路=∞
状态 B	$R_1 = 2\ 700\ \Omega$
状态 C	$R_1 + R_2 = 880\ \Omega$
状态 D	$R_1 + R_2 + R_3 = 240\ \Omega$

7. 充电引导 CP（充电电流限值映射关系）

充电引导 CP 充电电流限制关系如表 3-5、表 3-6 所示。

表 3-5　供电装置侧（检测点 1）

PWM 占空比 D	最大充电电流 I_{max}/A
$D=0$，连续的-12 V	充电桩不可用
$D=5\%$	5%的占空比表示需要数字通信，且需在电能供应之前在充电桩和电动汽车间建立通信
$10\% \leqslant D \leqslant 85\%$	$I_{max} = D \times 100 \times 0.6$
$85\% < D \leqslant 90\%$	$I_{max} = (D \times 100 - 64) \times 2.5$ 且 $I_{max} \leqslant 63$ A
$90\% < D \leqslant 97\%$	预留
$D=100\%$，连续正电压	不允许

表 3-6　车辆装置侧（检测点 2）

PWM 占空比 D	最大充电电流 I_{max}/A				
$D<3\%$	不允许充电				
$3\% \leqslant D \leqslant 7\%$	5%的占空比表示需要数字通信，且需在充电前在充电桩和电动汽车之间建立。没有数字通信不允许充电				
$7\% < D < 8\%$	不允许充电				
$8\% \leqslant D < 10\%$	$I_{max} = 6$				
$10\% \leqslant D \leqslant 85\%$	$I_{max} = (D \times 100) \times 0.6$				
$85\% < D \leqslant 90\%$	$I_{max} = (D \times 100 - 64) \times 2.5$ 且 $I_{max} \leqslant 63$ A				
$90\% < D \leqslant 97\%$	预留				
$D>97\%$	不允许充电				
对象	参数[①]	符号	单位	标称值	最大值	最小值
供电设备	输出高电压	$+V_{CC}$	V	12.00	12.60	11.40
	输出低电压	$-V_{CC}$	V	-12.00	-11.40	-12.60
	输出频率	f	Hz	1 000.00	1 030.00	970.00
	输出占空比公差	D_{co}	—	—	+0.5%	-0.5%
	信号设置时间[②]	T_s	μs	n. a.	3	n. a.

对象	参数①	符号	单位	标称值	最大值	最小值
供电设备	信号上升时间③（10%~90%）	T_r	μs	n. a.	2	n. a.
	信号下降时间③（90%~10%）	T_f	μs	n. a.	2	n. a.
	R_1 等效电阻	R_1	Ω	1 000	1 030	970
	状态 1（检测点 1 电压）	U_{1a}	V	12	12.8	11.2
	状态 2（检测点 1 电压）	U_{1b}	V	9	9.8	8.2
	状态 3（检测点 1 电压）	U_{1c}	V	6	6.8	5.2
	容抗	C_s	pF	—	1 600	300
电动汽车	R_2 等效电阻	R_2	Ω	1 300	1 339	1 261
	R_3 等效电阻	R_3	Ω	2 740	2 822	2 658
	等效二极管压降	V_{d1}	V	0.70	0.85	0.55
	输入占空比公差	D_{ci}	—	—	+1.5%	-1.5%
	容抗	C_v	pF	—	2 400	—
电缆	容抗	C_c	pF	—	1 500	—

注意：

①在使用环境条件下和可用寿命内都要达到精度要求。

②从开始转变到达稳定值的 95% 时所用的时间。

③指供电设备信号发生器源端信号的设计要求，检测应满足相关测试标准要求。

8. 供电装置在车载充电装置中的主要数据（大众车系）

1）CC 信号

CC 信号数据如表 3-7 所示。

表 3-7　CC 信号数据

蓄电池充电插座 A［$1DDA］	状态或数据
插头识别状态	未识别出
高压充电插头锁止件	未锁止
插头锁止机构请求	0
插头解锁请求	0
充电插座 A 充电盖锁止控制	未请求
充电插座 A 充电盖锁止状态	锁止
充电插座 A 充电盖解锁触动	未请求
充电插头最大电流	0
AC 温度传感器充电插座	19.10 ℃
DC 温度传感器充电插座	

2）CP 信号

CP 信号数据如表 3-8 所示。

项目三　新能源汽车整车故障诊断

表 3-8　CP 信号数据

蓄电池充电插座 A 控制信号 ［$1DDA］	数值
当前	0
频率	0
控制电压	436 mV
占空因数	0
识别到信号	0

（三）充电操作

1. 充电之前与期间的准备

（1）将换挡杆置于位置 P。

（2）接通电子驻车制动器。

（3）退出行驶准备就绪状态。

2. 连接充电电缆

（1）将充电电缆的一端连接电源。

（2）在车辆解锁状态下，打开充电口保护盖，将充电插头插入充电口中。

（3）若成功连接，充电状态指示灯亮黄色，组合仪表显示屏中出现指示灯。

3. 正确连接充电插头

（1）将充电插头平行地插入充电插座，如图 3-13 所示。

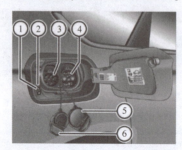

图 3-13　充电插头平行地插入充电插座

1—充电按钮；2—充电状态指示灯；3—交流电充电口；4—直流电充电口；5—直流充电口保护盖；6—交流充电口保护盖

（2）将充电插头完全插入充电插座，如图 3-14 所示。

（3）确保充电插头上的按键处于弹起状态，如图 3-15 所示。

图 3-14　充电插头完全插入充电插座

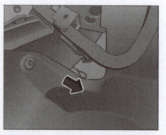

图 3-15　充电插头按键弹起

4. 起动充电过程

（1）如果未启用延迟充电，则充电过程将直接开始。

（2）如果启用了延迟充电功能，车辆将根据蓄电池的剩余电量、设置的蓄电池充电下限和出发时间，自动判断进行充电。

5. 充电期间

充电过程中，充电状态指示灯将显示当前的充电状态；组合仪表显示屏上显示剩余充电时间。

6. 结束充电过程

（1）按压"立即充电"按钮，可中断或继续充电过程。

（2）如需结束充电过程，解锁车辆，随后可拔下充电电缆上的充电插头；如使用的是随车充电电缆，将充电电缆妥善收存安放；如使用的是充电桩，将充电电缆放回到充电桩中。

（3）关闭充电口盖板，直至卡止。

注意事项：

①插入和拔出充电插头时需按下充电插头上方的机械按键。插入充电插头后如果机械按键没有自动弹起，可以上下左右轻微晃动充电插头，保证机械按键处于弹起状态（锁止状态）。

②如果需较长时间停放车辆，高压蓄电池应该持续保持一半以上电量为宜，同时应至少每隔 3 个月充放电一次应急解锁交流充电插头；如遇特殊情况，无法解锁交流充电插头时，可打开行李厢，拉动位于内部右侧的应急解锁拉索。

二、新能源汽车充电系统故障

（一）交流充电指示灯与故障（大众车系）

1. 充电指示灯颜色及含义

充电指示灯颜色如图 3-16 所示。

（1）LED 灯显示持续亮起绿色：高压蓄电池的充电过程已结束，达到最大的或设置的电量。

（2）LED 灯间歇式亮起绿色：高压蓄电池正在充电。

（3）LED 灯闪烁绿色大约 1 min：已启用延迟充电（出发时间）但是还没有开始。

（4）LED 灯短时间亮起黄色：充电插头已插入充电插座中，并已被车辆识别；LED 灯持续亮起黄色：没有检测到电源，请检查供电或电源。

（5）LED 灯闪烁黄色：换挡杆未挂入 P 挡。

（6）LED 灯持续亮起红色：未能锁止充电插头，拔下充电插头并重新插到插座中，如仍有问题，请专业人员处理。LED 闪烁红色，表示充电系统有故障，请专业人员处理。

2. 充电盒上指示灯

充电盒上指示灯如图 3-17 所示：①POWER（电源）；②CHARGING（充电）；③STOP（停止充电）；④CHARGING FAULTY（充电故障）。

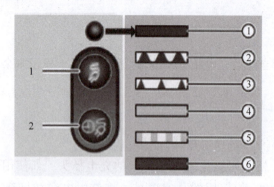
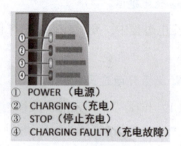

① POWER （电源）
② CHARGING （充电）
③ STOP （停止充电）
④ CHARGING FAULTY （充电故障）

图 3-16　充电指示灯颜色　　　　　　图 3-17　充电盒上指示灯

1—立即充电按钮；2—延时充电按钮

3. 充电系统故障

充电系统故障有家用供电接口故障、控制盒故障及车辆接口故障，如表 3-9 所示。

表 3-9　充电系统故障表

项目	故障类型	电源灯	充电灯	停止灯	错误灯
家用供电接口故障	接地故障	闪烁	常亮	常亮	常亮
	交流电压故障	闪烁	常亮	不亮	常亮
	插头温度传感器故障	闪烁	不亮	不亮	常亮
控制盒故障	继电器触点传感器故障	常亮	闪烁	常亮	常亮
	控制盒温度传感器故障	常亮	闪烁	不亮	常亮
车辆接口故障	过流故障	常亮	常亮	常亮	闪烁
	漏电故障	常亮	常亮	不亮	闪烁
	控制信号故障	常亮	不亮	不亮	闪烁
	二极管故障	常亮	不亮	不亮	闪烁

（二）充电连接控制时序

仔细阅读交流充电控制导引电路与控制原理 GB/T 18487.1—2023 附录 A：

（1）交流充电连接过程和控制时序。

（2）无开关 S2 的交流充电连接过程和控制时序。

（3）控制导引电路状态转换图和控制时序。

（4）无开关 S2 的交流充电控制导引电路状态转换时序。

（5）交流充电控制时序，如表 3-10 所示。

表 3-10　交流充电控制时序（举例）

信号/测量/系统条件	状态/对象	确认连接/准备就绪	能量传递	结束停机
状态	状态1	■■■■■		■■
	状态2	■■		■■
	状态3		■■■■	
时序		T0　　　　T1　T1′　T2	T2′	T3 T3′　T3″　　T4
开关S1	充电桩	+12 V	PWM	+12 V
开关S2	车辆	打开	闭合	打开
机械锁S3	车辆插头	闭合　打开	闭合	打开　闭合
电子锁	充电桩/车辆	打开	闭合	打开
检测点1	充电桩	12 V 0 V　9 V　9 V PWM	6 V PWM　　　9 V PWM　9 V	12 V
检测点2	车辆	0 V　9 V　9 V PWM	6 V PWM　　　9 V PWM	9 V
检测点3	车辆插头	B　　R_4-R_e	R_c	R_4+R_e　∞
输出电压	充电桩	0 V	（波形）	
输出电流	充电桩	0 A	（波形）	OA

（三）交流充电故障检测

1. 检测充电电缆绝缘

（1）准备一组充电电缆。

（2）工具准备：绝缘电阻仪、万用表、测试辅助工具、隔离带、防触电标志。

（3）安全注意事项：

①充电电缆不要供电。

②充电电缆开路测试。

③不要使用绝缘电阻测试仪测试 CC/CP。

④在检测中，应防止制动液、洗涤液、冷却液等液体进入充电电缆触点。

⑤绝缘测试需要戴好防护手套、护目镜，穿好绝缘鞋、绝缘服。

⑥按照规定的绝缘测试电压、时间进行绝缘测试。

⑦检测区隔离并标志。

2. 单相三孔 16 A 供电插座安装正确性检测

（1）准备带漏电保护的单相三孔 16 A 供电插座，L 线中安装有可替换小容量熔丝（小于 0.5 A）。

（2）工具准备：绝缘电阻仪、万用表、试电笔、隔离带、防触电标志。

项目三　新能源汽车整车故障诊断

（3）安全注意事项：

①测试前进行漏电开关可靠性试验。

②测试前电路切换到 0.5 A 保护状态。

③检查试电笔功能状态。

④测试时不要触摸到万用表表笔等带电导体。

⑤绝缘测试需要戴好防护手套、护目镜，穿好绝缘鞋、绝缘服。

⑥按照规定的绝缘测试电压、时间进行绝缘测试。

⑦检测区隔离并标志。

3. 检测判断充电电缆容量、控制引导 CC 线

（1）准备充电电缆。

（2）工具准备：绝缘电阻仪、万用表、测试辅助工具、隔离带、防触电标志。

（3）安全注意事项：

①充电电缆不要供电。

②充电电缆开路测试。

③不要使用绝缘电阻测试仪测试 CC/CP。

④在检测中，应防止制动液、洗涤液、冷却液等液体进入充电电缆触点。

⑤绝缘测试需要戴好防护手套、护目镜，穿好绝缘鞋、绝缘服。

⑥按照规定的绝缘测试电压、时间进行绝缘测试。

⑦检测区隔离并标志。

4. 读取车辆充电装置数据流判断充电连接和充电引导数据

（1）准备随车充电电缆、带漏电保护的单相三孔 16 A 供电插座、车辆。

（2）工具准备：车辆诊断仪、万用表、测试辅助工具、隔离带、防触电标志、充电标志。

（3）安全注意事项：

①车辆安装挡块。

②取下车辆钥匙。

③不要触及车辆高压部件。

④使用测试辅助工具测试充电电缆连接点，针脚要准确。

⑤绝缘测试需要戴好防护手套、护目镜，穿好绝缘鞋、绝缘服。

⑥安装车辆充电标志。

⑦车辆检测工作区隔离并标志。

三、快充充电故障（直流充电）

（一）直流充电口

直流充电口如图 3-18~图 3-20 所示。

图 3-18　电动汽车侧插座实物

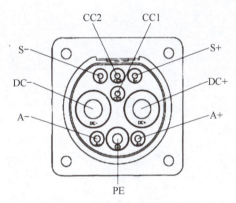

图 3-19　电动汽车侧插座

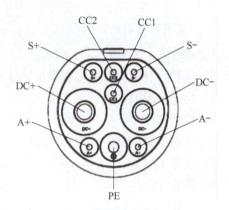

图 3-20　充电电缆侧插头

直流充电口技术标准如表 3-11 所示。

表 3-11　直流充电口技术标准

端子编号/标志	额定电压和额定电流	功能定义
1-（DC+）	750 V/1 000 V 80 A/125 A/200 A/250 A	直流电源正,连接直流电源正与电池正极
2-（DC-）	750 V/1 000 V 80 A/125 A/200 A/250 A	直流电源负,连接直流电源负与电池负极
3-（PE）	—	保护接地,连接供电设备地线和车辆电平台
4-（S+）	0~30 V 2 A	充电通信 CAN-H,连接非车载充电机与电动汽车的通信线
5-（S-）	0~30 V 2 A	充电通信 CAN-L,连接非车载充电机与电动汽车的通信线
6-（CC1）	0~30 V 2 A	充电连接确认
7-（CC2）	0~30 V 2 A	充电连接确认
8-（A+）	0~30 V 20 A	低压辅助电源正,连接非车载充电机为电动汽车提供的低压辅助电源
9-（A-）	0~30 V 20 A	低压辅助电源负,连接非车载充电机为电动汽车提供的低压辅助电源

直流充电口各插孔含义如图 3-21 所示。

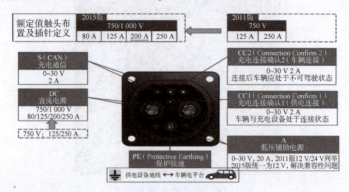

图 3-21 直流充电口插孔含义

（二）直流充电口连接顺序

直流充电口连接如图 3-22 所示。

（1）连接过程中，首先接通保护接地 PE 和 CC2。

（2）接通 DC+/DC-。

（3）接通 A+/A-。

（4）接通 CAN-H（S+）/CAN-L（S-）。

（5）接通 CC1。

（6）锁止。

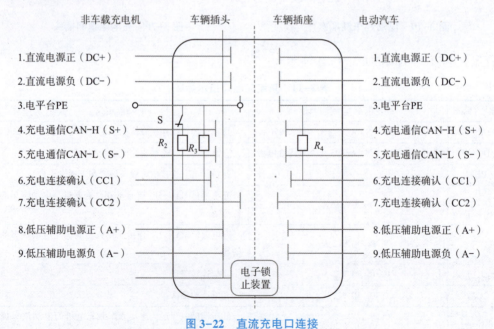

图 3-22 直流充电口连接

（三）直流充电控制导引电路原理图

直流充电控制导引电路原理图如图 3-23 所示，直流充电控制导引参数如表 3-12 所示。

检测点 1（CC1）-车辆接口连接确认（3 种电压 4 种状态：6 V/12 V/6 V/4 V）；

检测点 2（CC2）-判断车辆接口是否已完全连接（2 种电压 2 种状态：12 V/6 V）；

$R_1/R_2/R_3/R_4/R_5 = 1\ 000\ \Omega$。

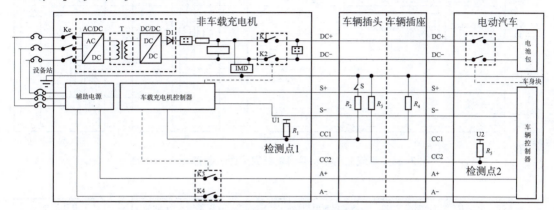

图 3-23　直流充电控制导引电路原理图

表 3-12　直流充电控制导引参数

项目	参数[a]	符号	单位	标称值	最大值	最小值
非车载充电机	R_1 等效电阻	R_1	Ω	1 000	1 030	970
	上拉电压	U_1	V	12	12.6	11.4
	测试点 1 电压	U_{1a}	V	12	12.8	11.2
		U_{1b}	V	6	6.8	5.2
		U_{1c}	V	4	4.8	3.2
车辆插头	R_2 等效电阻	R_2	Ω	1 000	1 030	970
	R_3 等效电阻	R_3	Ω	1 000	1 030	970
车辆插座	R_4 等效电阻	R_4	Ω	1 000	1 030	970
电动汽车	R_5 等效电阻	R_5	Ω	1 000	1 030	970
	上拉电压	U_2[b]	V	12	12.6	11.4
	测试点 2 电压	U_{2a}[b]	V	12	12.8	11.2
		U_{2b}[b]	V	6	6.8	5.2
a. 在使用环境条件下和可用寿命内都要保持精度范围。b. 车辆厂家可自定义。						

1. 直流充电控制导引电路原理图（检测点 2　CC2）

直流充电控制导引电路原理图（检测点 2　CC2）如图 3-24 所示。

（1）当检测点 2 电压值为 12 V 时，充电插头与插座没有完全连接（CC2 插头和插座未连接）。

（2）当检测点 2 电压值为 6 V 时，充电插头与插座完全连接（CC2 插头和插座连接）。

2. 直流充电控制导引电路原理图（检测点 1　CC1）

直流充电控制导引电路原理图（检测点 1　CC1）如图 3-25 所示。

（1）当检测点 1 电压值为 6 V 时，充电插头没有与充电插座连接，充电插头开关 S 闭合。

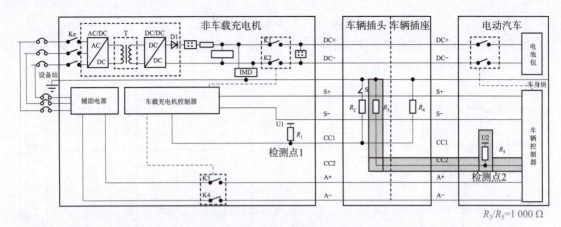

图 3-24　直流充电控制导引电路原理图（检测点 2　CC2）

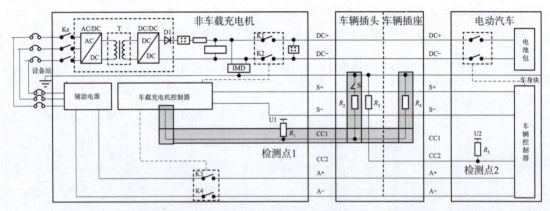

图 3-25　直流充电控制导引电路原理图（检测点 1　CC1）　　　$R_1/R_2/R_4 = 1\ 000\ \Omega$

（2）当检测点 1 电压值为 12 V 时，充电插头没有与充电插座连接，充电插头开关 S 断开。

（3）当检测点 1 电压值为 6 V 时，充电插头与插座连接 R_4 接入。

（4）当检测点 1 电压值为 4 V 时，充电插头开关 S 闭合接入 R_2，则判断车辆接口完全连接。

3. 直流充电控制导引电路原理图（K3/K4 供电、K1/K2 自检、通信开始）

直流充电控制导引电路原理图（K3/K4 供电、K1/K2 自检、通信开始）如图 3-26 所示。

（1）当检测点 1 电压值为 4 V、检测点 2 电压值为 6 V 时，K3/K4 闭合使低压辅助供电回路导通。

（2）CAN-H/L（S+/S-）开始周期性通信。

（3）K1、K2 短暂闭合配合非车载充电机完成自检、绝缘检测（完成自检后断开 K1 和 K2）。

4. 直流充电控制导引电路原理图（K5/K6 闭合电、电压测量、K1/K2 闭合）

直流充电控制导引电路原理图（K5/K6 闭合电、电压测量、K1/K2 闭合）如图 3-27 所示。

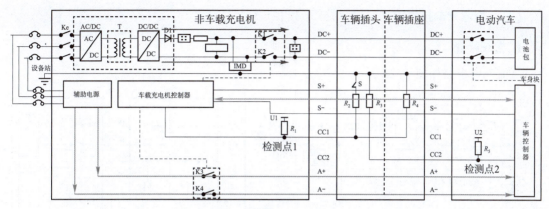

图 3-26　直流充电控制导引电路原理图（K3/K4 供电、K1/K2 自检、通信开始）

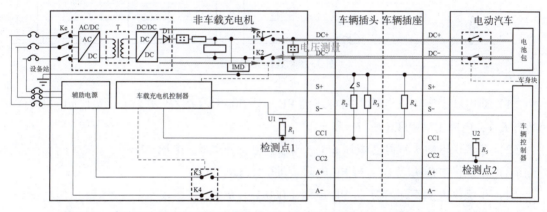

图 3-27　直流充电控制导引电路原理图（K5/K6 闭合电、电压测量、K1/K2 闭合）

（1）车辆控制装置与非车载充电机控制装置在配置阶段时，车辆控制装置闭合 K5 和 K6，使充电回路导通。

（2）非车载充电机控制装置检测到车辆端电池电压正常，确认接触器外端电压与通信报文电池电压误差范围≤±5%。

（3）通信报文电池电压大于充电机最低输出电压且小于充电机最高输出电压后闭合 K1 和 K2，使直流供电回路导通、充电准备就绪，如表 3-13 所示。

表 3-13　车载充电系统中的主要数据

蓄电池管理系统当前状态	高压电网已激活	DC 电源电荷
充电电流极限	128 A	97 A
高电压蓄电池实际电压	370.25 V	386.5 V
高电压蓄电池实际电流	−1.0 A	95.75 A
高电压蓄电池模式实际值	行驶模式	外部充电，直流电
DC 快速充电释放继电器		
继电器请求	打开	打开
继电器状态	已打开	已打开

（四）直流充电技能操作

1. 常规检测

直流充电电路如图 3-28 所示。

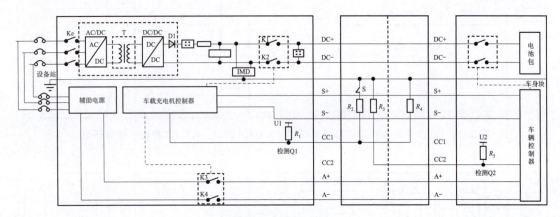

图 3-28　直流充电电路

（1）断电状态车辆供电插头端 CC1 与 PE 电阻 500 Ω（R_1/R_2 并联），按下充电枪开关 S（断开 R_2），电阻 1 000 Ω（R_1/R_2 和 S）。

（2）车辆供电插头端静态电压 6 V，按下充电枪开关 S，电压 12 V。

（3）车辆供电插头端 CC2 与 PE 电阻 1 000 Ω（R_3）。

（4）车辆供电插座端 CC1 与 PE 电阻 1 000 Ω（R_4）。

（5）车辆供电插座端 CC2 与 PE 电阻 1 000 Ω（R_5）。

（6）设备地与车身地之间的导通性。

2. 充电操作

在充电之前与期间需保持以下状态：

（1）将换挡杆置于位置 P。

（2）接通电子驻车制动器。

（3）退出行驶准备就绪状态。

3. 连接充电电缆

充电插座结构如图 3-29 所示。

（1）将充电电缆的一端连接电源。

（2）在车辆解锁状态下，打开充电口保护盖，将充电插头插入充电口中。

（3）若成功连接，充电状态指示灯亮黄色，组合仪表显示屏中出现指示灯。

4. 正确连接充电插头

（1）将充电插头平行地插入充电插座，如图 3-30 所示。

（2）将充电插头完全插入充电插座。

（3）确保充电插头上的按键处于弹起状态。

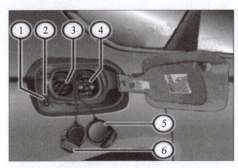

图 3-29　充电插座结构

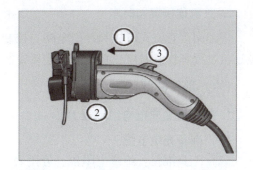

图 3-30　充电插头平行地插入充电插座

1—充电按钮；2—充电状态指示灯；3—交流电充电口；4—直流电充电口；5—直流充电口保护盖；6—交流充电口保护盖

5. 启动充电过程

直流充电的启动充电过程与交流充电启动过程模式一样。详细内容请见交流充电启动充电过程内容。

6. 充电期间

直流充电的充电时间与交流充电的充电时间显示一样。详细内容请见交流充电充电期间内容。

7. 结束充电过程

直流充电的结束充电过程与交流充电的结束充电过程操作一致，详细内容请见交流充电结束充电过程内容。

（五）直流充电指示灯与故障

1. 直流充电故障指示灯

（1）绿色指示灯持续亮起：充电过程已结束。

（2）绿色指示灯脉动式亮起：正在充电。

（3）绿色指示灯快速闪烁约 1 min：已通过信息娱乐系统设定延迟充电，但尚未开始。

（4）黄色指示灯闪烁：请将换挡杆置于 P 位置。

（5）黄色指示灯持续亮起：请检查充电电缆或电源。使用随车充电电缆时，控制盒上会显示电源状态。必要时请具有相应资质的专业人员提供专业帮助。

（6）红色指示灯持续亮起：充电系统存在故障，如图 3-31 所示。请联系专业人员处理。

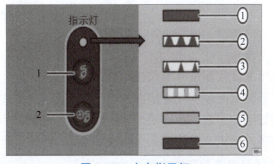

图 3-31　充电指示灯

1—立即充电按钮；2—延时充电按钮

2. 充电连接控制时序

仔细阅读直流充电控制导引电路与控制原理 GB/T 18487.1—2023 附录 B 中关于直流充电连接过程和控制时序、直流充电连接控制时序说明和充电状态流程图。

（六）部件检测

1. 静态检测充电电缆绝缘 DC+/DC−/PE、A+/A−/PE

（1）准备充电电缆。

（2）工具准备：绝缘电阻仪、万用表、测试辅助工具、隔离带、防触电标志。

（3）安全注意事项：

①供电设备断电。

②不要使用绝缘电阻测试仪测试 CC1/CC2、CAN−H/L（S+/S−）。

③在检测中，应防止制动液、洗涤液、冷却液等液体进入充电电缆触点。

④绝缘测试需要戴好防护手套、护目镜，穿好绝缘鞋、绝缘服。

⑤按照规定的绝缘测试电压、时间进行绝缘测试。

⑥检测区隔离并标志。

⑦注意 DC+/DC/PE 和 A+/A−/PE 不同的绝缘测试要求。

2. 检测判断供电插头端 CC1−PE、CC2−PE

（1）准备车辆供电插头充电电缆端。

（2）工具准备：绝缘电阻仪、万用表、测试辅助工具、隔离带、防触电标志。

（3）安全注意事项：

①供电设备断电。

②不要使用绝缘电阻测试仪测试 CC1/CC2、CAN−H/L（S+/S−）。

③在检测中，应防止制动液、洗涤液、冷却液等液体进入充电电缆触点。

④绝缘测试需要戴好防护手套、护目镜，穿好绝缘鞋、绝缘服。

⑤检测区隔离并标志。

3. 检测判断供电插座端 CC1−PE、CC2−PE

（1）准备车辆。

（2）工具准备：绝缘电阻仪、万用表、测试辅助工具、隔离带、防触电标志。

（3）安全注意事项：

①车辆安装挡块。

②取下车辆钥匙。

③不要触及车辆高压部件。

④不要使用绝缘电阻测试仪测试 CC1/CC2、CAN−H/L（S+/S−）。

⑤使用测试辅助工具测试充电电缆连接点，端子要准确。

⑥绝缘测试需要戴好防护手套、护目镜，穿好绝缘鞋、绝缘服。

⑦车辆检测工位隔离并标志。

4. 读取车辆充电系统数据流判断充电状态数据

（1）准备直流充电桩、车辆。

（2）工具准备：诊断仪、隔离带、防触电标志、充电标志。
（3）安全注意：
①车辆安装挡块。
②取下车辆钥匙。
③不要触及车辆高压部件。
④绝缘测试需要戴好防护手套、护目镜，穿好绝缘鞋、绝缘服。
⑤安装车辆充电标志。
⑥车辆检测工位隔离并标志。

任务实施与评价

工单 1　新能源汽车充电系统故障诊断（交流充电）

学生姓名		班级		学号	
实训场地		日期		车型	
实训任务	小李接待了一辆新能源汽车，仪表上充电系统故障灯点亮，不能进行充电，该怎么排除故障呢				
实训设备	绝缘工具	世达（含常用普通工具）		1	
	数字兆欧表	通用		2	
	数字万用表	通用		2	
	绝缘垫	通用		1	
	绝缘手套（双）	通用		2	
	护目镜	通用		2	
	安全帽	通用		2	
	绝缘鞋	通用		1	
	危险警示牌	通用		1	
实训设备	耐磨手套（双）	通用		2	
	解码器	通用		1	
	检测线	通用		3	
任务要求	能对新能源汽车充电系统故障进行故障诊断及排除故障				
相关信息	请阅读教材中该任务的"知识链接"，完成以下内容。 （1）新能源汽车上的充电方式有_____及_____。 （2）新能源汽车充电系统由_____、_____、_____、_____等组成。 （3）充电插孔上，CC 表示的含义是_____。 （4）充电插孔上，CP 表示的含义是_____。 （5）充电插孔上，PE 表示的含义是_____。 （6）充电插孔上，N 表示的含义是_____。 （7）充电插孔上，L 表示的含义是_____。 （8）充电机有 3 个连接接口，分别是_____端、_____端及低压通信控制端。 （9）简述高压慢充充电条件。 _____ _____				

计划与决策	请根据任务要求，确定所需要的场地和物品，并对小组成员进行合理分工，制订详细的工作计划。 **一、人员分工** 小组编号：_____，组长：_____。 小组成员：_____ 我的任务：_____ **二、制订计划** 根据新能源汽车故障诊断作业对场地和工具的要求，制订新能源汽车充电系统故障诊断（交流充电）作业计划。

新能源汽车充电系统故障诊断（交流充电）

序号	作业项目	操作要点
计划审核	审核意见： 年　　月　　日　签字：	

三、制定工作方案

仪器设备、工具、材料

序号	名称	数量	是否清点
			□是　　□否
			□是　　□否
			□是　　□否
			□是　　□否
			□是　　□否
			□是　　□否
			□是　　□否
			□是　　□否
			□是　　□否
			□是　　□否

实施与检查	根据制订的计划实施，完成以下任务并记录。 （1）确定故障。

		是否
		□是　　□否
		□是　　□否
		□是　　□否

实施与检查	（2）读取故障码及相关数据流。		
			☐是　　☐否
			☐是　　☐否
			☐是　　☐否
			☐是　　☐否
	（3）分析故障原因。		
			☐是　　☐否
			☐是　　☐否
			☐是　　☐否
			☐是　　☐否
			☐是　　☐否
			☐是　　☐否
			☐是　　☐否
	（4）检查，确定故障点。 _____ _____ _____ （5）排除故障。 _____ （6）验证故障。 _____		

评估	评估项目（分值）	自我评估	小组评估	老师评估
	相关信息（5）			
	计划与决策（5）			
	实施与检查（10）			
	合计（20）			
	总评			

任务 2　新能源汽车低压供电不正常故障诊断

知识目标

1. 了解新能源汽车电压系统构成。

2. 了解新能源汽车低压系统故障诊断流程。

项目三 新能源汽车整车故障诊断

241

能力目标

1. 会使用新能源汽车故障诊断设备。

2. 熟悉新能源汽车低压系统故障诊断流程，建立故障诊断策略。

3. 具备新能源汽车低压供电不正常故障诊断能力。

素养目标

1. 具备产品质量控制意识。

2. 具有岗位意识、爱岗敬业精神。

3. 培养学生认真严谨的学习作风，增强团队协作能力及创新意识。

4. 具有高压安全意识及环保意识。

比亚迪秦纯电动汽车进厂维修时，客户反映低压蓄电池经常电量不足报警，维修技师需要检查哪些项目？怎样维修？

一、低压供电系统简介

车辆上的安全标志随时提醒这些是具有危险性的，作业时请千万留意，如图 3-32 所示。

图 3-32　车上安全标志

1. 功率及控制电子系统中 DC/DC 转换器电路

功率及控制电子系统中 DC/DC 转换器的功能是在点火 ON 和高压电池充电状态下自动进行低压电池充电，必须满足低压蓄电池电压能够起动高压系统。

DC/DC 转换器部分车型和功率及控制电子系统集成，有些车型是单独的。图 3-33 所示为功率及控制电子系统中 DC/DC 转换器电路。

2. 功率及控制电子系统中 DC/DC 转换器与低压蓄电池电路接点

DC/DC 转换器与低压蓄电池电路接点示意图如图 3-34 所示。

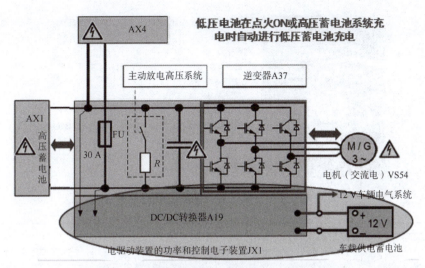

图 3-33　功率及控制电子系统中 DC/DC 转换器电路

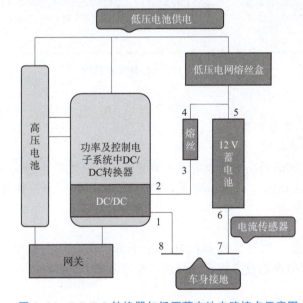

图 3-34　DC/DC 转换器与低压蓄电池电路接点示意图

1—DC/DC 输出 B-；2—DC/DC 输出 B+；3—DC/DC 输出熔丝供电端；
4—DC/DC 输出熔丝输出端（低压电池）；5—低压蓄电池正极；
6—低压蓄电池负极；7—低压蓄电池车身接地；8—DC/DC 输出与车身接地

3. 功率及控制电子系统中 DC/DC 转换器

功率及控制电子系统中 DC/DC 转换器如图 3-35 所示［12 V B+/B-输出端子（大众）］。

4. 功率及控制电子系统中 DC/DC 转换器原理

DC/DC 转换器在功能上是一个变压器，将高压蓄电池的高压直流电通过内部电路降低为车载低压电网需要的低压直流电压（12 V），同时在电路设计上保障高压与 12 V 系统的隔离。DC/DC 转换器原理如图 3-36 所示。

电阻降压法损失电能，逆变法能量损失小。

图 3-35　功率及控制电子系统中 DC/DC 转换器

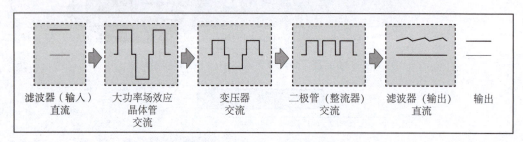

图 3-36　DC/DC 转换器原理

1）输入滤波器

输入滤波器配备内置电容器。

2）大功率场效应晶体管

在与逆变器 IGBT 相似的高速转换电路上检测电压，直流转换为交流。在这个方面，此功能几乎与逆变器功能相同（直流、交流）。增加了变压器电路、整流器电路和输出滤波器，使 LDC 电路更加复杂。

3）变压器电路

通过变压器内部第一和第二线圈控制电压下降。高电压和低电压通过变压器绝缘。（高、低压隔离）交流电在通过二极管时调整为规定振幅。

4）输出滤波器

波形平滑，交流电转换为直流电。

5. 功率及控制电子系统中 DC/DC 转换器主要数据

DC/DC 转换器主要数据如表 3-14 所示。

表 3-14　DC/DC 转换器主要数据

牵引电源电流 DC/DC 转换器［＄4650］	−0. 850 A
电力电子装置中间回路电流［＄464C］	0
DC/DC 转换器电源件温度［＄464F］	29. 55 ℃
DC/DC 转换器，端子 30 可调的输出电流［＄465C］	—
13. 207 V	
DC/DC 转换器，端子 30 输出电流［＄465B］	22. 50 A

注意：上述数据还需要结合高压电池电压、低压电网端子 B+电压综合判断。

二、低压供电系统技能操作

（一）检测安全

1. 安全着装及禁止标志

安全着装及禁止标志如图 3-37、图 3-38 所示。

1）个人防护装备

个人防护设备能够在维修作用过程中提供安全防护，保证安全。在进行高压电相关作业时，请遵照维修手册穿戴防护装备，每次作业前请检查装备状态。

（a）　　　　（b）　　　　（c）　　　　（d）　　　　（e）　　　　（f）

图 3-37　个人防护装备

（a）安全帽，提供最高 1 000 V DC 的保护（戴护目镜）；（b）防护服；（c）绝缘鞋，高电阻；
（d）防护手套，电压最高为 1 000 V；（e）内部手套，棉质；（f）绝缘垫

2）禁止标志

禁止标志能够提醒其他人当前的危险状态以及禁止的操作，请在维修过程中规范使用，如图 3-38 所示。

图 3-38　禁止标志

当然，在进行维修作业时，维修小组组员要相互监督和检查是否规范操作，一旦出现危险请及时制止，必要时要采取断电及急救措施。

2. 在带高电压系统的汽车上操作的安全事项

（1）接触高电压会有生命危险。

高电压系统处于高电压状态，可能产生电击引起的死亡或重伤。

体内或体表戴有维持生命和健康的电子/医用装置时不允许进行高电压系统方面的工作。维持生命和健康的装置指诸如内部镇痛泵、植入式去纤颤器、心脏起搏器、胰岛素泵和助听器等。

高压系统维修时由具有相应资质的人员切断高电压系统的电压。

（2）因发动机或电动机的意外起动导致的受伤危险。在纯电动和混合动力汽车上，很难识别车辆是否处于行驶待命状态，身体部位有可能被夹住或卷入。

关闭起动开关，将起动钥匙放在汽车车厢之外。

（3）高电压导线有损坏的危险。

处理不当可能会损坏高电压导线或高电压插头连接的绝缘层。

①切勿支撑在高电压导线和高电压插头连接上。

②切勿将工具放在高电压导线和高电压插头连接上。

③切勿严重弯曲或弯折高电压导线。

④插接高电压插头时要注意编码。

（4）在高电压组件附近作业时的安全措施。

高电压系统处于高电压状态，接触高电压会有生命危险。高电压组件和高电压导线损坏时，触电会造成死亡或重伤。

①目检高电压组件和高电压导线。

②切勿使用切割类、可导致变形或边缘锋利的工具。

③切勿焊接、钎焊、热胶或使用热风。

（二）功率及控制电子系统中 DC/DC 转换器拆装注意事项（以大众车系为例）

（1）请按防护要求进行个人防护和安全防护。

（2）请按照高压断电要求进行断电作业，并验证高压断电的准确性。

（3）断开低压电池负极，并进行绝缘隔离，防止误连接。

（4）做好防合闸措施，妥善保管车辆钥匙、维修开关。

（5）做好维修标志、禁止充电、禁止合闸标志。

（6）做好维修区域隔离和高压标志。

（7）按照维修手册要求进行拆装，其步骤如图 3-39 所示。

（三）电路检测

1. 功率及控制电子系统中 DC/DC 转换器 12 V 输出电路检测

DC/DC 转换器，端子 30 可调的输出电流［$465C］与低压电网端子 B+，电压差大于 0.5 V。

使用诊断仪读取 DC/DC 转换器，端子 30 可调的输出电流［$465C］、端子 30 输出电流［$465B］使用诊断仪读取车载电网 30 端子电压、15 端子电压。

测试 DC/DC 转换器上输出的电压，必须在 DC/DC 转换器输出端子测量，测量蓄电池正/负极桩头上的电压。

按照分段测试原则测试蓄电池与 DC/DC 转换器连接的每段导线（连接点）上产生的压降。

如图 3-34 所示，分段检测：

（1）测试点 2-5 判断 DC/DC 输出 B+到低压蓄电池正极压降。

（2）测试点 6-7 判断低压蓄电池负极到接地压降。

（3）测试点 1-8 判断 DC/DC 输出 B-与车身接地压降。

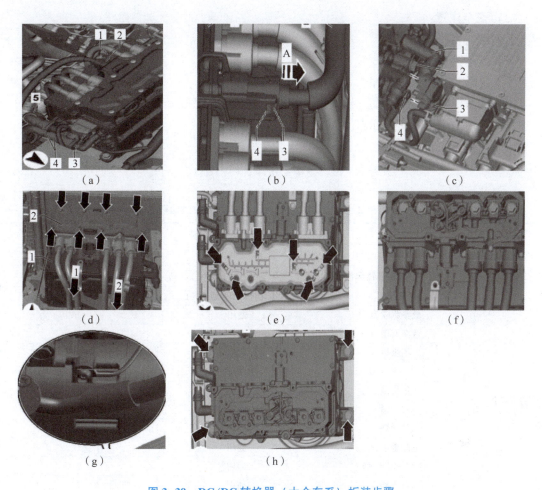

图 3-39 DC/DC 转换器（大众车系）拆装步骤

（a）断开冷却液管，连接低压线路；（b）分离高压充电机连接导线；（c）拆除 DC/DC 输出连接；

（d）拆除控制器上盖；（e）拆除防接触保护；（f）拆除高压供电、电机连接导线；

（g）拆除等电位连接；（h）拆除固定螺栓

2. 功率及控制电子系统中 DC/DC 转换器与低压蓄电池回路检测

（1）准备车辆。

（2）工具准备：万用表、直流钳形电流表、隔离带、防触电标志、个人防护装备。

（3）安全注意：

①车辆安装挡块。

②不要触及车辆高压部件。

③测试需要戴好防护手套、护目镜，穿好绝缘鞋、绝缘服。

④车辆检测工作隔离并标志。

3. 读取充电状态下 DC/DC 转换器数据流

（1）随车充电电缆、带漏电保护的单相三孔 16 A 供电插座、车辆。

（2）工具准备：车辆诊断仪、万用表、隔离带、防触电标志、充电标志。

（3）安全注意：

①车辆安装挡块。

②取下车辆钥匙。

③不要触及车辆高压部件。

④测试需要戴好防护手套、护目镜，穿好绝缘鞋、绝缘服。

⑤车辆检测工作隔离并标志。

任务实施与评价

工单 2　新能源汽车低压供电不正常故障诊断

学生姓名		班级		学号	
实训场地		日期		车型	
实训任务	小李接待了一辆新能源汽车，仪表上故障灯点亮，车辆不能起动，该怎么排除故障呢				
实训设备	绝缘工具	世达（含常用普通工具）			1
	数字兆欧表	通用			2
	数字万用表	通用			2
	绝缘垫	通用			1
	绝缘手套（双）	通用			2
	护目镜	通用			2
	安全帽	通用			2
	绝缘鞋	通用			1
	危险警示牌	通用			1
	耐磨手套（双）	通用			2
	解码器	通用			1
	检测线	通用			3
任务要求	能对新能源汽车低压供电不正常故障进行诊断及排除				
相关信息	请阅读教材中该任务的"知识链接"，完成以下内容。 （1）新能源汽车低压直流供电分为_____、_____和使能供电。 （2）DC/DC 变换器将动力电池的_____转换为_____，给整车低压用电设备供电及低压蓄电池充电。 （3）DC/DC 变换器有 4 个插件接口，分别为_____、低压输出正极、低压控制端和_____。 （4）DC/DC 变换器低压控制端是由整车控制器 VCU 发出的_____电压，当 DC/DC 接收到使能信号电压后，才会将_____转换为_____。 （5）DC/DC 使能信号是由整车控制器 VCU 发出的额定信号电压给 DC/DC，在上电时测量电压值为_____，即使能信号电压正常。 （6）DC/DC 电流测量，找到 DC/DC 与_____（用电器）的连接线（黑色线），用钳形电流表钳住电线，测量 DC/DC 工作电流。 （7）简述 DC/DC 为蓄电池充电条件。 _____ _____ _____				

<table>
<tr><td rowspan="1">计划与决策</td><td>

请根据任务要求，确定所需要的场地和物品，并对小组成员进行合理分工，制订详细的工作计划。

一、人员分工

小组编号：_____，组长：_____。

小组成员：_____

我的任务：_____

二、制订计划

根据新能源汽车故障诊断作业对场地和工具的要求，制订新能源汽车低压供电不正常故障诊断与排除作业计划。

新能源汽车低压供电不正常故障诊断		
序号	作业项目	操作要点
计划审核	审核意见： 　　　　　　　　　　　　年　　月　　日　签字：	

三、制定工作方案

仪器设备、工具、材料			
序号	名称	数量	是否清点
			□是　　□否
			□是　　□否
			□是　　□否
			□是　　□否
			□是　　□否
			□是　　□否
			□是　　□否
			□是　　□否
			□是　　□否
			□是　　□否

</td></tr>
<tr><td>实施与检查</td><td>

根据制订的计划实施，完成以下任务并记录。

（1）确定故障。

		□是　　□否
		□是　　□否
		□是　　□否

（2）读取故障码及相关数据流。

		□是　　□否
		□是　　□否
		□是　　□否
		□是　　□否

</td></tr>
</table>

实施与检查	(3) 分析故障原因。		
			□是　　□否
			□是　　□否
			□是　　□否
			□是　　□否
			□是　　□否
			□是　　□否
			□是　　□否

(4) 检查, 确定故障点。

_____

_____

_____

(5) 排除故障。

_____

(6) 验证故障。

_____

评估	评估项目 (分值)	自我评估	小组评估	老师评估
	相关信息 (5)			
	计划与决策 (5)			
	实施与检查 (10)			
	合计 (20)			
	总评			

⊛ 任务 3　新能源汽车高压供电不正常故障诊断

任务目标

知识目标

1. 高压供电系统构成。

2. 熟悉高压系统供电故障诊断流程。

能力目标

1. 会使用新能源汽车故障诊断设备。

2. 熟悉故障诊断流程, 建立故障诊断策略。

3. 具备新能源汽车高压供电不正常故障诊断能力, 会诊断并排除高压不正常故障。

素养目标

1. 具备产品质量控制意识。

2. 具有岗位意识、爱岗敬业精神。

3. 培养学生认真严谨的学习作风，增强团队协作能力及创新意识。

4. 具有高压安全意识及环保意识。

吉利几何 A 送修时，客户反映高压供电指示灯不亮，车辆不能行驶。维修技师怎样进行维修？

一、故障诊断简述

对于通信类故障维修首先要确保诊断仪与网关通信正常；对此需要进行以下检测判断。新能源汽车通信类故障电路图如图 3-40、图 3-41 所示。

（1）诊断接口蓄电池正。

（2）诊断接口蓄电池负。

（3）诊断接口起动开关控制蓄电池正。

（4）诊断接口与网关通信的 CAN-H/L 无断路、短路。

（5）网关供电正常供电、起动开关控制供电。

（6）网关接地正常。

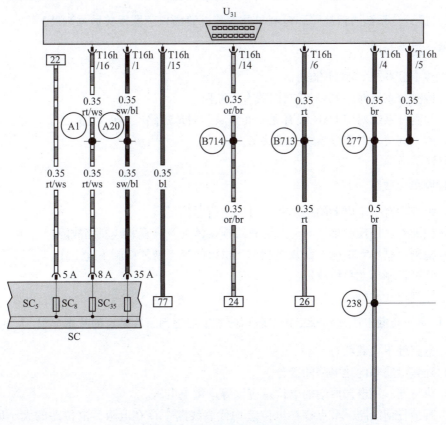

图 3-40　诊断接口电路

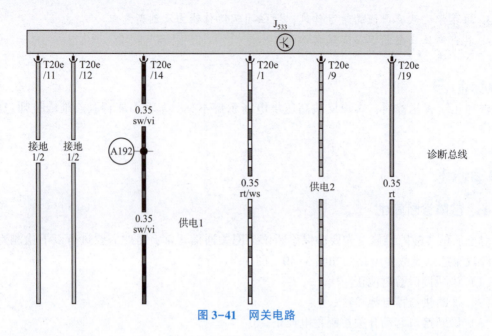

图 3-41　网关电路

相关端子说明：T16/1—15 号供电；T16/16—30 号供电；T16/4—31 号接地；T16/5—31 号接地；T16/14—诊断总线 L；T16/6—诊断总线 H。

（一）区分分系统通信故障和控制单元故障（诊断仪读取网关数据判断）

1. 系统通信故障

（1）整个分系统 CAN 不能通信。

（2）检测分系统对应 CAN 线与网关有无断路。

（3）检测分系统对应 CAN 线有无线间短路、对地短路、对正短路。

（4）测试网关入口侧分系统总线波形。

（5）网关故障。

2. 控制单元故障

（1）系统中有一个以上的控制单元可以进行通信。

（2）检测不通信控制单元与分系统总线连接情况，修复总线断路故障。

（3）检测控制单元供电，修复控制单元供电故障，恢复控制单元工作。

（4）测试控制单元总线波形。

（5）控制单元故障。

（二）基于负载电压法判断工作电压和分段电压法判断故障点的基本要求

（1）电路处于负载状态。

（2）外建电路和内建电路的区分。

（3）执行器、用电器两端的电位差应该等于供电电压。

（4）其他任何线路、节点存在电位差均代表线路中存在电阻，电位差的大小取决于电阻和线路工作电流。

（5）正常用电工作电压 5 V 或 12 V。

（6）正常线路电位差应小于 0.5 V。

（7）测试基准点选择对故障判断影响很大，基准点一般选择供电正或负。

（8）测试时最好选择有压显示进行逐点测量；判断电路中除用电器两端以外有电位差的线路两点。

（9）为验证故障的准确性，测试点应连续封闭。

（10）测量方法可采用负载电压法和分段电压法。

简单电路连接图如图 3-42 所示。

（1）负载电压法。

1-4/2-4/3-4 负载电压可以判断控制单元工作电压。

（2）分段电压法。

4-5 线路电压可以判断控制单元接地情况及接地线路。

B+-1 线路电压可以判断各段线路、开关、S1 连接情况。

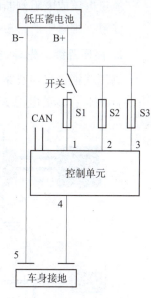

图 3-42 简单电路连接图

（四）高压互锁电路检测（大众车系）

1. 高压互锁、先导线路连接方式

高压互锁电路如图 3-43 所示。

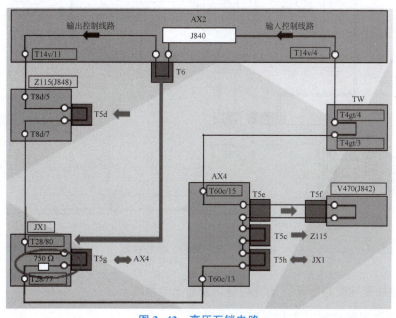

图 3-43 高压互锁电路

高压互锁用于监控高压部件连接的完整性，任何一个高压部件未接入都将影响高压互锁，最终导致高压不供电。

（1）典型故障。

高压互锁、先导线路断路、对正/对地短路。

项目三 新能源汽车整车故障诊断

（2）排除方法。

测量电压或电阻判断断路点。

注意：维修中严禁短接高压互锁线路。

2. 高压互锁、先导线路连接方式

高压互锁、先导线路如图 3-44 所示。共有三条先导回路：①功率电子装置 JX1；②充电装置 AX4；③蓄电池 AX1—PTC 加热装置 Z115—压缩机 V470—维护插头 TW。

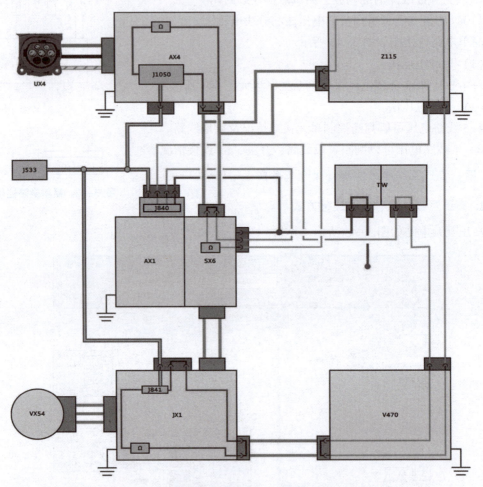

图 3-44　高压互锁、先导线路

注意：任一先导线路断开，系统均会切断高压电系统。

3. 高压互锁电路检测（大众车系）

高压互锁电路检测如图 3-45 所示。

（五）高压蓄电池控制单元主要数据读取（大众车系）

高压蓄电池控制单元主要数据如表 3-15 所示。

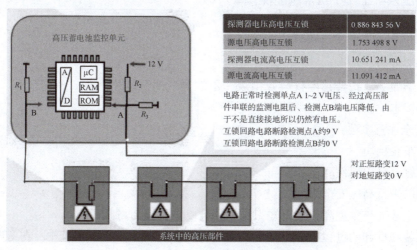

电路正常时检测单点A 1~2 V电压、经过高压部件串联的监测电阻后、检测点B端电压降低，由于不是直接接地所以仍然有电压。
互锁回路电路断路检测点A约9 V
互锁回路电路断路检测点B约0 V
对正短路变12 V
对地短路变0 V

图 3-45　高压互锁电路检测

表 3-15　高压蓄电池控制单元主要数据

项目	数据	条件	状态
接触器后的高电压/混合动力蓄电池电压	384.5 V	通过 CAN 的端子 15	接通
大功率电子装置上的电压	385.75 V	高压蓄电池绝缘测量测试电压	500 V
高压蓄电池充电机上的电压	377 V	高压蓄电池的电压	385.0 V
高电压/混合动力蓄电池的负极端子保护	关闭	所有蓄电池电解槽的电压总数	385.725 83 V
高电压/混合动力蓄电池的正极端子保护	关闭	最高测得的温度	20.5 ℃
充电接触器负极触点状态	打开	最低测得的温度	16.75 ℃
充电接触器正极触点状态	打开	最低温度传感器（序号）	5
探测器电压高电压互锁	0.886 843 56 V	单元 94（每个单体电池电压）	4.021 V
源电压高电压互锁	1.753 498 8 V	整个高压系统正极绝缘电阻	10 000 kΩ
探测器电流高电压互锁	10.651 241 mA	高压蓄电池正极绝缘电阻	10 000 kΩ
源电流高电压互锁	11.091 412 mA	整个高压系统负极绝缘电阻	10 000 kΩ

通过高压蓄电池监控单元数据流可以判断数据（以大众朗逸纯电动汽车为例）：

（1）低压电源供电情况。

（2）系统的绝缘情况。

（3）高压互锁电路情况。

（4）高压继电器工作情况。

（5）高压继电器触点闭合情况。

（6）单体电池电压。

（7）电池温度。

二、高压系统工作不正常技能操作

1. 通过网关读取各个系统状态

（1）准备车辆。

（2）工具准备：故障诊断仪、万用表、示波器、测试辅助套件、绝缘胶带、个人防护套装、隔离标志。

（3）安全注意事项：

①安装车轮挡块。

②不要触及高压部件。

③操作前进行高压安全培训。

④禁止未参加该车型高压系统知识培训的维修人员拆卸高压系统。

⑤在安装和拆卸的过程中，应防止制动液、洗涤液、冷却液等液体进入或飞溅到高压部件上。

⑥发动机舱操作应穿戴好个人防护用品。

⑦车辆检测维修区隔离。

2. 通过万用表测试控制单元工作电压

（1）准备车辆。

（2）工具准备：故障诊断仪、万用表、示波器、测试辅助套件、绝缘胶带、$50\ \Omega/100\ \Omega/500\ \Omega/1\ 000\ \Omega$ 电阻辅助线、个人防护套装、隔离标志。

（3）安全注意事项：

①安装车轮挡块。

②不要触及高压部件。

③操作前进行高压安全培训。

④禁止未参加该车型高压系统知识培训的维修人员拆卸高压系统。

⑤在安装和拆卸的过程中，应防止制动液、洗涤液、冷却液等液体进入或飞溅到高压部件上。

⑥在发动机舱操作应穿戴好个人防护用品。

⑦车辆检测维修区隔离。

⑧使用电压法进行测量判断。

3. 通过万用表测试判断互锁电路工作情况

（1）准备车辆。

（2）工具准备：故障诊断仪、万用表、示波器、测试辅助套件、绝缘胶带、$10\ \Omega/20\ \Omega/40\ \Omega/60\ \Omega/100\ \Omega/500\ \Omega/1\ 000\ \Omega$ 电阻辅助线、个人防护套装、隔离标志。

（3）安全注意事项：

①安装车轮挡块。

②不要触及高压部件。

③操作前进行高压安全培训。

④禁止未参加该车型高压系统知识培训的维修人员拆卸高压系统。

⑤在安装和拆卸的过程中，应防止制动液、洗涤液、冷却液等液体进入或飞溅到高压部件上。

⑥在发动机舱操作应穿戴好个人防护用品。

⑦车辆检测维修区隔离。

⑧使用电压法测量判断。

4. 通过诊断仪读取高压电池、电子功率控制器及高压系统在线控制单元数据

（1）准备车辆。

（2）工具准备：故障诊断仪、个人防护套装、隔离标志。

（3）安全注意事项：

①安装车轮挡块。

②不要触及高压部件。

③操作前进行高压安全培训。

④禁止未参加该车型高压系统知识培训的维修人员拆卸高压系统。

⑤在安装和拆卸的过程中，应防止制动液、洗涤液、冷却液等液体进入或飞溅到高压部件上。

⑥发动机舱操作应穿戴好个人防护用品。

⑦车辆检测维修区隔离。

任务实施与评价

工单 3　新能源汽车高压供电不正常故障诊断

学生姓名		班级		学号	
实训场地		日期		车型	
实训任务	小李接待了一辆新能源汽车，仪表上驱动系统故障灯点亮，车辆不能起动，该怎么排除故障呢				
实训设备	绝缘工具	世达（含常用普通工具）		1	
	数字兆欧表	通用		2	
	数字万用表	通用		2	
	绝缘垫	通用		1	
	绝缘手套（双）	通用		2	
	护目镜	通用		2	
	安全帽	通用		2	
	绝缘鞋	通用		1	
	危险警示牌	通用		1	
	耐磨手套（双）	通用		2	
	解码器	通用		1	
	检测线	通用		3	
任务要求	能对新能源汽车高压供电不正常故障进行诊断及排除故障				

相关信息	请阅读教材中该任务的"知识链接"，完成以下内容： （1）新能源汽车高压上电条件有＿＿＿＿、＿＿＿＿、＿＿＿＿、＿＿＿＿、＿＿＿＿、＿＿＿＿、＿＿＿＿及温度正常。 （2）驱动电机控制系统由＿＿＿＿、电机控制器（MCU）、＿＿＿＿构成，通过高低压线束、冷却管路，与其他系统做电气和散热连接。 （3）永磁同步电机的转子是＿＿＿＿，定子绕组可以使用圆线和扁线，功率密度较高，适用于低速、高速切换以及＿＿＿＿等复杂路况，是目前国内新能源汽车驱动电机的主流技术路径。 （4）驱动电机是以＿＿＿＿为媒介进行机械能和＿＿＿＿相互转换的电磁装置，是驱动电动汽车行驶的动力装置，是＿＿＿＿的核心部件，承担着电能转化和充电的双重功能。 （5）BMS有＿＿＿＿、通信管理、＿＿＿＿、＿＿＿＿、温度管理及＿＿＿＿。 （6）驱动电机控制器主要由接口电路、控制主板、＿＿＿＿、＿＿＿＿、放电电阻、＿＿＿＿、水道、壳体等组成。 （7）简述高压互锁控制策略。 ＿＿

请根据任务要求，确定所需要的场地和物品，并对小组成员进行合理分工，制订详细的工作计划。

一、人员分工

小组编号：＿＿＿＿＿，组长：＿＿＿＿＿。

小组成员：＿＿＿＿＿＿＿＿＿＿＿＿＿＿＿＿＿＿＿＿＿＿＿＿＿＿＿＿＿＿＿＿＿

我的任务：＿＿＿＿＿＿＿＿＿＿＿＿＿＿＿＿＿＿＿＿＿＿＿＿＿＿＿＿＿＿＿＿＿

二、制订计划

根据新能源汽车故障诊断作业对场地和工具的要求，制订新能源汽车高压供电不正常故障诊断与排除作业计划。

新能源汽车高压供电不正常故障诊断		
序号	作业项目	操作要点
计划审核	审核意见： 年　　月　　日　签字：	

三、制定工作方案

仪器设备、工具、材料			
序号	名称	数量	是否清点
			□是　　□否
			□是　　□否
			□是　　□否
			□是　　□否
			□是　　□否
			□是　　□否
			□是　　□否
			□是　　□否
			□是　　□否
			□是　　□否

（左栏标题：计划与决策）

实施与检查	根据制订的计划实施，完成以下任务并记录。 （1）确定故障。 （2）读取故障码及相关数据流。 （3）分析故障原因。 （4）检查，确定故障点。 （5）排除故障。 （6）验证故障。

（1）确定故障。

		□是	□否
		□是	□否
		□是	□否

（2）读取故障码及相关数据流。

		□是	□否
		□是	□否
		□是	□否
		□是	□否

（3）分析故障原因。

		□是	□否
		□是	□否
		□是	□否
		□是	□否
		□是	□否
		□是	□否
		□是	□否

评估	评估项目（分值）	自我评估	小组评估	老师评估
	相关信息（5）			
	计划与决策（5）			
	实施与检查（10）			
	合计（20）			
	总评			

任务 4　新能源汽车车辆无法正常行驶故障诊断

任务目标

知识目标

1. 熟知车辆无法正常行驶故障原因。

2. 了解新能源汽车无法正常行驶的故障诊断流程。

项目三 新能源汽车整车故障诊断

259

能力目标

1. 会使用新能源汽车故障诊断设备。

2. 熟悉故障诊断流程，建立故障诊断策略。

3. 具备新能源汽车无法正常行驶故障诊断能力，会诊断并排除汽车无法行驶故障。

素养目标

1. 具备产品质量控制意识。

2. 具有岗位意识、爱岗敬业精神。

3. 培养学生认真严谨的学习作风，增强团队协作能力及创新意识。

4. 具有高压安全意识及环保意识。

吉利 EV450 汽车被拖到新能源汽车专修店维修，客户反映车辆突然无法行驶。维修技师需要检查哪些项目？怎样进行维修？

一、车辆无法正常行驶故障原因简述

1. 故障原因分析

整车控制部分的功能主要是判断操纵者意图，根据车辆行驶状态、电池和电机系统的状态合理分配动力，使车辆运行在最佳状态。行车控制模式分为以下三种。

正常模式：按照驾驶员意图、车辆载荷、路面情况和气候环境的变化，调节车辆的动力性、经济性和舒适性。

跛行模式：当车辆的某个系统出现中度故障时，将不采纳驾驶员的加速请求，起动跛行模式，最高车速 9 km/h。

停机保护模式：当车辆的某个系统出现严重故障时，控制器将停止发出指令，进入停机状态。

整车控制器是车辆控制系统的网关，所有信号都要经它处理，如图 3-46 所示。

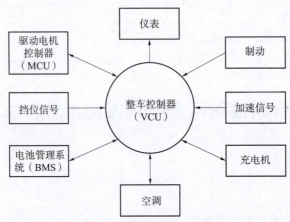

图 3-46 整车控制器控制框图

2. 车辆无法行驶故障原因分析（图3-47）

车辆无法行驶故障原因可分为两大类：高压不上电故障和高压已上电仍无法行驶故障。

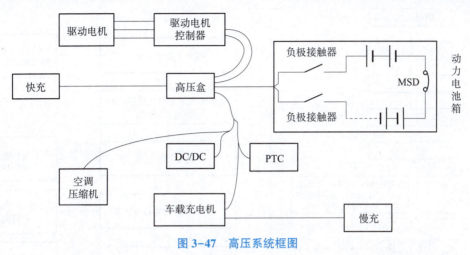

图 3-47 高压系统框图

造成高压不上电故障原因：动力电池电量过低、低压蓄电池电量过低、动力电池过热、绝缘故障、互锁回路故障、通信故障、接触器故障、接触器控制线路故障及接触器控制回路故障等。

高压已上电仍无法行驶故障原因：挡位传感器故障及驱动电机系统故障。

车辆无法行驶故障原因如图3-48所示。

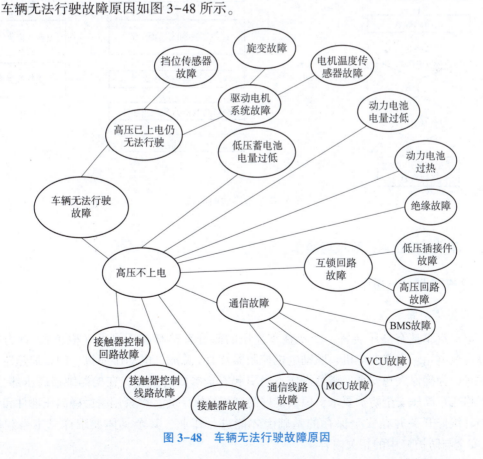

图 3-48 车辆无法行驶故障原因

3. 故障诊断流程

故障诊断流程如图 3-49 所示。

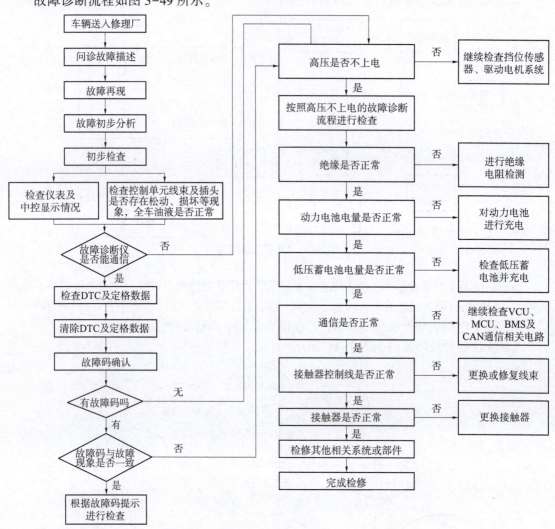

图 3-49 故障诊断流程

二、车辆无法正常行驶技能操作

(一) 安全防护与操作

1. 安全防护要求

纯电动汽车具有高压装置，涉及整车高压的部分有整车高压线束（橙色）、动力电池包、高压配电箱、车载充电机、驱动电机控制器及 DC 总成、电动压缩机、PTC 加热器、维修开关等，为确保人身安全，避免操作不当引起安全事故的发生，在检测维修高压部分时，必须严格执行高压安全防护要求，佩戴良好的高压绝缘手套，严禁用手触碰高压部件和导线等，断开维修开关并在安全保存的基础上才能进行作业，其余具体要求详见本系列教材《高压安全与防护》中的相关内容。

2. 安全维修操作规范

（1）识别实训纯电动汽车的高压部件，包括动力电池包、高压配电箱、车载充电机、驱动电机控制器及 DC 总成、一体化压缩机、PTC 加热器、维修开关。

（2）纯电动汽车整车橙色线束均为高压线，严禁带电触碰。

（3）检修高压系统时，整车电源必须置于 OFF 挡（车辆处于非充电状态）并拔下维修开关，紧急维修开关拔下后，由专职监护人员保管，并确保在维修过程中不会有人将其插上。

（4）当需要维修或更换高压配电箱时，应小心拔出连接电池包的正、负极高压插接件，使用绝缘胶带包好裸露的电线头，避免触电。

（5）在断开紧急维修开关 5 min 后，检修高压系统前应使用万用表测量高压回路，确保无电。

（6）在低压调试时维修开关不装配，在进行高压调试时必须由专职监护人指挥装配维修开关。

（7）高压调试必须在低压调试好的前提下调试，便于判断电池是否有漏电的情况，如有漏电情况应及时检查，不能进行高压调试。

（8）拆装动力电池包总成时，首先把高压配电箱连接高压线束插接件用绝缘胶带缠好，拆装过程中不要损坏线束，以免发生触电危险。

（9）检修或更换高压线束、油管等经过车身钣金孔的部件时，需注意检查与车身钣金的防护是否正常，避免线束、油管磨损。

（二）故障案例检修

以车辆在行驶过程中丢失动力，且故障灯点亮不熄灭为例分析。

1. 故障现象

一辆北汽 EV150 纯电动汽车在行驶过程中，突然出现丢失动力的情况，重新起动后组合仪表的动力电池故障警告灯和动力电池高压断开故障警告灯同时亮起，且系统故障指示灯点亮（表明出现二级故障）。EV150 仪表显示如图 3-50 所示。

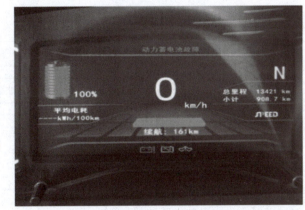

图 3-50　EV150 仪表显示

2. 故障分析

（1）用诊断仪读取故障码和数据流，显示动力电池系统有故障。

（2）动力电池故障警告灯点亮条件：当电池管理系统对绝缘电阻、电芯电压、SOC 计算、电池温度、母线电流等指标进行检测过程中，若发现某些参数超过标准上限时 BMS 上报 VCU，由 VCU 点亮该故障警告灯。

（3）动力电池高压断开故障警告灯点亮的条件：当动力电池内部出现断路或者高压系统部件之间出现断路 VCU 检测不到高压互锁的确认信号时将点亮该故障警告灯。

（4）系统故障灯点亮条件：该黄色警告灯持续点亮表示故障为二级故障，且是当前存在的故障。

综合分析，若该车动力电池故障警告灯和动力电池高压断开故障警告灯同时点亮，可能原因有三个：

①动力电池模组低压断路；②高压互锁故障；③系统误报。

EV150 系统电路如图 3-51 所示。

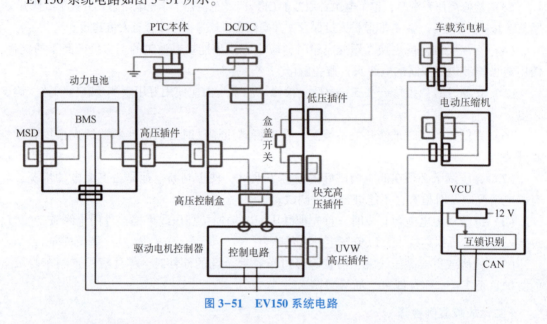

图 3-51　EV150 系统电路

3. 诊断流程图

车辆在行驶过程中丢失动力，且故障灯点亮不熄灭故障诊断流程如图 3-52 所示。

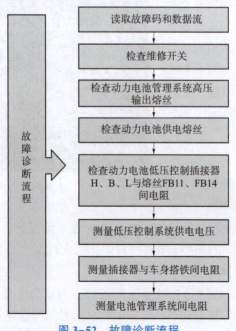

图 3-52　故障诊断流程

（1）读取故障码和数据流，显示动力电池高压母线连接的故障。

（2）检查维修开关（MSD）是否松动，重新插拔后再次检查故障是否存在，如果存在，则执行下一步操作，诊断排除故障。

（3）检查动力电池管理系统高压输出熔丝 HU03 是否损坏，如果存在，则更换相同规格熔丝后检查故障是否排除；如果不存在，则执行下一步操作，诊断排除故障。

动力电池管理系统供电电路如图 3-53 所示。

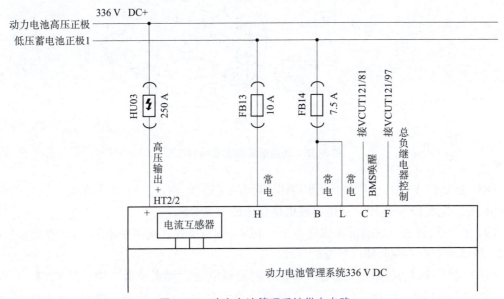

图 3-53　动力电池管理系统供电电路

（4）打开前舱电器盒，检查动力电池低压供电熔丝 EB13 和 EB14 是否熔断，如熔断则更换熔丝。

（5）打开电源开关至 ON 挡，将车辆举升，断开动力电池低压控制插接件。动力电池低压控制插接件（动力电池侧）针脚含义如图 3-54 所示。

针脚号码	含义	针脚号码	含义
A	未使用	H	继电器供电正极
B	BMS 供电正极	J	继电器供电负极
C	Wake Up	K	未使用
D	未使用	L	高压互锁信号(＋)
E	未使用	M	未使用
F	负极继电器控制	N	新能源CAN 屏蔽
G	BMS 供电负极	P	新能源 CAN-H
R	新能源 CAN-L	V	快充 CAN-H
S	动力电池内部CAN-H	W	动力电池CAN屏蔽
T	动力电池内部CAN-L	X	未使用
U	快充 CAN-H		

图 3-54　动力电池低压控制插接件针脚含义

（6）使用欧姆表分别测量接插件 H 脚、B 脚和 L 脚与熔丝 FB11、FB14 之间线路电阻值，若线束阻值不符合标准，维修或更换出现断路或短路的线路。

（7）使用万用表电压挡分别测量低压控制接插件 B 脚、H 脚和 L 脚与车身搭铁之间有无 12 V 电压，如图 3-55 所示。

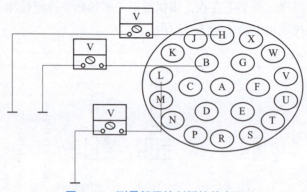

图 3-55　测量低压控制插接件电压

（8）若无 12 V 电压，则使用万用表电压挡测量熔丝 FB11、FB14 与车身搭铁之间有无 12 V 电压，若无 12 V 电压，则维修或更换低压配电盒故障。

（9）使用欧姆表分别测量接插件 G 脚、J 脚与车身搭铁之间线路阻值，若线束阻值为无穷大，维修或更换出现断路或短路的线路。

（10）断开 VCU 插接件，使用欧姆表分别测量电池管理系统低压插接件 C 脚、F 脚与 VCU 插接件 B81 脚、97 脚之间阻值，若线束阻值无穷大，则维修或更换出现断路或短路的线路；若符合标准，则检查 VCU 或动力电池负极继电器。

（11）连接断开的各系统插接件，连接诊断仪，上电后，读取并清除故障码，恢复正常检验交车。

4. 故障排除

本故障案例是真实故障，在实际故障诊断步骤中，该车所有电路检查都正常，维修开关拔出后重新插入，重新读取故障码，故障码消失，工作恢复正常，故障排除，所以故障原因是维修开关接触不良。

项 目 小 结

通过本项目学习，掌握以下知识与技能：

1. 新能源汽车充电系统故障诊断（交流充电）

新能源汽车充电系统结构与原理；新能源汽车充电系统故障诊断；快充充电故障诊断（直流充电）。

2. 新能源汽车低压供电不正常故障诊断（DC/DC 故障诊断）

新能源汽车低压供电系统工作原理及故障诊断。

3. 新能源汽车高压供电不正常故障诊断

电动汽车网络结构及使用诊断仪判断通信故障；控制器不通信首先需要检查项目及方法；高压互锁电路检测；高压电池的低压供电电路特点。

4. 新能源汽车车辆无法正常行驶故障诊断

车辆无法行驶的故障现象分析故障原因；车辆无法行驶的故障诊断流程。

项目实施与评价

工单 4　新能源汽车车辆无法正常行驶故障诊断

学生姓名		班级		学号	
实训场地		日期		车型	
实训任务	小李接待了一台比亚迪 e5，行驶中，仪表提示"请检查充电系统、请检查低压电池系统"，自动熄火后车辆无法再上电（即全车没电，单击起动按钮无任何反应），这个故障该怎么排除呢				
实训设备	绝缘工具	世达（含常用普通工具）		1	
	数字兆欧表	通用		2	
	数字万用表	通用		2	
	绝缘垫	通用		1	
	绝缘手套（双）	通用		2	
	护目镜	通用		2	
	安全帽	通用		2	
	绝缘鞋	通用		1	
	危险警示牌	通用		1	
	耐磨手套（双）	通用		2	
	解码器	通用		1	
	检测线	通用		3	
任务要求	能对新能源汽车车辆无法正常行驶故障进行诊断及排除故障				
相关信息	请阅读教材中该任务的"知识链接"，完成以下内容。 （1）新能源汽车高压上电条件有_____、_____、_____、_____、_____、_____、_____及温度正常。 （2）电动汽车绝缘问题主要分为_____、电池外部的高压回路两大原因。 （3）漏电传感器检测到绝缘阻值小于设定值时，通过_____线和硬线同时将漏电信号发给 BMS。 （4）漏电传感器的工作电源是双路电，因为无论_____还是_____过程，都需要监测高压系统的绝缘情况。 （5）根据 GB 18384—2020 规定，直流电路绝缘电阻不小于_____，交流电路不小于 500 Ω/V。 （6）一般漏电，即绝缘电阻介于 100 Ω/V 和_____之间。 （7）严重漏电，即绝缘电阻小于_____。				

计划与决策	请根据任务要求，确定所需要的场地和物品，并对小组成员进行合理分工，制订详细的工作计划。 **一、人员分工** 小组编号：_____，组长：_____。 小组成员：_____ 我的任务：_____ **二、制订计划** 根据新能源汽车故障诊断作业对场地和工具的要求，制订新能源汽车车辆无法正常行驶故障诊断与排除作业计划。

新能源汽车车辆无法正常行驶故障诊断		
序号	作业项目	操作要点
计划审核	审核意见： 年　　月　　日　签字：	

三、制定工作方案

仪器设备、工具、材料			
序号	名称	数量	是否清点
			□是　　□否
			□是　　□否
			□是　　□否
			□是　　□否
			□是　　□否
			□是　　□否
			□是　　□否
			□是　　□否
			□是　　□否
			□是　　□否

实施与检查	根据制订的计划实施，完成以下任务并记录 （1）确定故障。

		□是　　□否
		□是　　□否
		□是　　□否

（2）读取故障码及相关数据流。

		□是　　□否
		□是　　□否
		□是　　□否
		□是　　□否

实施与检查	(3) 分析故障原因。			
			□是	□否
			□是	□否
			□是	□否
			□是	□否
			□是	□否
			□是	□否
			□是	□否
	(4) 检查，确定故障点。			
	(5) 排除故障。			
	(6) 验证故障。			

评估	评估项目（分值）	自我评估	小组评估	老师评估
	相关信息（5）			
	计划与决策（5）			
	实施与检查（10）			
	合计（20）			
	总评			

参 考 文 献

[1] 北京中车行高新技术有限公司. 汽车运用与维修职业技能等级标准·智能新能源汽车职业技能等级标准 [M]. 北京：高等教育出版社，2020.

[2] 杨小刚. 新能源汽车维护与保养 [M]. 北京：北京理工大学出版社，2020.

[3] 刘存山，李楷，吉世岳. 新能源汽车故障诊断技术 [M]. 北京：机械工业出版社，2023.

[4] 李元群，黄春耀，陈永进. 新能源汽车维护 [M]. 北京：机械工业出版社，2023.

[5] 吴荣辉. 新能源汽车认知与使用 [M]. 北京：机械工业出版社，2022.